JN222099

インサイド・アース

世界的軍事機密【タブー】を開示する！

地底世界、地球中心核、ブラックホール、水創出の秘密

第二のトンネル

ラドウ・シナマー［著］
ピーター・ムーン［編集］
金原博昭［訳］
（オリオン形而上学研究所）

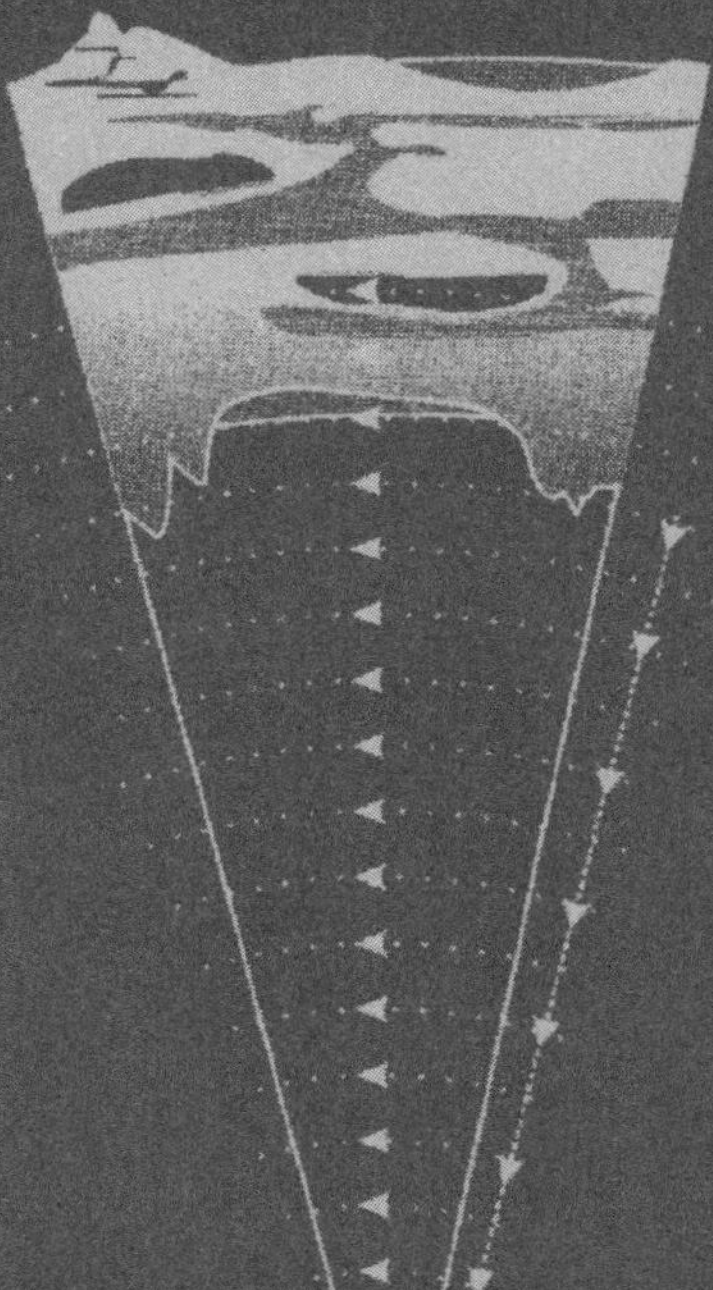

Inside the Earth:
The Second Tunnel

ヒカルランド

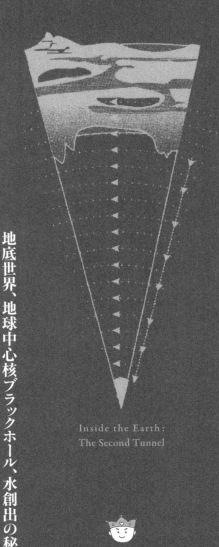

本書のテーマである第二のトンネルとは、ルーマニア・スフィンクス地下のホログラフィー投影室から延びている三つのトンネルのうちの一つを指します。
第一のトンネルはエジプト・ギザ平原地下のチャンバー（部屋）に至っており
第二のトンネルは地球内部の都市や施設に通じています。
第三のトンネルはチベットに至っていますが、途中で分岐してカルパチア山脈（ルーマニアのブザウ近郊）やイラクにも通じ、
さらにそこからモンゴルとゴビ高原へ向かって延びています。

地球の内部に関してはほとんど何も知られていません。地球の中心に何が存在するのか、そこに入ったときに一体どんな現象が生じるのか、どのようにしたらそれを制御できるのか、政治・軍事分野の指導者たちを苛立たせ悩ませてきたのです。

あなた方の世界で力のある政府機関は、地表に近い空洞をいくつか発見し、実質的に都市と言えるような軍事基地をそこに建設し、何千人もの人々を住まわせています。

それらは、地上で大きな災害や大変動が起きた場合の避難所として考えられており、それゆえそれらの存在は秘密になっています。

他の空洞は巨大ですが、人類社会を発展させる目的には役に立ちません。実際のところ、それらの多くはガスの入った袋のようなものです。

しかし、他の空洞には広大な淡水湖を抱えている空洞もあり、
そのうちのいくつかには堆積物や油等があります。
あなた方の世界の特定の勢力は、
さまざまな手段を駆使して私たちの世界を搾取したいと考えています。
地球内部には、このような世界がたくさんあります。
限定された言葉の意味で言えば、いくつかの文明があり、
それらは地殻内部の巨大な空洞の中に存在します。
地球の内部が空洞であるという考えは、世界のすべての軍隊や諜報機関にとって、
言ってはならない話題（タブー）です。

——地球の真ん中には一体何があるのですか？

地球の真ん中にはブラックホールがあるのです。

地球の中心に存在する太陽、それそのものがブラックホールです。

ここに優れた知性があるのです。

――惑星の中心核の機能とは一体何でしょうか?

それは惑星の心臓です。

人間同様、惑星も心臓なしでは機能しません。

心臓は人間の中心ですが、その精妙な基本原理は魂です。

惑星の中心核の場合も全く同じであり、それは精妙なる存在の中心なのです。

水を創出するというプロセスは、ブラックホールの回転に起因する
エーテル界の精妙な水の凝縮から始まります。

ブラックホールの役割は、物質変換機として働くことです。

大自然に存在するものの仕組みは、その大きさに関係なく、
同じ基本原理に基づいています。
それらの中心にはブラックホールの渦があり、
それが創造の原理なのです。

私たちは重力場を磁場に変換する方法を考え出しました。

それは、あなた方の文化が精通している単純な電磁誘導よりもずっと奥が深いのです。

なぜなら、それによって空間と時間を曲げることができるからです。


まさにこれは先進テクノロジーです。

静磁場と可変磁場の組み合わせは、光を発している水晶振動子に恒久的な励起を生み出します。

この物理現象の最も興味深い部分は、このプロセスが恒久的であり、重力の歪みによって生成されるもの以外には、別の電源を必要としないことです。

「あなたはシャンバラの守護者ですか？」

ガーディアン（守護者）は私のやや子どもじみた聞き方に対して、計り知れない優しさと理解をもって応じました。

即座に、彼の温かく穏やかな声が心の中に響きました。

「私はその一人です。

人々は今でもこれらすべてが伝説であると信じています」

はじめに

金原博昭

この本の原書はルーマニア語で書かれ、２０１７年にルーマニアで出版されました。著者はルーマニアの形而上学研究者兼作家であるラドウ・シナマーです。これは彼の一連の著作『トランシルバニア・シリーズ』の第5巻であり、第3巻『エジプトの謎《なぞ》：第一のトンネル』、第4巻『全てが純金で作られた地下の巨大施設と南極の宇宙ブイ』から続く冒険物語です。第４巻の英語版のタイトルは“The Secret Parchment: Five Tibetan Initiation Techniques”で、直訳すると『羊皮紙に書かれた秘伝：チベットの五つの霊的進化の手法』になりますが、これは主として第3章の内容になりますので、日本語版のタイトルは、『全てが純金で作られた地下の巨大施設と南極の宇宙ブイ』になりました。

この第5巻がルーマニアで出版されてから2年後の２０１９年、その英語版が、米国の形而上学研究者兼作家ピーター・ムーンによって彼の出版社 Sky Books から出版されました。英語版のタイトルは“Inside the Earth: The Second Tunnel”、直訳すると『地球の内部：第二のトンネル』になります。ラドウ・シナマーについては、ピーター・ムーンが「まえがき」の中で詳しく述べています。また、ピーター・ムーンについては、ラドウ・シナマーが「序」の中で紹介していますが、ここで少しだけ補足しておきます。

ピーター・ムーンは、マインド・コントロール（洗脳）や体外離脱について造詣が深く、これが基になってプレストン・ニコルズと出会い、一緒に働くことになりました。プレストン・ニコルズは、電磁気現象に関するトップクラスの専門家の一人として活躍しましたが、惜しくも2018年に他界しました。米国ロングアイランドに在るモントーク空軍駐屯地では、時間の操作を含む一連の奇妙な実験が行われていました。プレストン・ニコルズはこれに関与していたのです。二人が共著したモントーク三部作は、いまや伝説的な出版物になっています。

さて、地球の内部については、これまで様々な人たちが様々な意見や考えを述べ、論じてきました。この本の第1章においで言及されているようにその一つが「地球空洞説」であり、これを最初に唱えた人は、イギリスの天文学者エドモンド・ハレーです。地球物理学者・数学者・気象学者でもあったハレーは、彗星の回帰性を軌道計算で明らかにしたことで有名になりました。後にこの彗星は彼の名を冠せられ『ハレー彗星』と呼ばれています。彼は、極地方の変則的な磁気変動を説明するために「地球空洞説」を考え出し、16

92年に発表しました。ハレーには別の功績もあります。それは、1693年に世界で初となる「生命表」を自らの著書で示したことです。ハレーは生命表に基づく生命保険の年齢別掛金の考え方など、根拠がある計算方法を示すことで、現代の保険事業および年金運営の礎を築きました。ハレーの功績から数十年後、近代的な生命保険事業がイギリスに誕生したのです。

学者として「地球空洞説」を提唱した人物をもう一人ご紹介しておきます。それは、スイス生まれの数学者兼天文学者レインハルト・オイラーです。ガウスと並んで人類史上最も有名な数学者の一人であり、数多くの業績を残しました。オイラーは研究の量においても有名であり、最も多くの論文を執筆した数学者であると言われています。解析、数論、幾何学、数理物理学とその研究内容は多岐にわたり、多くの定理・公式を発見しました。彼も「地球空洞説」を唱え、地球内部には高度な文明が存在し、その中心部には「太陽のような光源」がある、と主張したのです。これは真実であり、「太陽のような光源」とはブラックホールのことです。オイラーは非常に卓越した数学者であると共に類い稀《まれ》な直感力の持ち主であった、と思われます。

また、アメリカ国家安全保障局（NSA）と中央情報局（CIA）の元局員エドワード・スノーデンは、アメリカが世界中の通信データを監視している、という事実を暴露したことで有名になりましたが、「地球の内部には、地上の人間よりも高度な知能をもった地底人が住んでいる」と証言しました。さらに彼は「国防高等研究計画局（ＤＡＲＰＡ）所属の大半の局員は地球のマントルに人類よりも遥かに知的な生命体が存在していることを確信している」とも言ったのです。ＤＡＲＰＡは、米軍の新技術等の開発を担当している政府の機関です。

さらに、矢追純一（敬称略）は、ＵＦＯや超常現象の研究家としてテレビ番組等で活躍を続けている人ですが、著書『「矢追純一」に集まる未報道ＵＦＯ事件の真相まとめ』（明窓出版）の中で、ある秘密結社の幹部（男性）に対して行ったインタビューの内容を述べています。その人物は次のように言いました。

「地球の内部にはもう一つの世界が存在していて、そこには海・陸・山・川を含む地上そっくりの世界があるのです。別次元への入口、いわゆるスターゲートのようなものがあり、そこを通って異次元世界に行けるのです。地球内部の住人は、外見は人間そっくりですが、知能程度や科学の面、それに精神的にも、我々地上の人間を遥かに超えています」

このインタビューの相手の正体や、なぜ彼がこのように詳しく地球内部のことを知っているのか、等の詳細は明かされていません。矢追純一は、「聖堂騎士団のさらに上位に当たる組織の人物であろう」と推測しているようですが、実際はフリーメイソンの高位のメンバーと思われます。

前述のエドワード・スノーデン及び矢追純一によって明かされた内容は、この本『インサイド・アース：第二のトンネル』においてラドウ・シナマーが述べていることと基本的に一致しています。秘密結社幹部が言及したスターゲートとは、ルーマニア・ブセギ山脈の地下から地球内部に延びているトンネルのことであり、異次元世界とはエーテル界を指すものと思われます。

私の知る限り『インサイド・アース：第二のトンネル』は、これまでで最も公正かつ詳細に地球内部の状況について論じ、解説した本です。挿入されている数多くの図や画像も、彼の説明を理解する上で大いなる助けとなっています。この本が読者の皆さんの知的好奇心を満足させ、知識のレベルを高める一助となることを心から願っています。

まえがき

ピーター・ムーン

まず初めに、ラドウ・シナマーを取り巻く状況や彼のこれまでの著作の概要をお話ししておきます。これらについて何の予備知識も持たずに本書を手に取った方の便宜を図るためです。

冷戦の最中、ルーマニア・中華人民共和国二つの共産主義国の間には、自然の成り行きから生まれた同盟関係がありました。偵察・諜報《ちょうほう》活動の最も先進的かつ秘伝的方法に関して西欧諸国に追いつくために、ルーマニアは中国に助けを求めました。ルーマニアの人々はソ連をそれほど信頼していなかったのです。両国の間には文化交流プログラムがありました。その一環として、中国人の学生がルーマニアの教育プログラムに参加できたのです。中国政府は、超心理学の専門家を、ルーマニアに派遣しました。彼はあらゆる基準外の事象・現象に対処するための組織を設立することのできる人物です。これらの出来事は「Kイベント」と呼ばれていました。現在のポップカルチャー用語では「Xファイル・

イベント」と呼ばれ得るものです。ゼロ局として知られるこの特別部門は、国家元首と安全保障省の長官にしか知られておらず、超常現象にかかわる事件を担当するだけでなく、局員の訓練をも行いました。

他に並ぶもののないこの部門を設立した超心理学の専門家はシエン博士として知られており、このシリーズの最初の本である『トランシルバニアの日の出』に登場します。シエン博士は非常に謎めいた人物ですが、この本の中では、彼についてあまり知ることができません。しかし、非常に興味深い人物がもう一人おり、のちほど彼もトランシルバニア・シリーズの創始者の一人であることが分かります。シエン博士は、彼の誕生後に迎え入れられました。この人物の名前はセザール・ブラッドです。彼は非常に太いへその緒を持って生まれたため、彼の出産に立ち会った医者は、それを切断するためにのこぎりを使わねばなりませんでした。これは尋常でない状況だったため、セザールはゼロ局による保護と監視を受け、幼い頃からシエン博士と緊密かつ個人的な関係を築きました。あなたが想像し得る最高レベルの霊性の分野および超自然的領域において、セザールは広範な訓練を受けたのです。

運命が明らかにするのですが、シエン博士は「ほぼ間違いなく人類の歴史上最大の考古学的発見と考えられるもの」の管理者兼守護者としてセザールを育て教育したのです。そ

ルーマニア・スフィンクスの左側面

ラドウ・シナマー氏によると、約5万年前に建造された大広間がこのスフィンクスの下に存在し、そこには、現在使われている最先端テクノロジーよりもはるかに進んだテクノロジーが内包されている。

れは、ルーマニアのスフィンクスの地下に存在する秘密のチャンバー（部屋）であり、5万年ほど前に遡《さかのぼ》る太古の時代に建造されました。これには未来的かつ先進的なホログラフィー技術が内包されています。

　そのチャンバーは、聖書の時代の人々（ついでに言えば私たち自身）の思考・経験能力をはるかに凌駕《りょうが》するものであり、実質的なノアの方舟と考えることができます。そこに設置されているテーブルの上に手を置けば、誰もが三次元ホログラフィーとして描画されたその人のDNAを見ることができますし、そのテーブルに内包されている他の装置を使えば、他の惑星の種族（異星人）のDNAを同様に見ることが可能で、それには彼らの実際の生まれ故郷を示す三次元画像が添付されています。また、そのテーブルの他の部分に二つの手を置けば、それらのDNAが混ぜ合わされ、二つの生物種が交配された場合にどのような外見になるかが分かります。これらのテーブルの高さは1・8mもありますので、それらの建造者はかなりの巨人であったと思われます(注)。

また、この驚くべきチャンバーには特別の〝ホログラフィー投影室〟があり、とりわけ視聴者個人に最も適合する形式で、地球の歴史をホログラフィー的に視聴することができます。しかしこの歴史は、西暦5年の時点で突如として打ち切られています。「ある種のソフトの更新が必要である」というのが、おそらくその理由でしょう。そのホログラフィー投影室には、さらに好奇心をそそる特別な面があります。その一つは、そこから三つの謎に満ちたトンネルが延びている、という事実であり、それらは各々〝エジプト・ギザ平原の地下〟、〝地球の深部〟、〝イラク・モンゴル・チベットに存在する類似の施設〟に至っています。

セザールは運命に導かれ、シエン博士の指導に基づいて、この考古学史上の驚くべき発見物を管理する立場に就きましたが、発見されたものやそれからの影響及びそれによって引き起こされるであろう出来事についての物語を書くことは、彼の役割ではありませんでした。それゆえ、事態が展開し、様々の出来事が起きるにつれて、セザールはラドウ・シナマーを抜擢し、彼にこの仕事を託したのです。ラドウにとって信頼のおける相談相手かつ指導者となったセザールは、この発見の背後で生じているあらゆる政治的陰謀《いんぼう》について、迅速な教育を彼に施し、同時に超自然的

注：ルーマニアに巨人が存在したことは、“The Newspaper” と呼ばれる新聞で確認できる。この新聞の調査チームはバシレ・ルダンという名前の研究者を伴っていた。彼の話では、かつて巨人が住んでいたと言われているボジオルという村にその具体的な証拠がある。すなわちそれは巨人の骸骨が埋葬された墓地である。20年以上前、スカイエニという村でリンゴの木を植えることが決まったが、その骸骨はそのときに偶然発見された。村人たちが丘を掘ったところ、身長約2.4m の巨大な骸骨が見つかった。

な出来事や秘教・秘伝の研究に彼を導き入れました。これについては彼の最初の本『トランシルバニアの日の出』に書かれていますが、セザールがこの仕事のためになぜラドウを選んだのか、その理由に関しては述べられていません。私がこれまでに知ったことから言えることは、セザールが非常に卓越した人物であり自分の役割を熟知していた、ということです。とりわけこの場合は、彼の超自然的な感性が並外れて正確だったのです。ラドウは見事に仕事を成し遂げました。そして、この本の出版により、全部で4巻から構成されるシリーズ全体の英語版も発刊の運びに至りました(注)。

読者の皆さんは、この発見によって、新たに見いだされたテクノロジー全てを人類全体の利益のために利用する素晴らしい機会が与えられる、と思うかもしれません。ほとんどではないにしても、この発見を密かに知っていたルーマニア政府関係者の多くは、そのように考えていたのです。しかし、事態は異なる方向に動きました。

これまで知られていなかったこの秘密のチャンバーは、ペンタゴン(米国国防総省)が衛星を介して操作する地中透過レーダーを使ったときに初めて発見されました。セザールはこの事実をラドウに伝えました。米国は、偵察目的のみならず、地球上のすべての資源や異常地形等を詳細に調べるために、手元のテクノロジーすべてを意のままに利用してきました。善い悪いは別として、これがペンタゴンの目的と言えるものなのです。しかし、

注:2024年6月の時点で、このシリーズは7巻から構成されています。

この機密情報について最も厄介だったことは、ペンタゴン内のフリーメイソン勢力がこの情報を漏洩させ、イタリア・フリーメーソンの頭目であるシニョーレ・マッシーニに伝えたことでした。マッシーニは世界を支配する組織の中心人物であり、彼ら自身のためにこのチャンバーを利用し支配したいと考えていました。それゆえ彼は、当時ゼロ局の長の立場にあったセザールに近づき、協力を求めたのです。セザールはマッシーニを信頼していませんでしたが、政治的事情に鑑みて、ある程度協力せざるを得ませんでした。こうして、イタリア・フリーメーソンの邪悪な勢力の手配によって、ルーマニアが突如NATO（北大西洋条約機構）に組み入れられ、ルーマニアと米国の間に前例のない同盟が構築されたのです。これら一連の政治的策謀は『トランシルバニアの日の出』に詳述されています。主としてこの本は、セザールの人生および彼がこの驚くべき考古学遺物の発見に関与することになった経緯に焦点を当てています。

神秘的で謎めいたシエン博士は、セザールに対する厳格な訓練と教育に基づき、彼がこの秘密のチャンバーを発見するためのお膳立てをしたものの、彼にとってこの発見は遠い昔の記憶のようなものであり、それを現実のものにした政治的策謀や邪悪なたくらみには、表面上全く関与しませんでした。しかし、彼はこの物語における当事者の一人であり、トランシルバニア・シリーズが明らかにした出来事の『創始者』であることは間違いありません。この事実は、2冊目の本『トランシルバニアの月の出：神々の神秘の王国における秘密のイニシエーション』において明らかにされました。

『トランシルバニアの月の出』は、ルーマニア出版社の編集者ソリン・フルムズによる注記で始まります。それにはルーマニアの報道機関によるたくさんの記事の抜粋が含まれており、ラドウによって語られたセザールの話を裏づけるだけでなく、その信憑性《しんぴょうせい》について深い洞察を与えます。さらに、ルーマニア・スフィンクス近傍の重要な区域がグーグルアース上で黒く塗りつぶされている、という事実があります。これもまたあなたの興味を引くかもしれません。これらに加えて、2003年にルーマニア・スフィンクスの近くで行われた発掘の期間中、アメリカ人の集団が目撃されました。私はまた「全体的に見てこの物語には価値がある」と信じている数人のルーマニア人と話をしました。彼らはすべて社会的地位の高い人々です。厳密に考えると、一体何が起きたのかはそのすべての詳細とともに依然として謎のままですが、ラドウの著作だけが唯一私たちにその手がかりを与えてくれます。さらにそれらは、政治・権力闘争のありふれた側面を最先端テクノロジーおよび神秘主義の最も深遠な概念に統合する教示装置の役割をしてくれるのです。

ラドウの著作の出版を担当しているソリン・フルムズは、ラドウに会いたいと願う全ての人々に対する壁の役割をするように指示されています。『トランシルバニアの月の出』

は、エリノアという名前の謎めいた男が、ソリンを通じてラドウとの接触を試みるところから始まります。実のところ、ソリンはまだ一度もラドウに会っておらず、彼との唯一のコミュニケーションは、特別のクーリエ便あるいは事前に手配されたテレホンカードだけに依っていたのですが、エリノアがチベットのラマ僧の代理人としてラドウとの面会を求めていることが分かったとき、ソリンとラドウ双方が態度を変え、最終的にこの面会が手配されるのです。この会合は形而上学的な啓示・黙示に満たされており、それらが『トランシルバニアの日の出』に書かれている出来事を考察するためのまったく新しいパラダイム（理論的枠組み）を提示します。ラドウは、自分でも驚くほど自然に、古代の錬金術の思想と不老不死の可能性を受け入れます。そしてそのあとにラマ僧と面会するのですが、彼は自分がシエン博士と同一人物であることを明らかにします。そして、彼がかつてチベットの首都ラサの宮廷においてラパ・サンディーという名前で仕えていたこと、そのときに中国によって侵略されたことを話します。彼は何とかその侵略から逃れました。そして、どういうわけか最終的に中国政府に雇用され、身元がシエン博士に取って変わったのです。

ラパ・サンディーは、非常に明確な議題を携えてラドウとの会合に臨みました。それは「古代の羊皮紙に書かれたチベットの五つのイニシエーションの手法」に関係しています。ラマ僧はラドウをトランシルバニアのアプセニ山脈に連れて行きたいと考えており、それをラドウに話します。エリノアを含む三人がそこに着くと、神秘的な空間並進が行われ、彼ら一行は、通常の移動手段では到達できないチベットの高峰にそっくりそのまま移送されます。そして、ラドウはシエン博士に付き添われて洞窟に入り、そこでトランシルバニア・シリーズのもう一人の『創始者』に会います。彼女の名前は『青の女神マチャンディ』。タントラのダキニ天であり、ラドウにイニシエーションを与えるのみならず古代の写本をも彼に授けます（注1）。

この写本はまず初めに古代チベット語からルーマニア語に翻訳されて出版されます。それはさらに英語に翻訳され、このシリーズの第4巻『全てが純金で作られた地下の巨大施設と南極の宇宙ブイ』の最重要な部分になりました（注2）。第2巻『トランシルバニアの月の出』は、第1巻『トランシルバニアの日の出』に登場した人物についても語っています。そして、次々と起きる劇的な出来事にラマ僧が関与しているのですが、これら2冊はびっくりするほど互いに違っていて、状況全体をまったく異なる視点から互いに補完的に見ています。

このシリーズの第3巻『エジプトの謎：第一のトンネル』も例外ではあり

注1：タントラとは、仏教においては主として8世紀以降に中世インドで確立された後期密教聖典の通称。ダキニ天はサンスクリット語でダーキニーと呼ばれ、動詞ダーク（飛ぶ）から派生した言葉であり、チベット仏教でもカンドーマ（虚空を行く女）として信仰され、守護尊ヘールカの妃として男尊にシャクティ（エネルギー）を注ぎ込む役目を担っている。

注2：この本の英語版のタイトルは“The Secret Parchment: Five Tibetan Initiation Techniques”であり、直訳すると『羊皮紙に書かれた秘伝：チベットの五つの霊的進化の手法』になりますが、これは主として第3章の内容を表していますので、日本語版のタイトルは『全てが純金で作られた地下の巨大施設と南極の宇宙ブイ』になりました。

ません。ブセギ山脈地下の複合施設内のホログラフィー投影室には、謎めいたトンネルの入口が三つあります。ラドウはゼロ局の一員になり、そのうちの一つである「第一のトンネル」を通る探索調査にセザールと一緒に参加します。このトンネルは、エジプトのギザ平原地下に存在する秘密のチャンバー（部屋）に至っています。彼らはそこで、最初の2巻において明らかにされた発見物と比べても遜色ないほど驚嘆すべきものを見ることになります。そこには石板のようなタブレットがきちんと整理されて収納されています。それは超古代のDVDのようなものであり、記録されている宇宙の歴史をホログラフィー映像として投影することができます。彼らのミッション（任務）は、膨大な数のこれらのタブレットを確保し入手することでした。タブレットはプロジェクターを必要としませんが、数が膨大なため、その一部しか持ち帰ることができません。その後、それらは詳細な研究・解析・調査のためにアメリカに送られます。1回のミッションですべてを入手することはできませんが、持ち帰られたものだけでも、担当のチームが実際に視聴するのにかなりの時間がかかります。

その「神秘の部屋」には、人の意識を時間に投射するタイムトラベル装置が存在し、巨大な水晶柱がそのプロセスを促進する役割を担っています。肉体のままタイムトラベルするのではありませんが、自分自身を時間に投射するためには厳格な基準を満たす必要があり、それには霊性がある程度開発されていなければなりません。また、この装置には生体に共鳴するという特徴があります。つまり、タイムトラベルを試みる人間の生理面・精神面・感情面の状態に同調するのです。

この装置のもう一つの神秘的な面は、それがある程度の検閲機能をもっていることです。どんな存在がこの装置を創ったのかを知るために、セザールが彼の意識を時間に投影しようとすると、その試みが阻止されてしまうのです。それはある面においては有用かつ有益なのですが、この装置を創った存在は少なくとも現時点においては、彼らに関することを知って欲しくないようです。これらすべてから様々な憶測が生まれます。

セザールの最初のタイムトラベル経験は、イエス・キリストの時代への旅でした。これはこの検閲についての議論にさらに火を注ぐことになりました。ラドウは、最初にホログラフィー投影室を訪れたとき、キリストの磔刑の際に起きた出来事の一部始終を見ましたので、それについて詳しく話します。それには一群のＵＦＯが登場します。どうにもならないほどの雷雨の中、それらが現れて大混乱を引き起こし、その結果恐れおののいた人々が逃げ惑う様子が語られます。これは、情報の信憑性や著者の誠実さに少なからず疑問を投げかけるような話です。しかしながら、このシリーズをここまで読み進めてきた読者のほとんどは、書かれた話を無視してこなかったはずです。大部分の読者は、このシリーズを楽しみ、著者に対して性急な判断を下していないと思います。確かにUFOが登場する話には私も驚きましたが、トランシルバニア・シリーズの本は好評を博しており、それは私にとっても極めて嬉しいことです。これらの出来事が一般的な意味で実際に起きたかどうかは別として、それらは、集合意識が数千年の長きにわたって取り組んできた事象であることは間違いありません。

『エジプトの謎』の物語は、第4巻『全てが純金で作られた地下の巨大施設と南極の宇宙ブイ』に引き継がれます。当時、ホログラフィー投影室の支配を目論《もくろ》むさまざまな勢力が企てた政治的陰謀がゼロ局の周りを渦巻いており、ラドウは、自分がその真っ只中にいることに気づきます。そのため、ラドウは、高まりつつあった政治面の緊張を和らげようとする努力の一環として米国に派遣され、ペンタゴンで実施されるリモート・ビューイング研修プログラムに参加します。その陰謀が政治面・秘教面の全面的な争いに拡大しつつあったとき、超自然力による介入が行われ、ラドウがラパ・サンディーと会うためにルーマニアに呼び戻されるのです。『トランシルバニアの月の出』に描かれているように、彼は、羊皮紙に書かれた古代チベットの秘伝を青の女神『マチャンディ』から与えられており、すでにラパ・サンディーによってルーマニア語に翻訳されていたのですが、それを出版可能な形に整えることが目的です。

この羊皮紙秘伝は、掛け替えのないほど貴重な霊性面の進化のための手法五つを提示しています（これらは『5つのチベット体操』（河出書房新社）として知られているヨガの体操と同じではありません）。この秘伝の表舞台への登場が、一連の画期的な現象を引き起こします。アンテナ機能をもつ奇妙な構造物が南極の雪の中から出現するのですが、それは、木星の衛星エウロパ、アラスカのマッキンリー山、およびトランシルバニアへの信号の交差点になっているのです。この地球外とのつながりの発見は、まさに途方もないことであり、トランシルバニアへの信号が、数kmにわたる純金の地下通路の存在を明らかにします。しかし、このことを米国側が知ったとき、ゼロ局の組織を弱体化させる試みがさらに一層増大します。地下通路の地面には古代の象形文字が刻み込まれており、そこが「すべての世界が一つになる」地球内部との結びつきを示す場所であることを示しています。そして、そこからそれほど遠くないところに、黄金の王座の間があり、そこには、さらに多くの象形文字が刻印された巨大なパネルおよび別宇宙の宇宙空間に直接つながっていると思われる神秘的なポータル（入口）があります。

これらの発見はコンスタンティン教授によってなされました。彼は政府から派遣された調査チームをその場所に連れて行くのですが、その後間もなく彼はどこかに連れ去られ、二度と連絡が取れなくなってしまいます。調査チームは全員死んでしまいますが、幸いなことにセザール・ブラッドは、コンスタンティン教授が行方不明になる前に、彼から発見の概要を聞き出すことができました。そして、その報告書類はルーマニアの最高の国家機密になります。しかし、ゼロ局は黄金の地下通路への入口を見つけることができず、さらなる努力がなされたにもかかわらず、それ以上の発見はなされませんでした。羊皮紙に書かれた秘伝にはラドウによる簡潔な解説が加えられ、私たちはその比類のない叡知《えいち》の恩恵を受けることができます。しかし、トランシルバニア・シリーズの第４巻『全てが純金で作られた地下の巨大施設と南極の宇宙ブイ』は、未だ解明されていない謎を私たちに残しました。

私がこの地域における古代の伝説から学んだことや私自身の冒険、および、それらがラドウの冒険話にどのように適合しているのか——これらを明らかにすることにより、私もこの本の制作に寄与しています。失踪したコンスタンティン教授は確かに実在の人物であることが判明しており、彼がかつてどこに住んでいたかも分かっています。また、『黄金の王座の谷』と呼ばれている場所も確かに存在しますし、私がこれまでで最も目覚ましい発見の一つをするのがまさにこの地域なのです。

これまでのどの本にも述べられていませんでしたが、２０１４年、私はルーマニアの考古学者に導かれてこの地域の洞窟の一つに行きました。『ツイオクロヴィナ洞窟』として知られているこの洞窟は、ルーマニアにおける最も重要な考古学的発見の一つであり、ラドウが言及した地球内部の空洞およびその周辺を居住地とした文明が確かに存在したことを示しています。この地域の洞窟群の中で中心的役割を果たしているツイオクロヴィナ洞窟は、他の七つの洞窟と相互に連結し、少なくとも7㎞にわたるトンネルを形成しています。

ツイオクロヴィナ洞窟に関する右記の調査結果は、ラドウの著作の内容に極めて深く関連していますが、デイヴィッド・アンダーソン博士からさらに驚くべき確証が得られました。彼は2008年に私を最初にルーマニアに導いた科学者であり私の友人です。2015年に私が行ったインタビューの際、彼は、ツイオクロヴィナ洞窟がこれまでに記録された最大の時空起動力放出の場所であることを初めて明らかにしました（注）。

この面にさらに興味があり、さらなる説明が必要な場合は、私のウェブサイト(http://www.timetraveleducationcenter.com) において紹介されているビデオシリーズ「タイムトラベル理論」を見ることができます。

これが意味することを素人の言葉で表現すると、ツイオクロヴィナ洞窟は、非常に意義深いタイムトラベルの実験が行われた場所あるいはその現象が起きた場所で

注：〝時空起動力〞はアンダーソン博士による造語です。彼が発明したタイム・リアクター（時間反応装置）が起動すると、自己完結型の場における時間の経過が加速あるいは減速されます。つまり、〝慣性系の引きずり〞（質量を有する物体が回転するときに周囲の空間が引きずられるようにゆがむ現象）の過程で時間が拡張されるのですが、そのとき膨大なエネルギーが放出されるのです。時空起動力とはこのエネルギーのことです。

ある、ということになります。アンダーソン博士は、私がルーマニアでの冒険旅行中に偶然この地域に行き当たったことを知り、非常に驚いていました。実のところ、この地域は決して私にとって関心のある場所ではありませんでした。私は1日休みをとったのですが、知り合いの考古学者の強い勧めでそこに行ったのです。彼は時間に関する実験等については、何の知識もありませんでした。ところで、ラドウの著作の内容を彼に伝えたところ、彼はその時点ではまだそれらの本を読んでいませんでしたが、彼自身がその地域について聞いた多くの話と関連している、と話してくれました。

いわゆる「脇道」――あるいは、アンダーソン博士や気心の知れたルーマニアの友人たちが関与する非常に興味深い補足的な話の筋道はたくさんあります。しかし今、私はそれらには触れません。ラドウはアンダーソン博士のことをよく知っており、この新しい本『インサイド・アース：第二のトンネル』の序文で彼に言及しています。いつかこれらの異なる話の脈絡がすべて一つの同質な筋道になる可能性は、充分にあると思われます。しかし今は、当面の主題、つまり『インサイド・アース：第二のトンネル』の話をしましょう。すでに分かっておられるものと思いますが、第二のトンネルとは、ルーマニア・スフィンクス地下のホログラフィー投影室から延びている三つのトンネルのうちの一つを指します。トランシルバニア・シリーズの第3巻『エジプトの謎：第一のトンネル』のタイトルである第一のトンネルは、エジプト・ギザ平原地下のチャンバーに至っており、第5巻『インサイド・アース：第二のトンネル』のタイトルである第二のトンネルは、地球内部の都市や施設に通じています。第三のトンネルはチベットに至っていますが、途中で分岐してカルパチア山脈（ルーマニアのブザウ近郊）やイラクにも通じ、さらにそこからモンゴルとゴビ高原へ向かって延びています。

あなたの関心は今、この本の主題に向けられていると思います。あるいは方向転換してこの本の主題に向き直ったのかもしれません。いよいよトランシルバニア・シリーズの第5巻『インサイド・アース：第二のトンネル』を読む準備が整いました。ラドウは第4巻『全てが純金で作られた地下の巨大施設と南極の宇宙ブイ』を執筆し終えた後、8年間沈黙を保っていましたが、既に述べたように、大いなる謎が解明されておらず「宙ぶらりん状態」のままだったのです。この休止期間が終わりました。あなたがページをめくるたびに、この大きな謎が解き明かされていきます。

編集後記

ソリン・フルムズ

ルーマニアには次のような諺《ことわざ》があります。それは"Nu aduce anul, ce aduce ceasul!"というものですが、そうやすやすとは英語や他の言語には訳されません。おそらくその最も適切な翻訳は次のようになるでしょう。〝その年にもたらされなかったものは、驚くようなやり方で突如として現れるものだ〟。まさにこれが2017年2月に現実のものになりました。何年にもわたる長い期間、ラドウからの連絡は全く途絶えていたのですが、この状況が一瞬のうちに変わったのです。この期間にラドウの本の読者からさまざまの質問(彼は一体どうしているのか、いつ戻って来るのか、次の著作は何なのか、等々)がひっきりなしに届いていました。そのラドウが、これらの質問に対する答えを引っさげて再び現れたのです。

人生の間には、それについて深く考えさせられる時というものがあります。その一例としてアインシュタインの言葉が挙げられます。彼はこう言いました。〝あなた方には人生を過ごす仕方が二つあります。あたかも奇跡的なことは起きないかのように生きること、これがその一つ。もう一つは、すべてが奇跡的であると考えて生きることです〟

ラドウの帰還は私たちにとってまさに奇跡的である、と言うのは少々大げさかもしれません。しかし、トランシルバニア・シリーズの読者全員にとって、それは本当に驚くべきことでした。とりわけ今回はそう言えると思います。なぜなら、この本『インサイド・アース：第二のトンネル』には、私たちにとって黄金に匹敵するような情報がたくさん含まれているからです。ラドウは数多くの質問に答えてくれます。また、彼は多くの提案や意見を携えていますが、それに加えて、これまで解明することが不可能だった謎の数々をより分かりやすく説明することができるのです。

数行の文章でもってラドウは、左記の点を私に知らせてくれました。

・ブセギ山脈地下の投影室に関する驚くべき新事実の解明をこれからも続けること。

・トランシルバニア・シリーズはこの最新刊で終了せず、今後も、人類の過去や未来についての驚愕《きょうがく》に値する情報を、彼の本の読者および科学界に対して提供していくこと。

ラドウが長年にわたって私たちに提供し続けてくれた情報すべては極めて衝撃的であり、強い感情の湧出を伴うものでした。そして、これまでに発刊された4巻の本には、魔法のように読者を魅了する要素がたくさん含まれていました。しかし、この最新刊の原文には、ちょっとした変更を要する箇所がいくつかあることが分かったため、私はそれをラドウに提案したのです。その理由は、もしもその特定の情報が見境なく公開されれば、私の出版社のみならずルーマニア政府総務省にも否定的な影響を与えるかもしれない、というものでした。ラドウが即刻それを受け入れてくれましたので、私たちは、彼の即座の理解と迅速な対応に対する謝辞を彼に伝えました。

自分たちの惑星である地球をよりよく理解するためには、新たなパラダイム（理論的枠組み）が必要ですが、この最新刊『インサイド・アース：第二のトンネル』は、そのパラダイムの基盤を提供してくれます。それと同時にこの本は、地球内部の謎めいた世界にアクセスするための手段――(1)秘密・秘伝に基づく方法、(2)物理的な方法――を提示しています。たとえ私たちがどのようにこの本を読んで解釈しようとも、私たちが地球に対して持っている概念は、あらためて見直され再確認されねばなりません。

序

ラドウ・シナマー

トランシルバニア・シリーズの第4巻『全てが純金で作られた地下の巨大施設と南極の宇宙ブイ』を出版した後、私は〝最初の4巻の中で述べたことが何であれ、自分が発見して提供すべき情報としてはそれで充分である〟と考えていました。私自身のためにこれ以上意味の深い提示をする、という意図はなかったのです。とりわけ、ゼロ局における私の新たな立場がさらに一層重い責任を伴うようになり、私の時間のほとんどを要するようになったこともあります。この考えをセザールに説明したとき、彼は幾分それに同意してくれましたが、彼はまた次の点を私に伝えてくれました。

●全世界が私からの情報を必要としている。
●その情報には、ありふれた見かけだけの状況を超えて存在する世界についての真実が含まれる。
●そのためには、このシリーズを継続し、私が発見したことを世界に伝えることが必要である。

しかしあのときは、私の人生において起きた出来事の成り行きにあまりにも熱狂的になっていたため、セザールからの助言に耳を傾ける余裕がなかったのです。それから数年を経て初めて、自分の持っている知識と経験を世界に伝えるために執筆活動に戻ることが必要である、ということに気づきました。実のところ私は〝それが絶対に必要である〟という考えに至ったのです。

さらに付け加えるべきことは、執筆を再開するという私の決定には私の本の読者が大きく寄与している、という事実です。私の本の編集者であるソリン・フルムズ氏によると、私が消息を絶っていた7年間に、読者からたくさんの質問があり、私の本が新たに出版される見通しについて問い合わせてきたそうです。この本はこれらの質問に対する回答をおおむね提供しますので、読者の皆さんがそれらを楽しんでくれることを切に願っています。

しかし、初めにいくつかの点を述べておかねばなりません。私の名前や本の主題について語るさまざまのホームページ・ウェブサイトやブログが、ここ数年の間にアップロードされました。このような情報は、私の本によって鼓舞された人々が特定の事実や不可解なことあるいは憶測を一般大衆に知らせようとして発信されたもの、と思われますが、私はそれらとは全く関わりがありません。また、それらは私のこれまでの著作に書かれた事柄と全然と言ってよいほど関係がない、という点を付け加えねばなりません。しかしながら、それらの記事や情報がこれらのテーマに興味のある人々に新たな展望を打ち出したことは、社会にとっても有益であると考えられますので、それを高く評価したいと思います。また、提示された情報を注意深く識別することは極めて重要です。特にこの点を私からの警告として述べておきます。

しかし、私の名前を使ってあたかも私自身がその背後にいるかのような印象を与えるFacebookの情報は全く別です。ブログやウェブサイトに自分が望む名前を付けることは人間の誰もが持っている自由ですが、私はそれらのウェブサイトや提示された情報・提示した人々とは全く何の繋《つな》がりも持っていません。それが私の基本的な立場です。この点を極めて明快かつ率直に、すべての読者に示しておきます。私は、これまでに発刊された4巻を通してのみ、自分の名前が世に知られることにしたのです。これらを出版したブカレストのDAKSHA Publishing Companyが、これら4巻およびこれから世に出る私の著書の著作権を所有しています。

しかし、ピーター・ムーン氏のことになると話が全く違ってきます。彼はニューヨークの出版社Sky Booksの重役であり、私の著書の英語版を出版することにより、私からの情報が全世界の人々に届くようにしてくれました。この出版活動によりムーン氏は、素晴らしく巧みで粘り強く、欠くことのできない貢献をしてくれているのです。彼は公正かつ誠実な人物であり、秘教・秘伝の分野で卓越した知識・学識を身につけています。これまでに何度もルーマニアを訪れ、彼がこれまでに築き上げたあらゆる繋がりを通じてさらに一層知見を深める努力をしています。私は、そのようなムーン氏の努力や貢献に対し、限りない感謝の念を抱いています。

ムーン氏によって開かれた大いなる意識の扉の一つは、彼がこれまでに築き上げたデイヴィッド・アンダーソン博士との交友関係です。傑出した物理学者であるアンダーソン博士は、特定の情報を完全に保護する必要性を非常によく理解していますが、これは、国防総省（ペンタゴン）を含む米国のほとんどすべての政府機関の科学顧問および下請け契約者としての彼の立場に基づいているのです。この本の主題である地球の内部は、アンダーソン博士にとっても絶好の研究対象になるでしょう。

もう一つ付け加えるべき点があります。私自身の正体・身元についての見解がインターネットのウェブサイトにアップロードされているのですが、しばしばそれはとんでもない思い違いになっているのです。ルーマニアには小説の出版によって知名度を上げた名うての作家がいます。その人物と私を何とかして同一視しようとしているようですが、もっともな考え方なしに、そんなことがどのようにして可能になるのか、私としては極めて疑問です。例えば、その人物の表現方法・内容・主題の論じ方等は、私に対比されるものとして、容易に比較分析することができます。この件については可能な限り明確にしたいと思っていますので、この際はっきりと言っておきますが、私はその作家ではないし、すでに出版された4巻の本の執筆を手掛けたグループや組織とも全く関係ありません。

私に圧力をかけ、私が知っているすべてを公表させようとする政治的画策やシークレット・サービスの動きがあります。その一方、私が知っていることあるいは私が見た物事を伝えないように、私を脅迫する勢力や超自然的なエネルギーも存在します。数多くの陰謀や権益がこの本の周りを渦巻いていますが、実際に起きたことについて語ることがほとんどといってよいほど許可されないというのが、実のところ、最も困難な状況なのです。もしも私がゼロ局の現状について少しばかり説明するならば、この点がよりよく理解できるものと思います。

国家の事柄に関して言えば、ゼロ局は独立していて非常によく統合されていますが、それでもなお、外交的手腕を充分に用いることが必要なのです。私の最初の4巻の著作が世に出るようにするため、オバデラ将軍とセザールは相当な介入をしなければなりませんでした。残念ながらオバデラ将軍は、脳卒中のため2011年5月に他界しましたので、もはやこの世にはいません。私はそれについて推測しようとは思いませんが、将軍が私の国

（ルーマニア）の保護者の一人として最も深い洞察力を持った人であったことを、すべての人が思い起こしてくれることを願っています。どちらかというと彼の影響力は潜在的でしたが、国にとって大事な時期に非常に決定的で重要な役割を果たしました。オバデラ将軍が他界したときは、ゼロ局にとっても極めて重大な時期だったのです。

２０１２年の初め、ゼロ局は、解体されて諜報部の別の局に吸収される、という危機に瀕していました。しかし、セザールの強固な立場と強い影響力および細心の注意を要する状況を打開する並外れた能力によって、ゼロ局という組織を維持し存続させることが可能になったのです。これにより、外務にかかわる党派や諜報部とセザールの間の関係が強化され、その結果、セザールは多大の尊敬と称賛を勝ち取ることになりました。これには外国との外交ルートおよびそれらの国々の諜報部が関係しています。新たな状況と必要性が生じた結果、ゼロ局の組織と業務が見直され、事の自然の成り行きで、セザールがオバデラ将軍の地位に就き、ニコアラ大尉が昇進してこれまでのセザールの仕事を受け継ぎました。

ゼロ局が再構築される前、私は型にはまらない超常的な訓練のための部門を担当していました。慎重に扱うべき情報に関する国外諜報部との協力活動は〝限界作戦〟として知られていますが、さらに私は２０１４年、この活動にかかわる特別の指令を局内で実行に移す、という任務を受け継ぎました。これは地上と宇宙の両方で起きるすべての〝K型現象〟、とりわけブセギ山脈のホログラフィー投影室やそこから延びている三つのトンネルと繋がりのある物事を指しています。セザールはこの部門の設立を私に委ねることを決めましたが、それは、米国の諜報部との関係に基づいて私が得た経験を、彼が高く評価しているためです。これは、米国や他の地域への数多くの出張および10年前に私が受けたあらゆる訓練の結果として蓄積されたものであり、すべて〝限界作戦〟に関係しています。

これらの昇進から派生する最も際立った便益は、私自身の権威が増し、ホログラフィー投影室への自由なアクセスが可能になったことです。これは政府主導の安全保障のレベルではなく、むしろ国内の保安のレベルであり、ペンタゴンの担当部局との連携に基づき、全くゼロ局だけによって与えられる特別の認可です。2005年に成立したこの種の特別な合意は、政治的な干渉をほとんど完全に除外することをその目的としています。例を挙げると、ペンタゴンとルーマニア議会の特別委員会は、投影室に入ることのできる人間の数を大幅に増やすために、ゼロ局に圧力をかけてきました。彼らはまた、ブセギ山脈地下の複合施設の支配管理をも目論《もくろ》んだのです。

あの特定の時期、この勢力は、あの秘密の複合施設へのアクセス権を得ようとしていたのですが、オバデラ将軍とセザールは、それを統御するのは非常に困難であることを実感していました。そのため彼らは、あらゆる人脈を総動員して、まず初めに政治的参加が最小限に抑えられているルーマニア側・アメリカ側双方の担当責任者の再結集を要請し、それを実現させたのです。それは両国の国防省の代表からなるグループでした。誤解してほしくないのですが、これは〝軍産複合体〟というよりも、むしろ軍事面の担保付きの複合組織といえるものなのです。それは勢力の均衡を保つことを目的としており、全員が、秘密の複合施設の場所に関する情報は特に慎重に取り扱われるべきだ、と考えていました。

それ以前の議論と手配からひどい緊張状態が生みだされ、醸成されました。猶予期間が要請され、秘密裏の脅迫さえもルーマニア側・アメリカ側の双方からなされていたのです。しかし、最終的に、軍事派閥と政治派閥の双方が〝説得力のある拒絶〟を主題にして交渉することで合意に達しました。政界における利害関係やそれが及ぼす影響力は複雑怪奇でした。私たちにとってこの合意は、そのような政界からの〝寄与〟を回避する外交的な方法でした。もしもこの勢力が、何とかしてブセギ複合施設を管理支配するパワーを獲得すれば、とりわけ現在の地政学的な状況とのからみで、事態が段階的に制御不能になってしまう――このようなことが容易に起き得るのです。それゆえ、軍事面の管理を独占的に行うことが決まったのです。実際のところ、これらの点に関する状況はさらに一層複雑だったのですが、それについての話はここまでとします。

ホログラフィー投影室への自由な出入りは、私にとって〝酸素を深く吸入すること〟を意味します。オバデラ将軍の死によって、私の内にぽっかり穴が開きました。それはまた、ゼロ局にとっても大きな損失でした。依然として、右記の勢力がゼロ局・ブセギ複合施設両方の管理・支配を虎視眈々《こしたんたん》と狙っており、彼らからの強い圧力により、アルファ基地の円滑な運営を維持することが極めて困難になっていたのです。しかし、セザールの優れた人格や冷静沈着な態度、ゼロ局所属の人々の忠誠心により、ゼロ局は何とか活動を続けることができました。

ルーマニア・米国双方の防衛省と諜報部に、さまざまの問題提起がなされました。この状況は、前述の２００５年に端を発した出来事に幾分か似ていました。しかし現時点では、新たな発見とそれまでに蓄積された計り知れないほどの経験が功を奏し、問題の解決が以前よりも一層容易になっていたのです。米国側を代表するロディ将軍の発言には大きな影響力があり、それは、彼の良き友人であった故オバデラ将軍との非常に密接な繋がりと深く関わっていました。２０１２年に行われた二国間首脳会議において、国防総省の特別代表ケン・ハドソン大将は、特別な命令書とおぼしきものに基づいて、驚くほど有益な介入を行ったのです。後ほどセザールが打ち明けてくれましたが、魔術に立脚した地方支部からの有害な影響が組織構造から取り除かれ、その結果、大部分の緊張が緩和されて二国間の意見の相違が解消されました。とは言っても、それらのいくつかは依然として未解決のまま残っています。

すべてが落ち着きを取り戻しました。組織構造の改善と財源の増加がなされたゼロ局は、その活動を継続しました。米国側との協調関係は、たとえそれが〝ブセギ地域の安全を保障するために彼らが提供した先進技術〟という観点だけから考えられたとしても、極めて順調に推移したのです。私は2003年に初めてこの場所に連れてこられましたが、そのとき私が見たものと比較すると、外観はほとんど認識できないほど大きく変わっています。山の入口周辺地域の景観は、継続的な監視と効率的な管理が可能になるように少しだけ修正されました。一方、他の二つの地域はホログラフィー投影による監視の下にあります。大展示場の入口に隣接するように設計された制御システムにより、あらゆるものが山の内部から管理されているのです。アメリカ側の好みに基づき、米国ワイオミング州シャイアン山に位置する彼ら自身の基地の構造が、ある程度まで再現されました。しかし、彼らが持ち込んでブセギ山脈の外側に適用したテクノロジーは、私がシャイアン山で見たものよりも、さらに一層進んだものでした。

2014年までは、ホログラフィー投影室において、セザールが何度となく私に付き添ってくれました。しかし、その後は自分で自由に出入りできるようになったのです。与えられたこの新たな権限に基づき私は、次に投影室に入場できる人々、彼らの同伴者、および滞在時間の一覧表を作成することができます。そのプロトコル（手順）は非常に厳格でかなり込み入ったものでした。なぜなら、投影室には、軍の担当者だけでなく定期的にやってくる科学者のチームがいたからです。これらのチームの人数が三人を超えることは決してありませんが、書類を分析した結果、これまでの間に全世界から数十人の科学者がこの複合施設を訪れていることが分かりました。

ブセギ山脈における発見がなされて以来13年が過ぎました。その間、九人の科学者だけが実際に投影室に入って、そこにある装置を観察・調査しました。そして他のチームは、研究室に保管されている資料やデータを詳しく検討したのです。この研究室は、複合施設の発見後、入口に隣接して山中に造られました。読者の多くは〝大展示場とホログラフィー投影室はひっきりなしに人々が訪れるある種の博物館である〟と思うかもしれません。この場合、事の真実を見極めるには、なされた発見の本質を正確に理解する必要があります。この発見は、普通の人間をしばしば精神的に混乱させる一連の現象を伴っています。大展示場に入った人に一体何が起きるのかは、〝思考と言動の予期せぬ変化〟という言い回しによって最も適切に表現できると思われます。

ひとたびホログラフィー投影室に入場すると、心が懸命に記憶や二次的な思考から分離しようとするのです。それはほとんど言葉で表現できないのですが、心が浮遊して穏やかになるのです。考えることが稀になり、その思考は、聖なる特質を持ったある種の非常に深い感情と融合します。発見後に初めてこの場所を訪れたとき、私は、極めて先進的なテクノロジーと特異な状況の故にそのような感覚が生じ、それが建物の途方もない大きさとそれが生み出す空間に起因するように思われたのです。しかし、その後の数年間に、この現象が継続的で完全かつ同じように繰り返されていることが分かりました。言い換えると、それは主観的な傾向に起因するのではなく、その場所に存在する非常に特別な振動から必然的に導かれる結果なのです。どこか〝別の世界〟というのが私が総合的に受けた印象です。使われているテクノロジーや内部から現れるホログラフィー映像だけがその理由ではありません。思考や行動の性質を変えてしまう〝直感的知識〟にも因るのです。高貴で高尚な事物に対する感受性、および、善で美しく魂の高揚を伴う強い願望がしみ込んだあらゆるものに加えて、瞑想《めいそう》的かつゆったりとしたインパルスが強調されます。

この特別な場所への入場は、特定の範疇《はんちゅう》に属する人々にだけ許可されるべきである――私たちはこの点を即刻かつ明確に理解したのです。これらの人々は、適切な精神面・身体面の訓練を最初に必要としました。定期的かつ決まりきった仕事を割り当てられる職員でさえも、一群の高官から選抜されるか、特別の研修コースを受けねばならなかったのです。適切な精神面の訓練を受けずにこの場所に入った場合、その後異様な幻覚症状に見舞われる、という危険性を伴うことになります。セザールによれば、これらの点は、複合施設が発見された直後に駐留した兵士の奇妙な振る舞いを見聞きした後で、初めて理解されたのです。彼らは現実世界から切り離され、その症状から完全に回復するのに数週間を要したのです。彼らの運動機能も影響を受けました。身体が硬直してほとんど動かなくなり、目は聴覚・視覚刺激を与えられても一点を凝視したままだったのです。これが理由となり、入場者のための訓練プログラムおよび適正な検査を規定する必要性が具体的な課題となりました。そして、ゼロ局内に対敵防諜活動部門が設立され、私がそれを率いることになりました。それにより私はプロトコルを見直し、それを現在の必要性に適合させることができたのです。

常にいつでもこれは、他のパートナー諸国との話し合いにおいて最も慎重に扱うべき議題の一つなのです。ホログラフィー投影室は、それ自身が最先端テクノロジーに基づいており、山中に開けられた単なる穴以上の存在なのですが、遺憾ながら彼らはそれを理解していないように思われます。まさに私たちは、別の概念や構想、およびとてつもないテクノロジー面の違いについて話すことができるのですが、あの特別の空間は〝交差点〟でもあるのです。しかしこの点は、現代科学が着想できる範囲を超えているようです。結局、私たちは次の結論に達しました——ブセギ山脈地下の複合施設が意味するものを正確に理解するには、現在の最先端科学の基本原理や唯物論的な手法を放棄することが必要である。この面の調査研究に従事した科学者たちは、2010年まで、未知・不明な点に関する手掛かりを何一つ見いだせませんでした。この事実が先の結論の裏づけとなっているのです。

判明した最も重要な点は、いったん大展示場とりわけホログラフィー投影室に入ると、生物の振動周波数が変わってしまうことです。まさにこれが、人々の精神面に起きる一見して奇妙に思える変化、および、ホログラフィー投影室から延びている三つのトンネルに入ったときにしばしば妨げとなる知覚作用をすべて理解するための鍵なのです。これについて、これ以上先走りするのはやめておきます。なぜかと言えば、それがこの本において扱われている主要なテーマだからです。

私は自分が参加した最初の探索調査の際にさまざまの経験をしました。そして、それが私に多大の影響を及ぼしたのです。これは私の著作『エジプトの謎：第一のトンネル』に書かれている冒険物語のことです。それはエジプト・ギザ大地の地下に存在する〝神秘の部屋〟に関してなされた比類のない発見の結果のみならず、第一のトンネルを走行している間に経験した特別の意識状態にも言及しています。他の二つのトンネルを通って行く探索調査も、第一のトンネルの場合に類似しているだろう、と私は考えました。しかし実際は全く違うことが、セザールの説明から2014年の末までに判明したのです。

私が他の二つのトンネルを通る探索調査に加わることが可能になったのは、ゼロ局内の特別な部門の長に任命された後でした。そのときまでにセザールは数回の探索調査を実施していました。とりわけ第二のトンネルを通って地球の内部に至る調査の場合、数か月間ゼロ局を留守にすることもありました。すでに私は、秘教・超常現象の分野における適切な訓練を受けていましたので、セザールの抜けた穴を可能な限り埋めようと努力しました。私が主導したのは困難で理解しにくい諜報活動の分野でしたが、名実ともにゼロ局の組織の一部になった後、私は、その仕事に必要とされる経験を得るために全力を尽くしました。

セザールとの会話に基づき、私は、今後の探索調査を成功裡《せいこうり》に実施するためには個人的な訓練が必須であり非常に重要である、ということを充分に理解していました。彼によると、地球内部に至るトンネル（第二のトンネル）およびイラクに至るトンネル（第三のトンネル）の場合は、状況が異なるために、ある種の内面的な準備が必要であり、それはブセギ山脈地下の複合施設に入るための準備よりも一層、集中的で厳しいものになるのだそうです。セザールの説明によって私の好奇心はさらに高まりましたが、私は彼の指示に従い、可能な限り意識レベルを高めてそれを維持するとともに、アルファ基地内での訓練や遠隔透視カリキュラムの特別の段階に基づく準備を続けつつ、辛抱強くその機会が来るのを待ちました。

セザールは、オバデラ将軍の死後、ある意味で地球の内部世界への〝大使〟の役割を果たすようになりました。ちょうどその頃、状況が厄介で困難なものになったため、私にとって彼の不在は耐え難い負担となりました。セザールが私との議論の中で話してくれたのですが、彼が地球の内部世界に留まる、という話が持ち上がったそうです。しかし、オバデラ将軍の死によって事態の成り行きが変わり、セザール不在の期間中に、将軍が生涯をかけた仕事およびゼロ局に関するすべての機密事項が漏洩《ろうえい》して、それが非常に危険で利己的なやり方で不当に利用されてしまう——このようになる可能性がはっきりと見えたのです。そのため、セザールは急遽地球の内部世界への旅から戻りました。

これは非常にストレスや不安に満ちた期間でしたが、その時期に私はエリノアと再会しました。2012年の末、エリノアは数日間だけルーマニアに戻ったのです。それはまさに暗闇に差す一筋の光であり、私にとって砂漠の真ん中に湧《わ》き出た噴水のように思われました。図書室のある彼の別荘に、彼一流のやり方に基づき極めて自然かつ屈託のない表情で現れたのですが、外見に変化はなく、むしろ幾分か若返ったように見えました。ゼロ局に行った後、私は、しばしの休憩を取ろうと考えて、エリノアの別荘に足を運んだのです。アルファ基地で過ごす、あるいは国内出張・海外出張に出かける、等、私はほとんどの時間をすべてゼロ局の仕事のために使っていました。あのとき私がエリノアの別荘に行くことが、造作なく彼には見えたのでしょうか？　あるいはそれはシンクロニシティに基づくのでしょうか？　その答えが何であるにせよ、彼が来てくれたことはうれしい驚きであり、その後の数日間は私にとってまさに至福の時でした。そして私たちは、複雑に入り組んださまざまの情報を互いに分かち合いました。

彼が打ち明けてくれたのですが、大体において彼は、6年ないし7年に一度という頻度で帰ってくるのだそうです。彼やシエン博士のような人々は自分たちに特別の規則を課しており、彼らの任務は通常非常に長い期間にわたって遂行されます。シエン博士は各国政府との繋がりに基づいて行動しますが、エリノアは表に出ない部類に属する人間の一人であり、魔術に立脚した秘密結社等による執拗《しつよう》な追跡を真っ先に受けています。それゆえ、彼は常に自分の身分を隠しておかねばなりません。また、世界各地に存在する彼の住居の場所も、不明にしておくことが必要です。

２０１３年以降、大部分の時間、セザールはアルファ基地内に留まるようになりました。あたかもそれは、彼と何時間も話ができる良き時代が戻ってきたかのようでした。私は彼の話の内容を注意深くメモに取りながら、さまざまな面や角度から質問して重要な点を明確に理解しました。見習い期間がようやく終わり、私は経験豊かな部類の人間になったのです。主として私たちは、地球内部への驚くべき旅、神秘に満ちた地球の内部世界やそれに特有の現象、およびそれに関する知識が及ぼし得る影響、さらにルーマニアに有益な結果をもたらすと思われる数多くの計画や可能な選択肢等について議論しました。

私が思うに、2014年の秋は、私のそれまでの人生において最も素晴らしい時でした。もしも誰かが〝夢に現れるおとぎ話のような時間は最高機密の軍事基地内には存在しない〟と考えるなら、その人は明らかに間違っています。まさにあれは、知の自由という言外の喜びに満ちた時期であり、私が新たな立場に任命されたときにやってきました。また、驚愕に値するセザールの説明があり、それによって私は、途方もない場所に存在するとてつもない世界のことを知ることができました。また、人類の歴史には桁外《けたはず》れの謎があること、および、第三のトンネルを通って行くことのできる図書館が一時的に存在することも分かりました。

ある素晴らしい日の夕刻、荘厳で静寂な夕日の光の中で、間もなく私たちが新たな探検の旅に出ることを、セザールが私に告げました。私は内心驚喜しました。長年の私の夢が現実のものになるのです。私は初めて地球の内部に入り、人々の大部分がまだ理解していない謎の数々を解明することになります。第二のトンネルについての状況は、エジプトに至る第一のトンネルにかかわる状況よりも一層こみ入っていて、普通の人間の理解力では極めて分かりにくい――私はこの点をすでに承知していたのですが、それをさらに明確にしてくれる人がシエン博士であることは知らなかったのです。彼が近々アルファ基地にやってくることは中国の諜報部から知らされていたのですが――。いつも通り、助手であるシン・リー女史がシエン博士に同伴します。

セザールと私による地球内部への探検旅行およびその際のさまざまの出来事・議論・説明がこの本の中身です。それは２０１４年11月と12月に実施されました。

目次

第2章

大論争——地球の中心が空洞である可能性をデータはすでに示している

第3章 地下空洞第一都市トマシス

カバーデザイン　吉原遠藤
本文仮名書体　文麗仮名（キャップス）

第1章

地球内部の情報は強烈な衝撃に満ちていた

地球の中心への旅が実際に意味すること

私が始めようとしていた新たな探検旅行は地球の内部へ向かうものですが、それはもう一つの予期せぬ驚きを伴っていました。今回探検の旅に出るのは、セザールと私二人だけなのです。しかし、たとえそうだったとしても、それ自体は私にとって全く真新しい情報ではありませんでした。なぜなら、第二のトンネルを通る探検旅行の大部分（とりわけ2008年〜2012年の旅）はセザール一人だけで実施されたからです。その情報は極めて慎重な扱いを要する、とセザールは考えており、そのため、彼はこれまで私との共有を避けてきました。彼がこの件に関して話をしたのは、唯一オバデラ将軍だけだったのです。しかしながら、彼のさりげない言及から私には分かりました。これまでの探索の旅の際に彼が極めて重要な繋がりを内部世界との間に築き、それに基づいて何か大切で重大なことが準備されつつあるのです。あのときに得た限られた知識でもって推測することしかできませんが、セザールは、神話上のシャンバラの世界に何らかの方法で入ることができたのです。

しかし、その後の数年の間に、私自身の個人的な経験とセザールの説明に基づき、私はさらなる気づきを得ました。これは非常に複雑で込み入った大局観に立脚していて、単純化して判断することができないものなのです。それゆえ私は、このテーマに関する既知の調査や研究（オッセンドフスキー、レーリッヒ、バーナードの著作を含む）には言及しませんし、空洞地球の種々多様な面や奇妙な事実を描写したさまざまの記事も参照しません。ある程度の情報がこれらの研究や調査から提供されています。しかし、それらはどれも地球内部の正確な理解に基づいていませんし、そこに存在する世界の全体像を示してはいないのです。

「中身の詰まった地球」と「空洞地球」

地下深度数千㎞の場所に存在する物質のサンプルを採取することはできませんし、ましてそれを調べることなどは不可能です。これは科学者たちが自ら述べていることですが、それはまさに適切な陳述です。それゆえ、彼らは、間接的な計測・測量に基づいて理論を構築し展開することしかできません。しかし、それは絶対的に正しいとは言えないのです。他方では、このテーマに関して公表された記事や刊行された書籍があり、それらは一般論として概括的な言葉で空洞地球について語っていますが、それらには詳細な説明が含まれていませんし、明確な記述もありません。しかし私たちは、二つの考え、あるいは概念をはっきりと区別することができます。

そもそも現代科学によると地球は多重構造で中身の詰まった状態なのですが、その一方、地球の内部は実際のところ空洞である、と信じる人々がいます。これら二つの見解は互いに全く相容れません。ですが、後者の人々は科学界やマスコミによって陰謀論の支持者と見なされています。しかし、彼らの言う陰謀が一体何に向けられたものなのか、また、いわゆる陰謀論が一体何に対抗するものなのか、これらの点は全くはっきりしていないのですが、遺憾ながら、物質科学の最前線にいる人々や彼らと利害関係を共にする人々は、これをばかげた考えと思わせることに成功しています。ひとたびこの考えが、〝論争の余地ある議論の出発点〟に対比される〝荒唐無稽〟と見なされると、その信憑性は著しく低下します。しかし、同じようなやり方で、私たちが地球の内部構造に関する現代科学の理論を陰謀と考えても差し支えないのです。なぜなら、それは日付や明確な計測データによって裏づけられておらず、近似や概算、内挿法・補間法、仮説等にのみ基づいているからです。それゆえ、〝地球内部が空洞である〟という考えを認めないのは、公正な態度ではありません。その正当性を示す何らかの証拠が提出されている場合はなおさらです。そのような裏づけを伴う出来事の中には、よく知られたものがあります。そのうちの一つは、南極の調査を目的とする大規模な軍事探検〝ハイジャンプ作戦〟であり、アメリカ海軍のバード少将の指揮の下に行われました。彼は地球内部について、奇妙で謎めいた出来事を日記に記しています。たとえどれほどバード少将の記述内容が信頼できないものとされ無視されたとしても、事実は事実であり、それは記録されて現在に至るまで保管されています。

地球の内部が空洞であるという考えは、世界のすべての軍隊や諜報機関にとって、言ってはならない話題（タブー）です。もしも暴露されれば、地球外文明に関する機密と同様に、イデオロギー(注)・経済・軍事の各面に多大の影響がもたらされるため、それは国家の最高機密と考えられているのです。

この点については、たとえその真実性に注意が向けられるとしても、この考えを否定・軽視・無視する政策が最も適切である、と見なされています。世界の大国（特にアメリカ合衆国）においては、地球空洞論は絶対的に人間の理解を超越した分野のテーマである、と考えられているのです。たとえインサイダー（消息通）である人々がＵＦＯや地球外文明の実情に精通しているとしても、地球の内部に関してはほとんど何も知られていません。地球の中心に何が存在するのか、そこに入ったときに一体どんな現象が生じるのか、どのようにしたらそれを制御できるのか――これらが皆目分からないという状況が、過去数十年間にわたり、政治・軍事分野の指導者たちを苛立《いらだ》たせ悩ませてきたのです。

注：イデオロギーとは、社会・経済・政治分野の思想や施策の基礎となる強固な価値・信念の体系のこと。

このような場合、彼らを最も困惑させ狼狽《ろうばい》させてきたのは不確実性です。どうやら、世界の政治・軍事面の指導者たちは、誰も地球の内部に何があるのかを知らないようです。世界には特別に高いレベルの安全保障・防衛の手段を持っている諜報組織が存在しますが、そのうちのいくつかは、地球内部への入口がある場所として、南極と北極が最も重要であることを熟知しています。米国・カナダ・ロシアには特別の監視・調査プログラムがありますが、これらの国々は、地球内部で遭遇する現象を理解しておらず、当然のことながらそれを制御する手段を持っていません。地球の内部に入るということは、人類にとって常にいつでも、テクノロジーや概念の面で奮闘・苦闘をすることだったのです。

不可解な現象

ブセギ山脈の地下に隠された複合施設が発見されたとき、それは未来への予期せぬジャンプであり、地球内部についての状況を解明する類い稀な機会である、と考えられました。しかし、すぐに私たちは、物事はそれほど単純ではないことに気づきました。そもそもの初めから軋轢《あつれき》や誤解があったのです。発見の場所がルーマニアだったため米国が直接統制・管理できなかったこと、これがその理由です。一方、地球内部に入ることは武器・軍事戦略・資金調達等と全く無関係である――この事実を理解していた人間がごくわずかだけいました。重要な点の一つは、地球内部に至る第二のトンネルを通って進むことが誰でもできることではないため、このトンネルを通って探検旅行できる人間の数が劇的に減ってしまう、という事実です。その上、この探検の要求条件を満たす人間が限られていることから、人間の参入を阻止する何かが存在するように思われます。突如として参入者は、病気の症状を呈したり、吐き気を催したり、あるいはパニック発作に陥ったりするのです。

また、もう一つ注目すべき点は、集中的個人訓練でさえもこの面における無条件の成功を保証しない、という事実です。なぜなら、そのような訓練を受けた人間でさえも、ある特定の領域を越えてさらに先に進むことができないからです。このような異常な状況は落胆や挫折のきっかけになります。しかし、私たちはすぐに気づきました。私たちが対処しなければならないのは、意思や兵器・テクノロジーでもって制御できない現象なのです。米国・ルーマニア双方に強調して示されるべき点は、第二のトンネルを通る探検旅行は、現代科学が理解できる範囲を超えるものである、という事実です。

私に関して言えば、シエン博士とセザール両方から重要かつ有益な説明を受ける機会がありました。彼らは、地球の内部構造についての私の理解を明確化してくれました。シエン博士は、私が明快な洞察力を獲得できるように、主要な科学的側面と秘教的要素を私に示してくれたのですが、その説明に先だって私は、地球の内部構造について現存する参考文献をある程度まで調べておいたのです。

地球の内部についての現代科学の考え

基本的に科学者たちは、地球の内部は詰まっていて硬いと考えており、この結論を拡張してすべての地殻惑星に適用しました。もしも地球の内部が空洞であれば他のすべての地殻惑星も同じである、というのが彼らの論理です。つまり、すべての地殻惑星の内部は中身が詰まっているか空洞であるかのどちらかになります。この見解に従うと、ある惑星は内部が詰まっていて他の惑星は内部が空洞であるというのは、筋が通らない考えであるということになります。なぜなら、質量は惑星によって異なるが密度はほぼ同じであることが分かったからです。このような理由に基づいて、科学者たちは次のような結論を出しました――地殻惑星はどれも似たような方法で自分自身を形成し構築するため、それらは中身が詰まった状態になるか、あるいは空洞になるかのどちらかである。

残念ながら彼らが〝地球の内部は詰まっていて硬い〟という見解を選んだため、それによって数多くの未解決の問題が生み出されました。現代科学は地球の内部構造について詳しく説明していますが、それはさまざまの計測・測量に由来する仮説や内挿法・補間法に立脚しており、そのため、多くの場合、奇妙で相反する要素が生じるのです。現在、科学的に認められている考えは、主として鉄とニッケルから成る球状の固体部分が地球の中心に存在し、これらの金属は両方とも強い磁性を帯びている、というものです。科学者たちの見解では、この金属質固体が地球の中心核あるいは内核になります。それは、外核に相当する分厚いマグマの層（金属質流体）に囲まれています。地球の回転運動と内核・外核の強い活動力に起因して熱エネルギーが地球表面に向かって放射されて、地球の磁場を形成します。

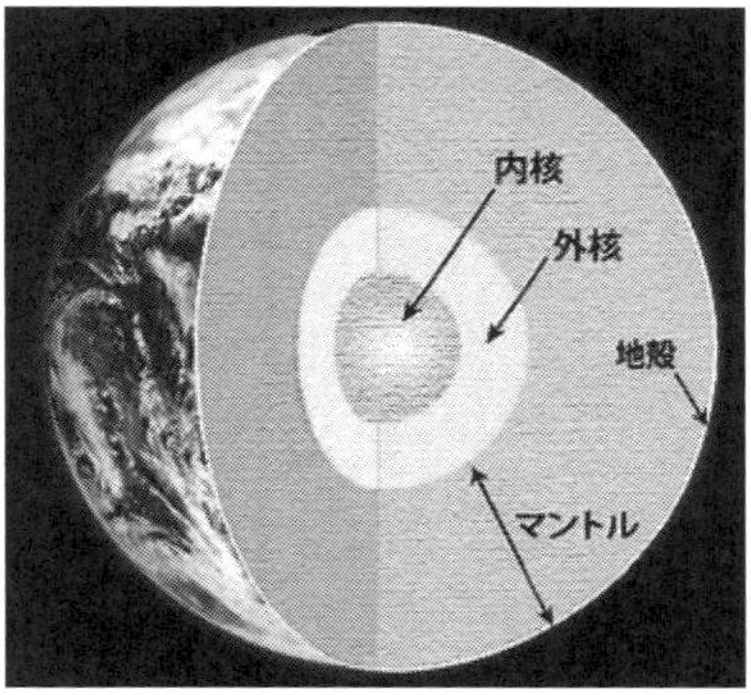

現代科学における地球内部

さらに先を行くと、現在科学によれば、内核と外核から成る集合体は岩石質の分厚いマントル（覆い）に囲まれており、それはさらに地殻と呼ばれる岩石質の層によって囲まれています。マントルには粘性・弾性があり、異なる種類のマグマのようなものです。実際のところ、物理学者や地質学者は、地球の内部構造を何一つ明確に理解していません。少なからぬ量の矛盾するデータや計算結果があり、即席の科学モデルではそれらを説明できないのです。たとえば、地球磁場の真の源は何でしょうか？　それはどのようにして創出されるのでしょうか？　この点に関しては、地球の内部構造の理論と同様、憶測だけが立てられており、すべては論理を正当化する考えや近似・概算に基づいているのです。地球の内部で一体何が起きているのかが全く分からない、という事実にもかかわらず、研究者たちは仮想的モデルを創り出しました。先の近似や概算はすべてこのモデルに依存しているのです。

彼らの構想全体は掛け値なしに唯物主義的です。それにしても、地球の内部構造に関する正しい理論を打ち立てるために、その垂直断面を科学的に調べた人は誰もいません。科学者たちは、現在のテクノロジーでもって地下12㎞を超える深部にはまだ到達していません。にもかかわらず彼らは、地球の核に一体何が存在するのかについて、確信のある見解を発表しています。

地球の〝外部〟および〝内部〟に関する欺瞞《ぎまん》的な考え方

私はアルファ基地の外交儀礼室でシエン博士とシン・リー女史に会いました。私たち三人は、その部屋の真ん中にある楕円形のテーブルの周りにゆったりと座っていました。この会合は、私とセザールが第二のトンネルを通る探検旅行に出かける直前に行われたのですが、そのための研修を行うことが会合の目的でした。私が話の口火を切るのが至極もっともと思われましたので、まず初めに私が〝現代科学は地球が空洞であるという考え方を認めていない〟という事実に言及しました。しかし、それとほぼ同時に、シエン博士が次のように議論を始めたのです。私は困惑しました。

「科学者たちの多くは地球の内部が詰まっていて固いと確信していますが、それは、彼ら自身が概念の面で制約を受けているために生じた思い違いです。この点は、地球空洞論を唱えている研究者たちの主張にも当てはまります。双方とも、現代科学が用いる計測単位に基づいて地球の内部構造を考えています。彼らは自分たちの理解の度合いに応じてデータを分析します。しかし、実のところ、彼らが〝地球内部に関わる問題に対する答え〟と考えているものは、物事の本当の姿を示していません。むしろそれは、科学者たちの精神状態を表しているのです。それは〝現時点における彼らの理解力が既存の計測装置に立脚している〟という事実に起因します。これは〝彼らの意識のレベルでは、限られた程度までしか地球に関わる神秘や謎を解明できない〟ということを示しているのです」

〝シエン博士は私をからかっているのだろうか〟と一瞬思ったものの〝彼があえてそのような態度をとった理由は一体何だろうか〟と考えました。すると、すぐに合点がいきました。結局のところそれは、少しばかり偉ぶったような私の気持ちに対する反応にすぎなかったのです。私はシエン博士に尋ねました。

「分かりました。では、何が真実なのでしょう？　どちらの考えも正しくない、というのが私の理解です。地球の内部には空洞があるのですか？」

シエン博士が答えました。

「地球の中心に極めて特別な現実世界が存在することは確かです。それは地球の〝内部〟ではありません。科学者たちが〝より大きな体積〟あるいは〝より小さな体積〟と言うとき、彼らは天体の質的な面を考慮せず、見かけだけの量を考えているにすぎません。それゆえ、一般的に言うと〝内部〟も〝外部〟もないのです。なぜならこれらの術語は、空間についての科学者たちの間違った理解から派生した偏狭な言葉だからです」

私はまさに愕然《がくぜん》としました。これは事実として認めねばなりません。それまで私は、ある程度まで物理の知識を習得していたと思っていました。しかし、シエン博士が先ほど話したことは極めて衝撃的であり、〝はたして私が持っている知識の中に幾ばくかの真実があるだろうか〟という疑問を抱かせました。シエン博士の叡知には疑う余地がありません。それゆえ、彼の話すことをよりよく理解する以外に私にできることはなかったのです。シエン博士は説明を続けました。

「もしも1枚の紙に円を描けば、円を基準にして〝内側〟と〝外側〟がある、と私たちは考えます。しかし、それは二次元である紙の上の観察にすぎません。もしも実際に私たちが二次元世界の生物であり紙の上で生きているのであれば、私たちが描いた円は私たちにとって制約条件になるでしょう。つまりそれは、その二次元世界を私たちが〝内側〟および〝外側〟と呼ぶものに分割するでしょう。しかし、もしも私たちが三次元世界に住む生物（例えば人間）の視点から見ると、その円が境界を定めることは全くありません。さて、紙に描かれた円を、二次元平面から三次元空間のようなより高い次元に移してみましょう。すると、それは円ではなく球になり、それがいわゆる〝内部〟と〝外部〟の範囲を定めます。しかしながら、四次元世界に住む生物にとって、三次元の球は〝閉じた〟空間の境界を定めることにはなりません。球は、そのような生物には、紙に描かれた円のように見えることでしょう。すべては〝見かけ〟なのですが、三次元世界の制約を受けているため、私たちは、あたかも地球の内部に〝空間〟があるかの如《ごと》く考えてしまうのです」

シエン博士の論理はまさに完璧であり、私にはこの会合が、今までよりもさらに一層深みのある議論になることが分かってきました。私はまた、この世界についての私自身の意見や考えはこの議論には適合しない――この点にも気づきました。私が受けている説明は、必ずしも私自身の考えが間違っていると言っているわけではありません。しかし、私がそれを理解し、情報として処理することは潜在的に難しいように思われました。シエン博士が説明を続けました。

「地球表面のある場所から地球内部の世界に旅するためには、単に距離を測定するだけでは充分ではありません。その距離を移動するための方法を理解するために、測定の単位を変えねばならないのです。その移動方法は、〝地球の内部〟と呼ばれている場所への到達を確実にしてくれます。地球内部に物理的な空所がないことは明らかであり、その代わりに、より高次のレベルの神秘的な世界があるからです」

やっと、このテーマを議論する上での論理的繋がりが見えてきました。それは私にとって非常にうれしいことでした。シエン博士の考え方をより良く理解するために、私は彼に質問しました。

「地球表面から地球の中心までの距離は単に見てくれにすぎない、という意味ですか？」

「その通り。さて、距離については何だかんだ言いますが、煎じ詰めて考えると、それはあなたにとって何を意味しますか？」

適切な言葉を見つけようとしてしばらくの間考えた後、私は次のように答えました。

「一つの場所から別の場所に進む際に通過する空間の大きさ、あるいは量のことです」

「いかにも。それは大きさを意味しますが、それ自体では現実を反映しません。もっと正確に言えば、それは、二つの地点の間の空間を見るための、あなたなりのやり方にすぎないのです。しかし、もしもあなたが視点を変えれば、空間についてのあなたの考えは重要でなくなります。あなたの見方によるのですが、小さな距離あるいは大きな距離というのは、あなたが一つの場所から別の場所に移動できるかできないかを示す指標にすぎないのです。実のところ、あなたは距離を定義するために別の尺度を加えました。この新たな尺度は時間です。あなたは地球から太陽までの距離をどのように言い表しますか？　あなたはkmを単位とした距離を言うかもしれませんが、それは計測器のような道具を使って測定されたわけではありません。あるいはあなたは、光の速度で8分間かかる距離です、と言うかもしれません。なぜなら、あなたはその距離を歩くことができないからです。たとえあなたが地球から太陽までの距離を歩くことができるとしても、それに必要な時間はあなたが測定できない時間です。これで、あなたは問題を解決したことになります」

シエン博士の意図したことが分かりませんでしたので、私は次のように尋ねました。

「どんな解決なのですか？　これは測定の基準となるシステムを空間から時間に変えたにすぎません」

「その通り。あなたは自分の理解の程度と自分の意識が開いたその度合いに合致する測定の基準を使っているのです。あなたが何かを測定する場合、その大きさとは関わりなく、あなたは自分の意識の適応力に応じてそのようにするのです」

遺憾ながら、彼が言おうとしたことが充分理解できませんでした。そこで私は次のように主張しました。

「測定の基準は問題ではありません。太陽までの距離が非常に大きいことは誰もが知っています」

シエン博士が即座に答えました。

「鷲《わし》を知っていますか？　鷲は生物です。鷲も、とりわけ獲物を狩るときは、あなたと同じように距離を推測します。しかし鷲は、本能およびすでに獲得済みの経験に基づいて、それ自身のやり方で距離を見積もるのです。西暦１２００年頃、人間は距離について何と言っていましたか？　自閉症の人はどのように言うでしょうか？　知的障害者の場合はどうですか？」

私は気づきました。これはそれまで考えていたよりもずっと難しいテーマなのです。理解するのはそれほど難しくないのですが、細心の注意を要します。シエン博士は私を議論の場に引き戻してくれました。

「あなたが地球内部の状況を観察あるいは分析するとき、あなたはただ何かがそこにあると感じるだけです。なぜなら、あなたは他の方法で状況を説明できませんし、自分で答えを出すこともできないからです。あなたは考えます。もしも地面を充分深く掘れば、まず初めに砂の層、次に砕石、水の層、そして溶岩や他の地層に行き当たります。地球の内部に関しては、人間は科学から教えられた知識をすでに持っています。しかし、それ以外については、あまり多くのことを想像し推測することができません。これは、物乞いから知識人に至るまで、等しく言えることです」

私は、この会合の初めから議論されてきたテーマに、やっと自分を合わせることができたことを喜びました。そして、シエン博士の答えを予想しつつ、さらに付け加えて次のように質問しました。

「地球内部に見いだされる物事についての受け入れ可能な理論を、一体どんな人々が追求しているのでしょうか？」

「地球の中心には目に見える物質的な〝何か〟が在るに違いない、と人々は考えています。なぜかと言うと、それが彼らの思考方法であり精神構造だからです。彼らは、そのように知識として得て理解する準備を内面的にしているのです。人々は丸い地球の上で、その外側表面に基づく経験を積んできているため、地球の内部にもそれに対応する構造があるに違いない、と無意識に考えてしまうのです。それゆえ、これは考え方の問題なのです」

本当のことを説明するシエン博士のやり方は、簡潔ではあるものの極めて説得力があり、私は驚くと共にすっかりそれに魅了されてしまいました。この真実は誰もが知ることのできるものなのですが、遺憾ながら組織的に無視された状態がずっと続いています。シエン博士は説明を続けました。

「科学者たちの中には、鉄とニッケルから成る固い球が本当に地球の内部に存在するだろうか、と自問する人々がいますし、はたして地球内部に住んでいる人々が本当にいるだろうか、と疑問に思う科学者たちもいます。しかし、自分たちの視点が不完全で限定的であることに気づいている人は誰もいません。なぜなら彼らは、地球表面で確立されている物理法則と同じものに基づいて機能している世界を心に描いているからです。けれども、もしも彼らが地球の中心に向かって地面をどんどん掘り進めていくとしたら、間違いなく彼らは、自分たちの計測システムだけでなく、考え方そのものも変えざるを得なくなるでしょう」

私は立ち上がってしばしの間考えました。物事や状況を提示・説明するシエン博士の方法は直接的かつ知的であり、途中で口を挟ませる余地を相手に与えません。とりわけ議論の主題が重要なものである場合、注意力を集中してそれを保たねばならないのです。彼からの情報は瞬時に処理し吸収する必要があります。さもないと、説明の首尾一貫性を失うという危険を冒すことになるのです。私はシエン博士に尋ねました。

「精神面・知覚面の慣れが生じる、という意味ですか？　あるいは、精神面の自動性すなわち思考の反射作用でしょうか？　人々には〝たとえ自分が知らなくても、既知のものを規範として物事を判断する〟という傾向があります。地球の内部について話すとき、人々はいつも〝距離〟の質の面を無視し、ただ地球の表面から中心までの距離を量として計算します」

シエン博士はうなずいて賛意を表しました。

「そう、これがその一連の作用です。教えられた方法や人生全般を通して培った物事の見方・考え方に基づいて、誰もが習慣的に自分の周りの環境とうまく折り合います。つまり、この方法により、地球の重力や電磁場のような見かけの物理現象に基づく〝答え〟が得られるため、科学者たちは、地球の核が白熱の金属球であると考えるのです。そしてこれをさらに拡張して考えます。つまり、多くの人々は教えられた物事を当然のことと考えて、同じことを繰り返すのです。しかし、たとえそうであっても、彼らが推測したものは存在しません。にもかかわらず、彼らは〝地球には固い核が存在する〟という漠然とした感じを抱いています。彼らの思考パターンは、彼らがこれまでに獲得した知識や経験に基づいてあらかじめ決まっており、彼らが持っている漠然とした感じは、すべてそれに立脚しているのです。彼らの知覚は三次元に限定されているため、地球は単に物質に満たされた球である、と考えてしまうのです。さらに、地球の物理的特性を科学的に観測してその結果に類似するモデル（構造模型）を創り、地球の三次元数学モデルを考え出すのですが、これが妨げとなって、地球の本当の姿を理解することができません。言い換えれば、科学者たちは、実際には存在しないものの存在を強く確信しているのです」

自分にはシエン博士の考えや説明を理解する手掛かりがあると感じていたものの、他の人々がこのように考えるのはかなり難しいのではないか、と思いました。私はこれまでの人生において数多くの驚くべき出来事を見聞きし、経験してきていますが、彼が提示したこの新たな思考の手順・方式への適応は、私にとっても努力が必要でやりがいのあることなのです。そのとき突然、新たな考え方が出てきました。それは現実を見通すための均衡のとれた物事の見方であり、いまだかつて考えたこともないものでした。私は疑問に思いました——実際にこのようなことを理解できる人々が一体どのくらいいるだろうか？　まして、それを深く見極めることができる人がはたしているだろうか？　このような新たな着想に自分を馴染《なじ》ませるための努力は、私にとってそれほど大変なことではありません。しかし、それでもやはり、その着想は私の内に深く根づいた概念と激しくぶつかってしまうのです。

地球の磁場：理解しがたい謎

依然として完全に明確な理解ができていないと感じましたので、私はシエン博士に別の質問をしました。

「あなたは地球内部についてのこの問題を、どのように提示するのですか？　地球内部には一体何があるのですか？」

「地球の表面に熱を送り続けているために、ゆっくりと冷却しつつある硬い金属の核がその内部に存在する——これが現在言われていることです。すでに私が話したように、これは科学者たちの説明にすぎないのですが、他の人々は盲目的にそれを受け入れています」

困惑した私は次のように言いました。

「分かりました。しかし、計測がなされており、その結果も出ています。科学者たちは証拠となるデータに基づいて話しているのです」

シエン博士の考え方とそれに反する見解が、私の心の中で激しく対立していました。あたかも、私の持っている先入観が強く出てきたかのようでした。まるで足が地についていないように感じられ、四苦八苦しましたが、何とか自分を鼓舞しようと努力しました。私はシエン博士に言いました。

「やはりそれは不可能です。どこかがおかしいと思います。地質学者や物理学者が間違っている、と言うには無理があります。彼らは、地球内部に金属の球が存在することを決定づけるために何らかのテクノロジーを使った、あるいは、曲がりなりにもこの許容可能な結論に到達するために計測結果に基づいて推定をした――おそらくそうに違いありません。彼らの計測結果と、あなたが今話していることをうまく結び付ける説明が何とかできるように思えるのですが――」

シエン博士は極めて冷静に答えました。

「間違った物事を正しい物事に結び付けることはできません。それは、マジックショーにおいて作り出される錯覚のようなものです。マジシャン（手品師）はあなたにトリックを見せます。するとあなたは、そのときまでにあなたが観察し認めたものからそれが出現した、と考えますが、種明かしの説明はそれと全く異なります。実際のところ、あなたが見て心の中で真実であると認めたものは錯覚にすぎないのです。マジシャンがすることは現実であり、錯覚ではありません。あなたが言及した地質学者や物理学者は、マジックショーの観客にたとえられます。彼らは自分たちが見たことに基づいて計測結果を解釈しますが、実際に存在する物事はそれとは異なるのです」

私は我慢できなくなって尋ねました。

「分かりました。それで真実は何なのですか？」

「地球の中心核の場合、明らかに研究者たちは鉄とニッケルから成る硬い球の存在を確信していなかった、という前提で考え始めねばなりません。彼らは、そうではないかとうすうす感じていただけなのです。彼らは次のように考えました。もしも地球に磁場があるのなら、それは一体何から生じるのか？　地殻から生じていないことは明らかだし、溶岩にもそのような強烈な磁場を生み出す力はない。とすれば、一体何から生まれるのだろうか？　地球の中心にこのような磁場が存在するためは、それは鉄とニッケルの球からできていて溶岩に囲まれているに違いない。そして、これら二つの層の連携が力強い運動を引き起こして磁場を生み出すのだ」

「そうです。それは理にかなった結論ですが、理論においてのみ存在するものです」

「あなたが言ったとおり、これは彼ら自身の解釈に基づく理論にすぎないのですが、それ以外の方法では地球に強力な磁場が存在することを説明できないのです。彼らは、現在の物理学の法則と理論に立脚して考えるよりほかに、どのようにしてこの磁場が生まれるのか、その源は一体何なのか、これらの疑問に答えることができません」

私は驚いて尋ねました。

「科学者たちが誤っていて間違った研究をしている、ということですか？」

「必ずしもそうではありません。彼らは、これまで現実として知っている物事に基づいて、限定的な仕方で観測データを解釈します。コンピュータを使って行うシミュレーションや他の方法に基づく推定の結果がどうであれ、それを自分たちが望む結果に適合させてしまうのです。そして、彼らの考えが立証されたことに満足します。しかし、彼らが地球の核と考えているものは、現代科学の知識に基づいて得られた論理的な見解にすぎません。それによって地球磁場の存在理由は説明されるのですが、実のところ、それだけでは充分ではないのです」

私は少しの間、シエン博士の助手であるシン・リー女史に目を向けていました。彼女は優雅な仕方で自分の腕をテーブルに置き、まるで彫像であるかのような魅惑的な美しさを醸し出していました。私にとって彼女は不可解な謎であり、どういうわけかシエン博士がこの魅力あふれる未知の存在について何も説明してくれない、ということを少しばかり残念に思っていました。まさにその瞬間、次の言葉が私の心に浮かびました。

「注意を散漫にするなかれ。さらに一層深く謎に入り込みなさい！」

私がこれらの言葉を理解したとき、シン・リーが真っ直ぐ私を見ていることが分かりました。あたかもそれは、水の原型から生まれた彼女の目がこのテレパシー・メッセージを送ってきたかのようでした。それに気づいたとき、私は自分に自信を持てなくなり、思わず尻込みしたのですが、それでも私は何とかしてシエン博士との議論に戻り、それに集中することを決意しました。ほんの数秒しか経っていなかったのですが、シン・リーは、ときたま彼女が示す途方もない能力を顕現させ、あたかも時空が広がったかのような感じを生み出しました。初めての経験ではありませんでしたが、それは彼女の近くにいるときにだけ起きるのです。シエン博士との対話に戻り、私は言いました。

「何かこの地球磁場を生み出すものがあるに違いありません。そうではありませんか？」

今さら言うまでもない質問を私はすでにしていました。それは私が用意していたものですが――。科学者たちは地震波を観測し、その解釈に基づく決定をしていました。これらすべては何かに基づいています。彼らの言葉は全く無駄であり役に立たない、とはとても言えません。ほんの微《かす》かではありましたが、シエン博士は再び微笑《ほほえ》みました。私は直感的に理解しました。シン・リーがテレパシーを発信したのを知っていたのは私だけではなかったのです。しかしシエン博士は、知識のレベルの高さゆえ、まるで重大な影響を与えるようなことは何もなかったかのように、私の質問に答えました。

「電場、磁場、および〝マター（物質）〟と名づけられたそれらの集積――これら三つの間で起きるダンス（舞踊）のようなものがあります。これらが変換を循環的に繰り返すの

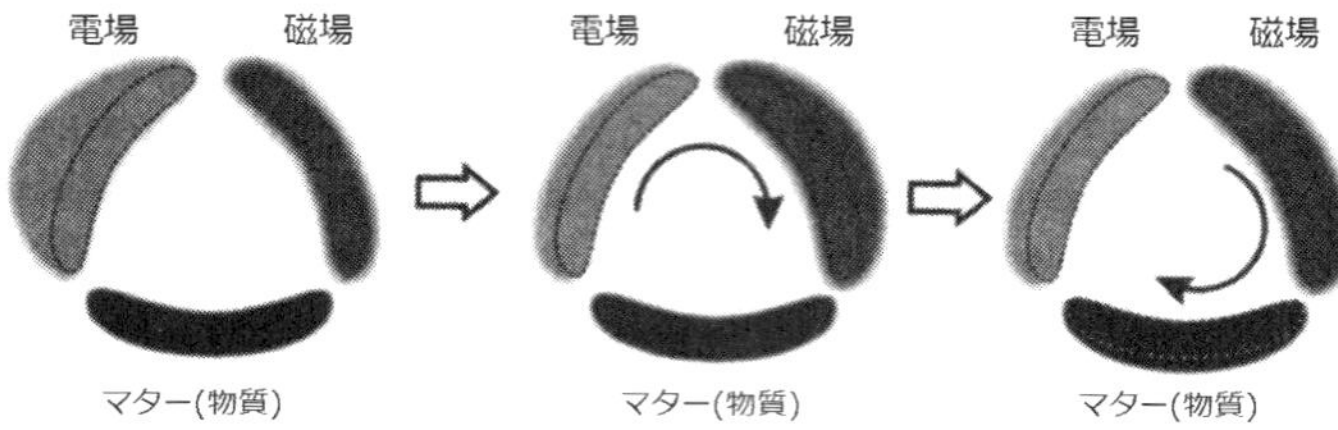

電場・磁場・マター（物質）の間の変換（電場 → 磁場 → マター）

ですが、これら三つは互いに調和と均衡がとれていなければなりません」

シエン博士がこのプロセスのあらましを説明していたとき、私は彼の手描きの図を目で追っていました。しばらくの後、私はその図をシエン博士から受け取って注意深く折りたたみました。私がこれらの事柄について本を書くとき、それを参照したくなるだろうと思ったからです。上記および次ページの図はシエン博士の手書きの図に基づいています。シエン博士はさらに説明を続けました。

「マターが波紋を生み出します。それは顕現する波であり、質量・空間・時間という三つの部分に分かれます。これは電気エネルギーと磁気エネルギーの凝縮を意味します。なぜなら、凝縮したマターが質量、凝縮した電気エネルギー（電場）が空間、凝縮した磁気エネルギー（磁場）が時間に相当するからです。実際のところ、地球の磁場は、宇宙において地球がその存在を表現する〝波〟にほかなりません。それは、

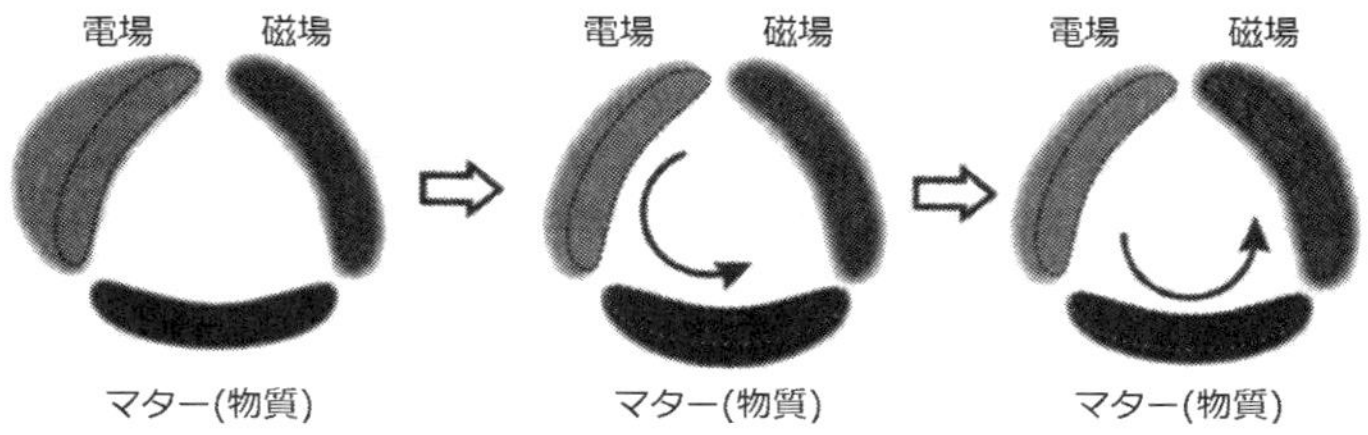

電場・磁場・マター（物質）の間の変換（電場 → マター → 磁場）

地球がその物質面の存在を時空において示すエコー（こだま）なのです。

地球の〝中心核〟はどうなっているのか？

地球内部の実態はさらに一層明らかになってきました。しかしそれでもなお、いくつかの点に関しては、関連づけがなされていないように思われたのです。そこで私はシエン博士にもう一つ質問しました。

「もしもあなたが言うようにマター（物質）が出現するのであれば、地球内部に中心核が存在することになります。私にそれを否定させるものが果たしてあるでしょうか？　科学者たちは彼らの理論の中でこの点を伝えています」

「中身が詰まっていようとガス状であろうと、惑星は、それ自身が宇宙空間における単なる不定形の球であることを示しているわけではありません。宇宙において、無秩序・無意味に誕生・出現するものは何もありません。たとえ物質世界においては生命がないように見えたとしても、現れるすべてのものにはより優れた源があり、それによって形が与えられるのです。科学者たちは無や混沌からの創成を示唆していますが、それは真実ではありません。また、いわゆる〝冒険的な〟エネルギーに源を発するのでもないのです」

ここでシエン博士は数秒間話を中断しました。彼が何らかのひらめきを得たことは明らかでした。そして説明を再開したのですが、それには深い思索に基づく感情が込められていました。

「人間を例にとってみましょう。まず誕生の目的が定められます。そして受胎がなされ、胚《はい》が生まれて成長します。続いて、誕生・緩やかな成長・親による世話や保護という段階をたどります。生まれた子どもたちにとって、彼らを受胎し出産した人々は依然としてひらめきや創造性の源であり、精神面・感情面の中心的存在です。両親によって植え付けられた人生の目的は、子どもの内に留まり徐々に育っていきます。両親から与えられた最初の情報は、見えないけれども常に存在する源として、子どもの内で維持されます。それは両親から子どもに受け渡される遺産なのです」

私がまだ充分に理解できていないことを見て取り、シエン博士はもう一つの例を話してくれました。

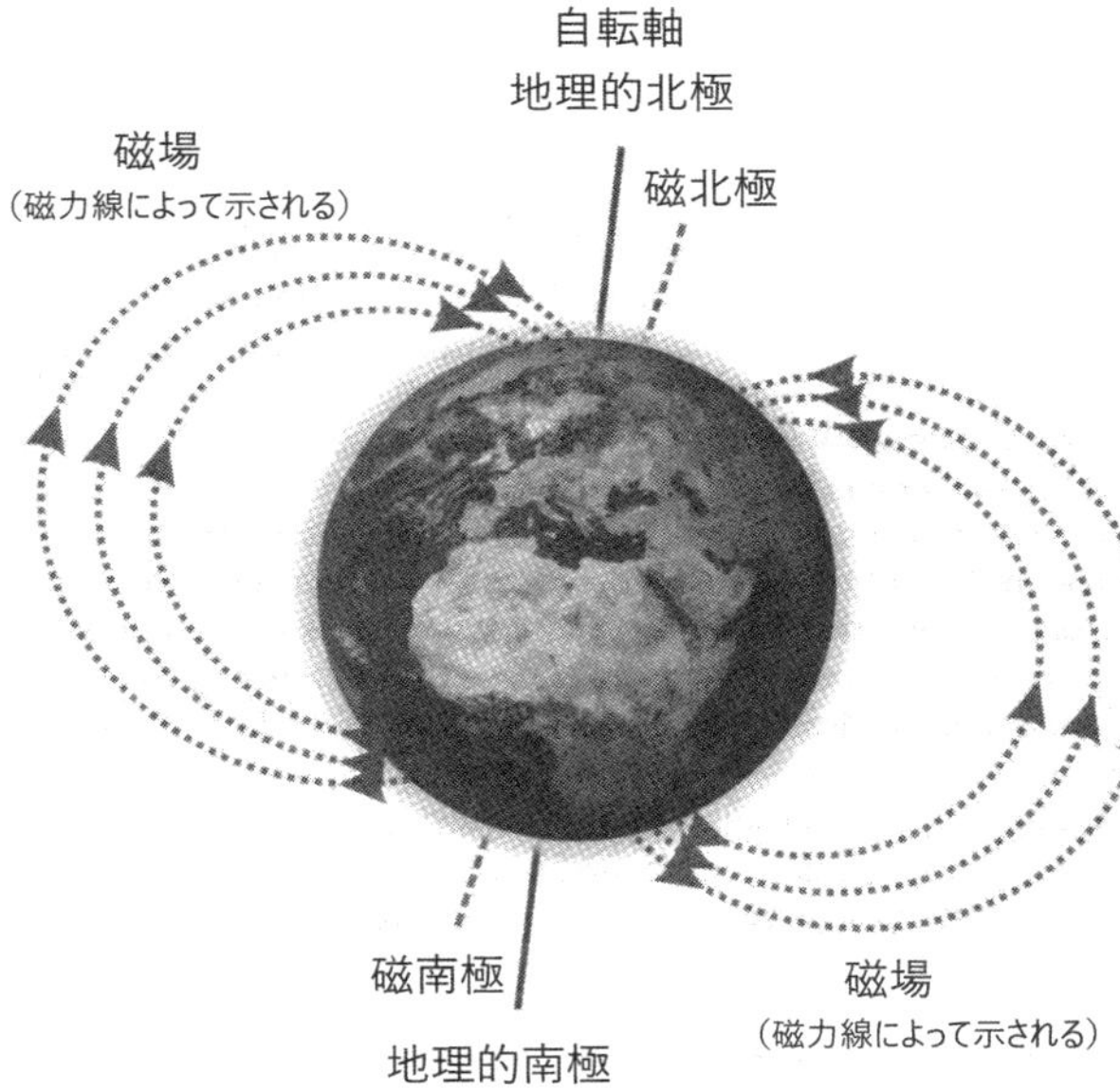

「彫像はそれが伴う美と優雅さの故に真の芸術作品である、と考えて下さい。たとえそれと共に創造された構成要素が一定の形をもっていなくても、それはあなたが見ることのできる完璧な状態にあるのです」

先ほどの私の夢想は、謎めいたシン・リー女史に意識が向いていました。〝シエン博士がそれにさりげなく言及しているのではないか〟という漠然とした思いを抱きつつも、私はより一層彼の説明に耳を傾けました。

「他の人々が美や調和の面であなたに信じさせたい概念があるのですが、それに誘導されないようにしなければばなりません。なぜなら、彼らは彼ら自身の知見に基づく方法であなたにそれを教えるからであり、それは、彼らがどの程度無知であるかによって、それなりの制約を受けているからです。大理石像のような対象物の形や外面的特徴を把握するだけでなく、それを生み出したものにも同じだけ注意を払うことが必要です。たとえ物理的特性が確認できなくても、その芸術作品は、それを創造した人の精神でもって満たされています。その人が創造の源であり、命の息吹と磁力でもって作品を受胎させたのです。たとえ数千年後であっても、あなたはその磁力を感じ取ることができます。その代表的な例が美の女神アフロディーテの彫像です」

シエン博士がとった反語的な手法に対する疑念がやっとなくなり、私は無言でテーブルの上方を見つめていました。シエン博士は、自分の周りで起きている物事を明確に理解して、それを奥深い考えや重要な教えに巧みに結び付け、さらにそれらを洗練されたユーモアで包み込んだのです。シエン博士やシン・リー女史はまさに人知を超えた存在です。そのような人たちの面前に出ると、あたかも自分がむき出しになって何一つ秘密にできない、そのように感じてしまいます。いや、興味深いことに、何かを隠しておきたいとは全く思わないのです。つまり、実際の傾向は逆なのです。一方においては、隠し立てをするという自己中心的なプロセスがあり、他方においては、さらなる進化と自分自身の理解に基づくより優れた直感があるのです。私はずっと以前に2番目の方法を取り入れたのですが、それはセザールの思慮深い提案に基づいていました。今は、私が自分の進化における重要な飛躍を達成できるように、シエン博士やシン・リー女史がさまざまな配慮をしてくれています。このテーマは極めて興味深いものですが、その特定の面のさらなる明確化を願い、あえて私はシエン博士の説明に割って入りました。

「彫像と人間の双方に言えることですが、私たちはそれらの源をも目に見えるものとして意識しています。しかし、地球のような惑星の場合、その源を見ることができません。それは一体どこにあるのでしょうか？」

それが問題だったのですが、シエン博士の答えはまさに衝撃的でした。

「その源は地球の中心にあります。それが中心核を形成し維持するものの始まりでした。科学者たちはある程度それについて何かを感じていたのですが、彼らは間違いを犯しました。それは、この問題を唯物的視点に基づいてのみ解決しようとしたことです。これは、現時点で科学的思考および科学知識がもつ根本的な限界であり妨害物なのです。なぜかといえば、現在のところ、科学は三次元物質世界よりも高次のレベルを考えていないからです。それはすべて色あせた唯物的な考え方に起因します。量子物理学でさえも、考え方の面では〝痺れ〟の状態にあり、まだそこから解放されていません。〝科学者たちの思考体系のほとんどは、物質や宇宙全体に対する見方・考え方の面で不完全である〃ということを、あなたはどのように彼らに説明しますか？　学位や尊称をもたない非学問的な人々は、この世界の構造のさまざまな面や一目瞭然であるその本質を理解することができます。しかし、知的柔軟性という意味での霊的・秘伝的知識に比較されると、定説や先入観によって塞がれた科学情報は無価値になってしまいます。そのようなとき、極めて自然なことですが、異なる次元の現実世界を直接経験することによって得られた叡知が現れるのです。これらの要素の一つが惑星や恒星のような天体です。これらは物質面だけの存在ですか？」

私は即座に答えました。

「いいえ、全く違います。それらは精妙な構造をもった生命のある存在である――この点を以前セザールが話してくれました。結局のところ、天体は宇宙に顕現している大いなる魂であるということですが、セザールはそれらの内部構造や中心核については詳しく話してくれませんでした」

「その通り。生命体には顕現のレベルに基づく段階があるのです。人間は各々がさまざまの異なったレベルにありますし、惑星や恒星は別の進化のレベルにあります。しかし、たとえ形や進化の尺度における位置が違っていても、常にさらなる進化を目指すという傾向は両方に共通しています。であれば、惑星の中心核の機能とは一体何でしょうか？　それは惑星の心臓です。人間同様、惑星も心臓なしでは機能しません。心臓は人間の中心ですが、その精妙な基本原理は魂です。医者の手は患者の心臓に触れることはできますが、魂に触れることはできません。魂が心臓よりも高いレベルにある精妙な存在である、というのがその理由です。それには、より高く、普遍的な源により近いレベルの理解力がありま す。惑星の中心核の場合も全く同じであり、それは精妙なる存在の中心なのです。あなたの心臓は至高の世界と共鳴する力を有しており、さらに無限の宇宙とも共鳴することができるのですが、惑星の場合もそれが中心核の特質であり、惑星としての驚くべき進化を可能にする世界がそれに包含されているのです」

「それは何なのですか？　もしも、私が地球表面からどんどん深くその内部に入っていけば、私は何を見ることになりますか？」

「それは進化の道を歩む霊的な旅のようなものです。どのような惑星にもいえることですが、もしもあなたがその内部に入っていけるとしたら、表面の世界の進化のレベルがどうであれ、そこに存在する世界は表面の世界よりはるかに進化していることが分かるでしょう。物質のレベルでは地球の中心にまで到達することはできません。それは自分の本来の故郷への帰還であり、すなわち霊的な核である生命の源に戻ることなのです。それは常に中心かつ源であり、他のあらゆるものを創成しているところです。一見何もないように見えますが、地球のすべてを象徴しているのです。これであなたは、地球の本質により一層近づいたことになります」

シミュレーション：惑星の中心核への旅

私は自分のすべてが興味と切望に満ち溢《あふ》れているのを感じました。シエン博士から教えられたことに対して、私の魂から不可思議な応答があり、そのため、さらに一層より詳細な情報を求めざるを得なくなっていたのです。それは活気に満ちた直感がもつ美しさであり、〝すべての情報は偶然に与えられるものではないこと〟および〝もうすぐそのような経験をする、そのための準備がすでにできていること〟――これを私に告げています。確かにそれは私が予想していたよりも早く起きたのですが、それでもやはり、シエン博士のさらなる説明を聴くことが私には必要でした。そこで私は、一風変わった状況を提議しました。

「乗員の乗り込んだカプセルを地球内部に送るには、充分な大きさのトンネルを掘削しなければなりません。そのための技術的要求条件がすべて満たされたと仮定しましょう。そして、探検旅行が通常の状態でなされるように、地球内部へ下降する際の角度が調整されたものとします。トンネルも地球の中心に至るまでこの角度を保ちます。この場合、科学者や乗組員はどのような問題に遭遇し、どんな困難に直面するでしょうか？」

「しばらくの間、彼らは、土・岩・溶岩のような固体物質を目にすることでしょう。彼らが溶岩の層を通り抜ける手段をもっていると仮定しましょう。すると、状況はさらに込み入ってきます。それは宇宙船に乗って太陽への探検旅行に行くようなものです。この場合は、超強力な太陽の重力によって潰されることなく太陽に接近できるように、非常に強力な磁場発生装置を装備することが必要です。さて、地球の中心に旅する際、乗員たちは膨大な溶岩の層を突破し、それが放つエネルギーに耐えるために必要なものすべてを備えていなければなりません。乗員たちは溶岩の層に突入した後、進めば進むほど圧力・温度から自分たちを防御する必要があります。テクノロジーの面から考えると、生物学的な面も含めて自分たちを変容させるために、強力な磁場を創成する必要があるのですが、これによって知見のレベルが一変するのです」

私は少しばかり困惑して尋ねました。

「どういうことでしょうか？」

「それは、あたかも西暦１６００年の世界から人を連れてきて、コンピュータの仕事に従事させるようなものです。そのためにはまず、コンピュータの使い方を教えねばなりません。それが済めば、その人は元の世界にいたときよりもずっと高度な知識をもつことになります。その人の理解のレベルが変化し、それが必然的に生体を大きく変えることになるのです。地球内部に旅する探検船の場合、最先端テクノロジーの必要性が臨界点に達すると、そのテクノロジーからの影響によって、乗員の思考方法が完全に変わってしまうのです」

「分かりました。しかし、乗員各々が進化すると、実際には一体何が起きるのですか？」

私の好奇心は至極もっともなものです。しかし、すでに私にはこの質問に対する答えがあったと思います。というのは、それまでに私は、地球の中心に向かう旅の場合は量的な面よりもむしろ質的な面が重要である、と考えていたからです。しかし、どのようにして物質的な要素が精妙な要素と組み合わされるのか、その点を知りたいと思いました。船の周りの状況はどのように変化していくのでしょうか？　どんな種類の知覚が生じるのでしょうか？　シエン博士は、そのときに生じる現象を忍耐強く説明してくれました。乗員の各々は、別のエネルギー共鳴周波数に適応していきます。もしもこれが起きれば、彼らはそこを超えて進んで行けるのです。ここで私が言っているのは、三次元物質世界よりも高い周波数で振動する高次の世界のことです。そのような高次の世界に入ることができる理由は、彼らが溶岩の層を通り抜けたからではなく、そのときまでに遭遇した物質（堆積物・岩石・溶岩、等）に特有の凝縮限界を、何とかして突破したからなのです。このようにして彼らは、私たちが知っている物質が示す凝縮エネルギーの振動周波数を超えることができます。乗員たちは、三次元物質世界よりも高次の新たな世界、すなわちエーテル界に入るのです。私はこの説明に驚愕し、全くといっていいほど困惑したのですが、結論ははっきりしていました。

「もしも人が地球の物質面の中心に行こうとすれば、実際のところ、その人は決してそこに到達できません。なぜなら、まず初めにエーテル界に至り、三次元物質世界よりも高次の世界に入るからです」

「その通り。物質面の基準座標系における惑星の中心に行こうとしても、それは振動周波数に関する個人的進化の必要性によって条件づけられてしまいます。磁場の強度が非常に大きくなるからです。人が地球の中心に近づいていく間に、その人は必然的に進化します。さもないと、さらに先に進むことができません。三次元物質世界の振動周波数から生じる制約を超えることができないのです」

カギは意識の振動周波数にある！

短い休憩の後、シエン博士は真っ直ぐ私の目を見つめ、超然とした穏やかな声で言いました。

「現在、科学者たちが思い描いている方法とは対照的に、物事の顕現にかかわる普遍的法則は、事実に即した幾何学的な評価基準を必要としません」

これは私がこれまでに聞いた最も奇妙で変わった陳述の一つだったものの、私はすでにその意味することを推測し始めていました。そのときシン・リー女史が中座したため、私はそれをうまく利用することにしたのです。〝シエン博士から受けた説明を私が理解できなかった〟というふうに、シン・リー女史には思ってほしくありませんでした。地球の内部構造についてのこの新たな考えを、私自身の心の中で可能な限り明確にするため、シエン博士に一連の短い質問をしました。

「もしかしたら少しばかり早すぎるかもしれませんが、パラダイム（理論的枠組み）を唯物主義の世界から精妙な次元の世界に移行させます。私自身はその背景をかなりよく感じ取っていると思うのですが、再度自分の立ち位置を明確にしたいのです。それゆえ、先進技術が備わっていない探検船に乗って地球の中心に行く場合は一体何が起きるのか――この点を知りたいと思います。例えば、高温に耐えられる探検船に乗って、三次元物質世界の地球の表面からその中心核に向かって出発するとします。この場合、途中でどんなことが起きるでしょうか？」

「ある時点で、正気を失います。そしてもはや何も理解できなくなります」

驚愕のあまり、私は目を大きく見開きました。

「どんな理由からですか？　周囲の状況や振動周波数が変化するためですか？」

「すでに話しましたが、もう一度説明しましょう。出発点は地球の表面です。出発後しばらくの間は楽々と進めます。土・岩石・溶岩や他の物質の層を次々と通り抜けていきます。このときあなたはまだ三次元物質世界におり、そこはあなたの身体と類似の振動レベルです。そしてあなたは古典物理学の法則に基づいて思考しています。地球内部に向かって数km進むと、固体物質と液体物質の間の違いが分かるようになります。あなたはさらに先に進みたいと思うでしょうが、ある時点で止まらざるを得ません。あなたの意識の振動レベルが同じである限り、もはやあなたは前進できないからです。あなたは、日々の経験を通して知っている三次元物質世界の境界に達したのです。振動周波数のその限界を超えると、これ以上は無理とあなたは感じるのですが、もしもさらなる前進を執拗《しつよう》に求めれば、あなたは意識を失います。あなたが到達した世界の振動レベルが、あなたの意識の振動レベルよりも高いからです。もはやあなたはそこで起きていることを理解できず、その世界に繋がることもできません。精神的・感情的に圧倒されて混乱し、おそらくショック状態になるでしょう」

「私はそのような理由では意識を失わないと思います」

「今の話は、あなたが比較に基づいて類推し理解できるように意図されたものです。実際のところ、振動周波数が三次元物質世界と同じであれば、ある時点からは先に進むことができません。しかし、この制約を受けるのはあなただけではありません。探検船およびその中にある装備も動かなくなります。また、あなたの知覚力や理解力も失われます。三次元物質世界と新たな世界の間で、すべてが立ち往生してしまうのです。振動周波数が異なるため、探検船に使われているエネルギーは、この新たな振動数に共振しないのです」

この点をさらに明確化するため、私はシエン博士に聞きました。

「それは個々人の適応能力や順応性の問題ですか？　あるいは、意識状態に起因するのですか？」

「探検船に使われているエネルギーおよびあなたの意識のレベルが、地球の中心に近づくことによって生じる新たな振動周波数よりも低いことが原因です。その時点においては、

〝さらに高度の理解力を得て、より一層高い振動周波数と共振する〟あるいは〝あなたの心が新たな知覚に対処できないために意識を失う〟、これらのどちらかになります。最終的に中心に到達したとすると、そこは全く別の世界であることが分かります。そこは太古の昔にエーテル界、すなわち、はるかに高い次元の精妙なエネルギーの世界として顕現していました。肉体から心に至るまで、振動周波数は大いなる進化を遂げています。必然的ではあるものの、特定の条件が重んじられます。そこに入る人間は、心理学面・精神面の訓練を受けていなければなりませんし、新たな世界に関する知識も持っていなければなりません。さもないと強烈な変化に対処できないのです。地球の中心に近づくにつれて、加速された進化が起きるからです」

「分かりました。ところで、地球内部へのこのような旅は、探検船の外の観察者にはどのように見えるのでしょうか？」

私はシエン博士を数秒間じっと見つめました。この着想はしばらくの間私を悩ませてきたので、どのような答えになるのかを知りたかったのです。実際の状況において、これがどのように展開するのか――その具体的な例を挙げてさらに質問を続けました。

シエン博士が答えました。

「地球表面のどこかにこの探検旅行の司令部がある、としましょう。そこには作業員のチームがいて、地球の中心に向かって進んでいる探検船の内部で起きていることを監視しています。このチームは地上で働いているため、意識を失うような振動周波数の変化に身をさらすことはありません。さて、彼らはモニター・スクリーンに一体何を見るでしょうか？　実のところ、ある時点からスクリーンには何も映らなくなってしまうのです」

シエン博士はちょっとの間沈黙しましたが、その後、再び同じ口調で説明を続けました。

「あなたはまだ充分に理解していません。私にはそれがよく分かります。〝振動周波数が一致しないため、探検船に使われているテクノロジー全体およびそれに繋がっているすべてが停止してしまう〟という事実を、あなたはもう忘れてしまったのですか？　探検船が地球の中心に近づくにつれて、探検船内の機械類が互いに連携して動くということが、もはや不可能になってしまうのです。そこにおける周波数が地上世界のテクノロジーの基になっている周波数よりもはるかに高いためです。もはや機械類に使われている電子部品の間に首尾一貫した繋がりがないのです」

私はさらにしつこく質問を続けました。

「周波数がそのように高くなると、地球内部の固体物質はどうなりますか？」

シエン博士は優しく微笑《ほほえ》みました。的を射た質問をされるときは、常にいつでもそうなのです。それを見て私はさらに楽に呼吸できるようになりました。冷水のシャワーの後、温かなシャワーが与えられたからです。私に与えられた説明はそれほど理解が困難だったわけではありません。にもかかわらず、それに対する何らかの抵抗が私の心の内にありました。それは唯物的な考え方に基づくものであり、三次元世界の高密度物質に深く根ざしていたのです。シエン博士が提示した情報のほとんどは明快かつ明瞭だったものの、私はさらなる詳細を望んでいました。しかしそのとき私は、〝彼の言っていたことが議論の重要な転換点になること〟および〝それに続く彼の説明がまさに私を驚愕させるものであること〟――これらの点に全く気づかなかったのです。これまで私は次のように感じていました。

●シエン博士からの情報は〝従来よりもいっそう新規性のあるもの〟とほぼ同程度のものである。

●彼の分析は、〝可能性がある〟という状況の下で三次元世界の図式に充分すぎるほど類似している。

しかしシエン博士は、もっと深いレベルの説明に入ろうとしていたのです。彼が発した最初の言葉から、さらに議論を進めるためには自分の心の〝音域〟を変えねばならない、ということが分かりました。シエン博士が答えました。

「地殻を超えてさらに進み、マントルの最初の部分に達した後、そこに在るものが一体何であり、その先中心部に向かって何が存在しているのかを〝近似〟します」

「〝近似〟とはどんな意味ですか？　どんな種類の近似をするのですか？」

シエン博士は私の顔をじっと見ながら答えました。

「いわゆる物質は、もはやそこから先の区域には存在しません。振動周波数が上がっているため、そこは精妙な世界になっているのです。あなたはエーテル界そしてアストラル界、さらに地球の中心を取り巻いているコーザル界に入っていきます。このような内部構造はどのような天体にも見いだされますが、それはまた人間の内部構造でもあるのです。あなたの内部も、肉体から始まってコーザル体に至るまで、振動周波数が連続的にどんどん高くなっていく構造になっており、最終的には、あなたという存在の中心であるハートに達します。それはあなたの本質であり霊的実体です。顕現の仕方は異なりますが、惑星もまた意識を持った生命体なのです。これが、霊性に関する伝統的な知識体系の言っている一致の法則、〝上にあるが如く下にもある〟です。この法則に基づき、あなたはすべてを奇跡として見ることができます。ここで〝下〟として言及されているものは、小宇宙すなわち宇宙全体から見たときの小さな完結した世界のことです。また、〝上〟として言及されているものは、銀河・大宇宙・全宇宙のことです。

顕現の規模がどうであれ、構造面の法則は同じです。もしもこれが理解できれば、地球の中心に旅した際に起きることも理解できます。地球内部の物質の層を通り抜ければ、精妙な世界に近づいていき、やがてその世界に入ります。それらがエーテル界・アストラル界・コーザル界です（注）。

しかしあなたは、自分の意識の振動周波数に合ったレベルの世界までしか行くことができません。たとえあなたの意識に固有な振動周波数を超える世界があったとしても、あなたはそれを見ることも理解することもできませんし、その世界に入ることもできないのです」

惑星の中心に存在する衝撃の特異点

「私の理解が一層明確になりました。しかし、地球内部がご説明の通りであるとして、地球の真ん中には一体何があるのですか？　固体物質・球状の鉄はおろか、摩擦の性質を持った物質の構造もない、というのが今の私の理解です。そこには何かがあるに違いないのですが、それは一体何なのでしょうか？」

シエン博士は再び沈黙しました。慎重に言葉を選んでいるようでした。シエン博士は私がすべての情報を正確に理解して受け入れることに関心を抱いてい

注：肉体のすぐ外側には、肉体と同じ形で層状に広がっているエネルギー体が７つあり、肉体から離れるにつれて１つ内側の層よりも密度が小さくなる。これらのエネルギー体は、さまざまの伝統によって異なる名前が付けられている。一般的には、最初の３層はそれぞれエーテル体・アストラル体（感情体）・コーザル体（因果体・直観体）と呼ばれている。その大きさが肉体に最も近いエーテル体は一種のエネルギーの青写真であり、肉体の成長を導いて形成していく働きに関わっている、と一般的に考えられている。それに続く２層は、名前が示すとおり、それぞれ感情および直観のプロセスに関連している。これらのエネルギー体に対応する世界が、それぞれエーテル界・アストラル界・コーザル界である。

る――私はそのように感じました。もしそうでなければ、心配事が生まれたり、セザールの計画に遅れが生じたりしたかもしれません。そのように思わざるを得なかったのですが、私自身は何の心配もしていませんでした。なぜなら、私は説明されたことすべてを理解・吸収していたからです。ある意味で、これは極めて重要な黙示なのかもしれません。しかし、それでもなお私は〝地球内部がシエン博士の言った通りになっている〟とは考えていなかったのです。シエン博士がおもむろに答えました。

「地球の真ん中にはブラックホールがあるのです」

突如として沈黙が訪れました。そして、それはしばらくの間続きました。二人には各々異なった理由がありました。他の人々から冷笑を受けたり馬鹿《ばか》にされることのないよう、シエン博士の説明を正しく理解するために、私は自分の思考や科学的な考えを整理してまとめようと試みていました。その一方、シエン博士は、ゆったりと構えて私が議論に復帰できるのを待っていました。彼の答えを私が理解し、それに対して質問するのを期待しているようでした。私は急がないことに決めました。私から繰り返し出てくる質問について、シエン博士に寛容さを期待したのはそのためです。それに加えて、この新たなレベルの議論になじむための、さらなる時間が欲しかったのです。私はシエン博士に言いました。

「この議論をできるだけゆっくりかつ几帳面《きちょうめん》に進めるべきだと思います。先に進む前に、

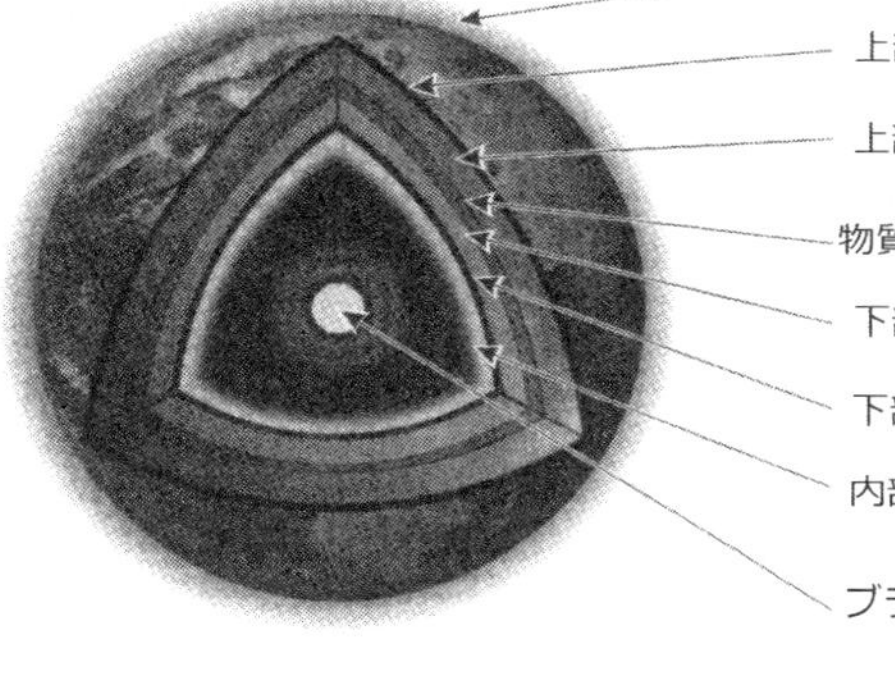

シエン博士による地球の実際の内部構造

すべての情報を正しく理解したことを確認したいのです」

シエン博士が答えました。

「どんどん質問して下さい」

このテーマをさらに掘り下げ、私は次のように言いました。

「振動周波数が上昇することは理解しました。しかし、私たちの意識は一体どのようにしてエーテル界に参入するのですか？」

シエン博士はテーブルにかがみ込み、１枚の紙を取りました。そして、それに書き込みながら、同じ声音で説明を続けました。

「これもまた、あなたにとっては驚きでしょう。物質の濃密さという面で三次元世界を精妙な世界から分離するための巨大な海が地殻を超えたその先に存在する——このことを示す情報を科学者た

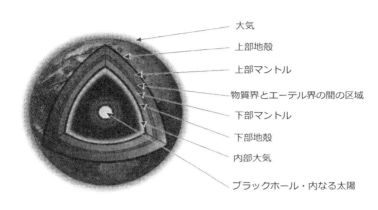

ちはすでに入手しています。当然の成り行きとして彼らは自問しました。『この莫大《ばくだい》な量の水は一体どこから来たのだろうか？』『それは外部宇宙から飛来した小惑星や彗星《すいせい》との衝突に起因するのだろうか？』と。この点に関する確たる証拠は何もないのですが、これは受け入れ可能な考えです。地球上の水のほんの一部ではありますが、それは衝突した彗星に由来します。しかし、実のところ、地球表面の海およびそれと同じほど広大な地球内部の海に現存する水、そのほとんどは地球の真ん中に存在するブラックホールからもたらされたのです」

困惑した私は思わず立ち上がって言いました。

「一体誰がそれを確認したのですか？」

「これが真実だと感じている人々や、すでに地球の内部への旅を経験している人々です。それらの人々の一部は、地球の中心に存在する太陽を見ています。それそのものがブラックホールです。ここに優れた知性があるのです。実際の知識や直接体験に比べれば、学位や学術的な栄誉などは何も意味を持ちません。これらの事実は、霊性に基づく特定の知識レベルに達した人々によって確認されていますし、非常に進んだテクノロジーによっても立証可能です」

「それでもやはり、地球の中心にブラックホールがあるという発想は、極めて受け入れがたいものであり、まして、地殻と中心の中間に海があり、その水がブラックホールに由来する、という話は問題外だと思います」

シエン博士は忍耐強く説明を続けました。

「あなたの憤りは〝知らない〟ということから生じています。私の言うことを注意深く聴き、先入観や偏見を取り除いて下さい。これから私が話すことは深遠かつ秘伝的なものであり、これによって科学の持つ唯物性が克服されるのです。慣例となったやり方や科学者たちが好むような観測等によっては判断できません。その上、錬金術のように、現在では信頼できないものとされている他の種類の科学との繋がりも持っています。地球内部の広大な海には言及していませんが、極端に高い湿度について述べられており、元素・金属・鉱物が如何《いか》にしてそれから生成されるかを理解するための手掛かりが与えられています。ほとんどの情報源が〝そもそもすべての始まりは水すなわち湿度であった〟という事実を指しているのです。これは大いなる謎であり、形而上学・物質科学の両方に言外の意味として内包されています。科学者たちは〝最初に生命は海の中で生まれた〟という説をますます認めるようになっているのです。〝原初におけるすべての源はブラックホールであり、そこから生まれた水が地球内部の広大な海を形成した〟という説に誰もが心を傾ける――あなたはこのようになると思いますか？」

私はシエン博士の説明に手早く関係づけを行いました。

「聖書によると、私たちは粘土からつくられたそうですが、結局のところ、粘土は水と土が混ぜ合わさったものです。〝最初から存在する元素〟という視点から物事を見ると、まさしくこれは地球内部に見いだされるもの、すなわち海の水と地殻の固体物質です。表現は隠喩的ですが、これには本質的な整合性があると思います」

「あなたは、その表現が如何に元の言葉に忠実であるかを知って驚いたことでしょう。それは隠喩ではありません。ブラックホールの動力から創出された水は実際に宇宙に存在します。より正確な言い方をすると、水を創出するというプロセスは、ブラックホールの回転に起因するエーテル界の精妙な水の凝縮から始まります。三次元物質世界においては、この凝縮はブラックホールの渦からの排出であり、その直後に、水が氷の形で顕現します。つまり、膨大な量の水が宇宙に存在するのです。天文物理学者さえもすでに気づいていますが、それを発見したときはびっくり仰天したそうです。特別の性質があるため、いわゆる〝飲料水〟と同じではありません。しかし、それは水なのです。これと同じプロセスが地球内部にもあります。地球の中心にあるブラックホールの動力によって水の凝縮が起きるのです。これは驚くべきことです。これが典型的な科学の概念や定説に反することは分かっています。あらゆるものは次々と変わっていくように思われますが、もしもあなたが先ほどのショックから立ち直る努力をすれば、それは充分すぎるほど明らかで単純なことであることが分かりますし、地球の中心にブラックホールが座する、と聞いても、もはや驚くことはないでしょう。大自然に存在するものの仕組みは、その大きさに関係なく、同じ基本原理に基づいています。それらの中心にはブラックホールの渦があり、それが創造の原理なのです。それと同様に、存在が終わるときは吸収の原理が働きます。どのような銀河宇宙であれ、その中心にはブラックホールがあります。原子の場合もその中心核に微小なブラックホールがあり、その存在と進化を確かなものとしています。現代科学のパラダイム（理論的枠組み）によって誘導されないように気をつけねばなりません。科学の持つ世界観は今でもまだ控えめなレベルにあり、〝定量化可能な宇宙〟あるいは〝宇宙全体から見たときの小さな完結した世界〟のどちらかに焦点が置かれています。なぜかと言えば、それは物事をすべて唯物的に理解するだけであり、それのみに限定されてしまうからです」

私は言いました。

「そのような見方に対する一般的な反応は、先入観や偏見に起因する否定あるいは拒絶です。そして、科学的教義に基づくさらなる抵抗が出てきます」

「その通り。もしもそのような人々が現実世界を直感的に理解するための自助努力をしないのであれば、はたして前向きの反応を彼らに期待できるでしょうか？」

「私には分かりません。しかし、私自身はまだ困惑しています。〝星々の間の真空空間にブラックホールに由来する水が存在する〟などということを、一体誰が信じるでしょうか？　そもそもブラックホールはどのようにして水を創出するのですか？　私の知る限り、ブラックホールは物質を吸収するだけであり、物質を創出することはありません」

シエン博士は椅子から立ち上がって言いました。

「あなたは科学的配慮に固執するあまり、自分を見失っています。これまでは、ブラックホールの重力から脱出できるものは何もない、と考えられていました。しかし、つい最近になって、ブラックホールから抜け出せるものがあり得る、という仮説が認められたのです。あなたはこれまで科学が決定を下したのを何度も見てきました。そして、しばらくしてから、自分たちが間違っていたことを認めてすべてを訂正する、ということが起きています。現代科学の一般的概念に基本的な不備がある限り、公式・方程式や科学的概念を持ち出しても、それは見当違いであり不適切なのです。私たちは今21世紀に生きていますが、いまだに元素の粒子が物質の球のように衝突する、と信じている人々がたくさんいます。これはほんのちょっとした例にすぎません。後ほど、この分野の非常に重要な事柄についてあなたに説明します。あなたはまず、先進テクノロジーについてのあなた自身の経験と併せて、他の事柄を自分自身で学ぶことが必要です」

　私は思わず眉を上げました。シエン博士の意味したことが理解できなかったからです。

　私は彼に尋ねました。

「いつ、どこで、どのように？」

「忍耐が肝要です。あなたはすでに数多くの物事を見てきましたし、たくさんの特別な経験をしてきました。しかし、あなたには唯物的視点に根づいた反動が今でもなお残っているため、それから脱却し、精妙でより優れた概念に移行するのを困難に感じているのです」

　シエン博士とのコミュニケーションに誤解が生じていたことは明らかでしたが、もはや二人とも言葉を発することはありませんでした。私は地球の内部には非常な関心を抱いていました。そして、そこへの探検旅行は、エジプトの神秘の部屋への旅のように比較的容易なものだろうと考えていたのです。しかし、セザールが言ったように、状況はそれよりもさらに複雑で難しいように思われました。

水はどこからやってくるのか?

議論が再開され、最も論議を呼ぶ点が際立つ形でシエン博士からの説明が続きました。まず初めに私が質問しました。

「たとえ私が科学的な視点にそれほど寛容でないとしても、膨大な量の水が宇宙の真空空間に存在し、それがブラックホールの動力から生じている、というのは極めて考え難いと思います」

シエン博士が言いました。

「そのプロセスは、そんなに複雑ではありません。ブラックホールの近傍では時空連続体が非常にひずんでいます。これは別の次元への通路あるいは発現のための回廊がそこに存在することを意味します。あなたが知っている液状の水は、紛れもなく特別で精妙なエネルギーの物質的表現であり、まさに水と名づけられた精妙な元素なのです。ブラックホールの周りには特別のエネルギー状態があり、特定の条件の下で、エーテル界由来の精妙な水が物質界における液状の水に凝縮するのです。この現象はすでにはっきりと観測されています」

「しかし、あなたのこの説明は地球内部の水とどのように結び付くのですか？」

シエン博士は私に冷静さを求める身ぶりをしながら言いました。

「惑星の未来像が描かれる初期段階においては、ブラックホールの渦だけが惑星形成の核として機能しています。凝縮した水が氷という形で宇宙空間に放出され、宇宙のちりや他の種類の物質と混じり合います。そのような帯状の物質から形成された星々がブラックホールに引き寄せられますが、それらが近づくにつれて、一種のプラグ（栓）のようなものが渦の周りに生まれます。これらの氷や物体の一部はブラックホールの重力から脱出し、宇宙空間を移動し始めます。このような場合に彗星が誕生します。残りの物質や氷の帯はブラックホールの渦に戻り、集塊状になって地殻を形作ります。それから惑星が生まれるのです。台所の流しの栓は水が螺旋流《らせんりゅう》になるのを阻止しますが、ちょうど同じように、地殻は何とかしてブラックホールの活動を妨げる働きをするのです。もしもあなたが望むのであれば、別の例えを言いましょう。あなたがアーチ（弓形建造物）を建てるとき、その最上部に嵌《は》めるくさび状の石は、他のすべての部分のバランスをとって構造物全体の倒壊を防ぐのです」

私は驚嘆しつつシエン博士の説明を聞いていました。しかし、どうしたらそれを信じることができるのか、それが分かりませんでした。私は地球内部の水に関する真実を見いだしたのだろうか？　あるいは、ＳＦ（空想科学）小説的なにおいを感じたにすぎないのだろうか？　私は真摯《しんし》な気持ちで自分の考えをシエン博士に伝えました。

「もしも17世紀、誰かがガリレオに相対性理論を説明したとしても、彼はあなたと同じように考えたことでしょう。科学が知識の優位性を当然の如く考えたことが、これまでに何度もありました。そして、〝科学自身が進化の段階を踏んでいる〟という明らかな事実を、そのたびごとに認めねばならなかったのです」

新たな情報を得るためにさらに先に進む用意がある、ということを示すために、私はシエン博士に次の質問をしました。

「しかし、地球上の生命が存続するための条件を地殻だけで充分に満たせるでしょうか？」

「科学者たちは物事が偶然起きると信じていますが、そういうことはありません。いわゆる〝創造の自発性〟は〝必要性の賜物〟のようなものなのです。〝惑星として現れる魂の運命〟から〝それが存在する宇宙領域の独自性〟に至るまで、さまざまな要素が組み合わさります。ところで、惑星が進化しその中心にブラックホールが形成されると、内部世界に住む人々が誕生します。中心に座するブラックホールの意識的活動のゆえに、これら（物質・水・溶岩、等）がすべて調和の状態に至るのです」

私は驚愕して尋ねました。

「このような類い稀な存在にも意識があるのですか？」

「もちろんです。それは進化した魂であり、創造されたすべてのものを大切に保護します。しかし、この点に関する議論は今はしないでおきます」

私は次のように、最も論議を呼びそうな点を強調して話を続けました。

「ということは、中心に座するブラックホールが均衡・調和の維持という役割を担うわけですね。それは惑星表面の状態をも調整するのですか？」

「時間が経つにつれて、惑星外部の創造もなされ、そこに住む人々が誕生します。温度が上昇し、三次元物質世界での生活を維持するのに好ましい大気が創り出されます。しかし、強制的になされるのではありません。個々の天体にはそれぞれ特定の運命が与えられています。それゆえそれは、その運命に特徴づけられる形で、外部と内部の間でエネルギーと影響力の均衡を保ちながら行われます。だからこそ私たちは、驚くほど多くの可能性と多様な生命の顕現に対処することになるのです。私たちが今話しているのは、惑星・衛星・小惑星・彗星および他の天体のことです。恒星の場合、プロセスは似ていますが、中心のブラックホールはもっとずっと大きく、そのため、温度や圧力の状態によって、精妙な世界からの顕現がどのようになされるのかが決まります。この場合、精妙な世界からの顕現の支配的な要素は火です。この理由により、恒星が光り輝いて、物質世界において惑星系を維持するための主要な役割を果たすのです。

惑星と比較すると、恒星には別の使命があります。この場合、水は邪魔にならないでしょうか？　それが起きるのは創造の初期段階だけです。そのとき水の元素から火の元素への変換が起き、恒星は光を発し始めます。しかし地球の場合、既存の水のほとんどすべては、その中心に座するブラックホールに由来するのです。とりわけ、この事実を強調しておきたいと思います。地球内部に海が存在することは、科学者たちによって確認されていますが、その水はすでに述べた方法に基づいて創出されます。さらに、地球内部の異なる深度および異なる区域に、湖を含む数多くの水源が存在します」

私は少々心配になり、シエン博士に言いました。

「あなたが話したことは、宇宙の起源およびブラックホールの機能や役割について、これまで知られていることすべてに反します」

「懸念することは何もありません。とりあえず言っておきますが、あなたからの反論は現代科学に立脚しており、周囲の環境や宇宙に関わる思考・着想は依然として唯物的なままです。特定の学問水準に達したとして、いかにも自分は聡明であるふりをする人々がいますが、彼らの愚かさにはほとほとうんざりします。現代科学では、真空の特質や機能さえも理解できませんし、意識が一体何であるかについての結論を出すことも不可能です。それなのに、ブラックホールの働きや活動に関わる謎を、一体どのようにして解明するのでしょうか？　宇宙あるいは天地創造の他の側面のことになると、それは、あたかも３歳の子供に微分方程式や量子力学について話をするかのようになってしまいます。これらの物事に関しては、たとえどのように科学者たちに話したとしても、彼らは自分たちが知っていることを説明するだけであり、それはまるで砂遊びをするためのシャベルをひっつかむようなものなのです」

たとえ最新の発想をもってしても、科学は、宇宙が創造された際のさまざまな顕現が意味するものについては理解不能である——この点がはっきりと分かりました。私はさらにシエン博士に尋ねました。

「しかし、いまひとつ、まだ理解できないのですが、水はブラックホールからどのように創出されるのですか？　必ずしもそれに関する方程式等を見る必要はありません。それよりもむしろ、ありのままの説明を聴きたいのです」

「すでに話したとおり、その変換現象は、〝エーテル界の精妙な水〟の〝三次元物質世界の水〟への凝縮として理解されます。それを行う変換機が、惑星の中心にあるブラックホールです。惑星の歴史の異なる局面において、異なる量の水がブラックホールから排出されます。原初においては氷として排出され、宇宙塵《うちゅうじん》や他の物質元素と合体して溶け合います。ブラックホールを取り囲むように地殻が形成されると、水がブラックホールから創り出され、惑星内部の海になります。その後、地殻に割れ目が生じ、惑星内部の水が惑星表面に押し出されて海洋になるのです」

現代科学を超えてゆけ！

天文物理学の〝降着理論〟は、岩石・鉱石から成る多数の巨礫岩《きょれきがん》が長い時間をかけて互いに衝突して集積することにより惑星が形成される、というものですが、シエン博士の見解とはほとんど関係がありません。それでも、降着理論のほかにも別の理論があり、それが〝周りの宇宙に由来する現実世界を発見したい〟という人々の願望に応えます。あいにく彼らは、限られた概念レベルに基づく現存の知識に従って、疑問に対する答えを探し求めました。もしもこれらの考えに反することが述べられれば、その理論は不可能あるいは意味をなさないものと考えられたのです。シエン博士が次の議論において強調したように、このような考え方がうまくいかなかった理由の一つは、〝宇宙における5番目の元素〟という概念に目を向けなかったことです。彼らはそれを、実在する何かというよりもむしろ〝幻想的意味合いのある哲学理論に基づく話〟として考えたのです。

その一方、科学者たちは、物質世界において起きる現象以外の物事は何一つ考えませんでした。〝5番目の元素が、より優れたエネルギーや影響力の究極的顕現にほかならない〟ということを、彼らは全く理解しなかったのです。ブラックホールが議論に登場したのはそのときでした。それが一体何を意味し実際に何を明らかにするのか、ということに関連して説明がなされたのです。方程式や計算結果により、ブラックホールの周りの現象が、ある程度まで物質面の顕現として説明されます。たとえば、地球の地殻やマントルは、多数の巨礫岩の増大集積によって形成されます。ブラックホールの周囲で起きるこのような現象は、いくぶん、宇宙のブラックホールの周りに増大集積した巨礫岩の円盤の形成過程に似ています。それは、適切な距離に留まる限り、星々のプラズマ物質・宇宙塵・粒子・岩石・異なる大きさの巨礫岩等を吸い込み続けるのです。

次にシエン博士から受け取った情報は、まさに私がすでに持っていた考えや見解への落雷に匹敵するものでした。それにより、私の持っていた偏見があっという間に消え去ったのです。しかしそれでもなお、何か欠けているものがありました。私はその正当性を示そうと試みたのですが、内に奥深く根ざす唯物的信念体系を乗り越えるのは極めて困難でした。〝恒星や液状惑星を形成するために、ブラックホールが水を創出する〟という考えは、私にとっては依然として受け入れ難いものだったのです。私はこれを認めなければなりません。すでに述べたように、私には桁外れな物事を見て経験したり、驚くべき状況や局面の多くについて自分を納得させる、そのような機会が与えられました。にもかかわらず、右記の点を認めるのは難しかったのです。私に対して忍耐強い説明がなされた後であっても、〝水がブラックホールから湧き出て惑星形成の基礎になる〟という発想は極めて理解し難いものでした。この疑念を自分の中から追い出すのは不可能である、とさえ思えたのです。シエン博士は穏やかな表情で答えました。

「これは、あなたが思っているほど理解困難なことではありません。もしもあなたが〝彗《すい》星《せい》には大量の氷すなわち水が含まれている〟と考えるならば、あなたはそのための基準点を得たことになります。すべての天文物理学者は、彗星に関してある種の始点を念頭に置いていますが、常に〝特定の段階〟および〝宇宙における特定の区域〟から研究を始めます。しかし、彗星は一体どこからその氷を得るのでしょうか？　また氷は、真空状態の宇宙において、どのようにして精妙な水として出現するのでしょうか？　降着理論は有効でありませんし、天文物理学者も充分それを承知しています。なぜなら、降着理論ではガス状惑星がどのようにして形成されるのかを説明できないからです。地殻惑星はガス状惑星と異なる方法で形成される、と断言することはできません。しかし、もしも私がすでに説明したこと――氷は、原始惑星の最初の段階でその中心に座するブラックホールから創出され、宇宙塵や他の物質元素と合体して溶け合うことにより地殻が形成される――を考慮すれば、彗星の起源をもっとたやすく理解することができるのです」

私は自発的に質問しました。

「これらの物事を理解する上で、現代科学に欠けているものは一体何なのでしょうか？現代科学は四大元素理論には当てはまらない、というのは事実なのでしょうか？」

「それは単に一つの特殊な例にすぎません。一般的に言えば、現代科学は、宇宙全体の理解とは対照的な〝物質主義に基づく骨董品《こっとうひん》の集まり〟あるいは〝使い古しの概念の一式〟にすぎません。ほんのわずかな人々だけが〝天地創造においてどのような働きがなされたのか？〟という疑問についてのホログラフィー的展望を持ち始めました。しかし目下のところ、彼らのほとんどは今でもまだ、理解するためのパワーを持っていません。なぜなら、科学者たちの心は、三次元物質世界の時空の理論構成の枠組みに囚われているからです」

以上が地球内部に関するシエン博士との最初の議論でした。その日の夜、私は、その日に学んだことを再三にわたって分析していたため、ほとんど眠ることができませんでした。地球内部についての説明はそれほど込み入っているとは思いません。物事の状態には驚くべき首尾一貫性があり、宇宙の大いなる神秘と比較すると、明らかに私たちはちっぽけな存在である——このことを実感します。とは言っても、もしも私たちが物事を正しく理解し、私たちの内なる潜在的可能性を開発する方法が分かれば、これらの神秘に近づくことができるのです。私は翌日の夜明けが待ちきれませんでした。次の日、私はセザールに会って、シエン博士が明らかにしてくれた新たな情報について議論することができるのです。その上、探検旅行の準備のために、ブセギ山脈地下の複合施設に行くことが決まっています。彼と一緒の時間を最大限活用するとともに、このテーマについて彼と話ができる状況をうまく利用したい。私はそのように考えていました。

地球の内部に入る具体的な方法

セザールと私はアルファ基地を出発し、ブセギ山脈に向かいました。自由に議論できるように、車で移動することにしました。セザールは車の運転が好きだったので、その機会があるときはいつでも彼自身が運転したのです。大いに意気込んでいた私は、シエン博士から学んだことを総体的に彼に話し、〝自分の知識レベルが上がったので、もうすぐ始まる探検旅行の間にそれらの事柄を明確に理解できるのではないか〟という期待を彼に伝えました。すると、セザールは即座に私の懸念を一掃してくれました。

「探検旅行の準備はすべて整っており、私たちの出発は待望されています。これはあなたにとって初めての旅ですが、何も問題はありません」

わずかな沈黙の後、私は確認のために質問しました。

「どんな意味で〝初めての旅〟と言ったのですか？　この後にも、さらなる探検旅行があるのですか？」

セザールは首を縦に振って是認し、次のように言いました。

「多くの段階を経ながら地球の中心に向かって進んで行くので、その一つ一つに順応することが必要です。地球の内部構造は非常に複雑です。もしも、あなたがシエン博士の説明を聞いて驚愕したのであれば、これから経験することに対し覚悟を決めてください。地球内部の壁は種々多様であり、まさに驚きなのです」

普通の人間の日常から投げ出されることになりますが、これから経験する物事への期待感で胸が弾みました。遠征や探索活動はゼロ局内部ではかなり日常的です。しかし、それでもなお、今回のような〝新たな探検旅行のための準備〟という特別の時期があります。そのようなときは、内なる興奮の気持ちがいやが上にも高まるのです。私は即刻、セザールとの議論を開始しました。地球内部の空洞に入ることについて、以前からの疑問に対する明確な答えを得るためです。

「誰もが地球内部とりわけその深部に入れるわけではない、と理解していますが、地球内部への入口についてはどうなのですか？　その重要性は？　それには何か特異性があるのですか？　第二のトンネルの場合、留意すべき法則のようなものがあるのでしょうか？」

私が質問している間、明らかにセザールは集中力を高めており、途方もないほどの自信と誠実さのエネルギーを放射していました。たとえこのように込み入った状況が全く成り行き任せのものであり、たとえそれが物質世界に繋がっていたとしても、また、たとえそれが霊性に基づいていたとしても、それには関係なく、真の価値基準に基づいて、それを理解することのできる数少ない人間の一人がセザールである。これが私の考えなのです。彼は率直かつ簡潔に答えてくれましたが、彼の答えは、私がほぼ20年前から熟知していたことでした。

「天体の内部に入るための最も手っ取り早い方法は、その磁力線を辿《たど》ることです。地球の場合も全く同じです。磁力線の上側を辿って進んで行けば、徐々に精妙な世界、すなわちエーテル界、アストラル界、メンタル界、コーザル界を通り抜け、やがて中心に達します。たとえあなたが偶然、その場所に行ったとしても、地殻を通り抜ける段階までは進めるのですが、ある時点で、さらなる前進が不可能になってしまいます。もはやあなたは、そこ

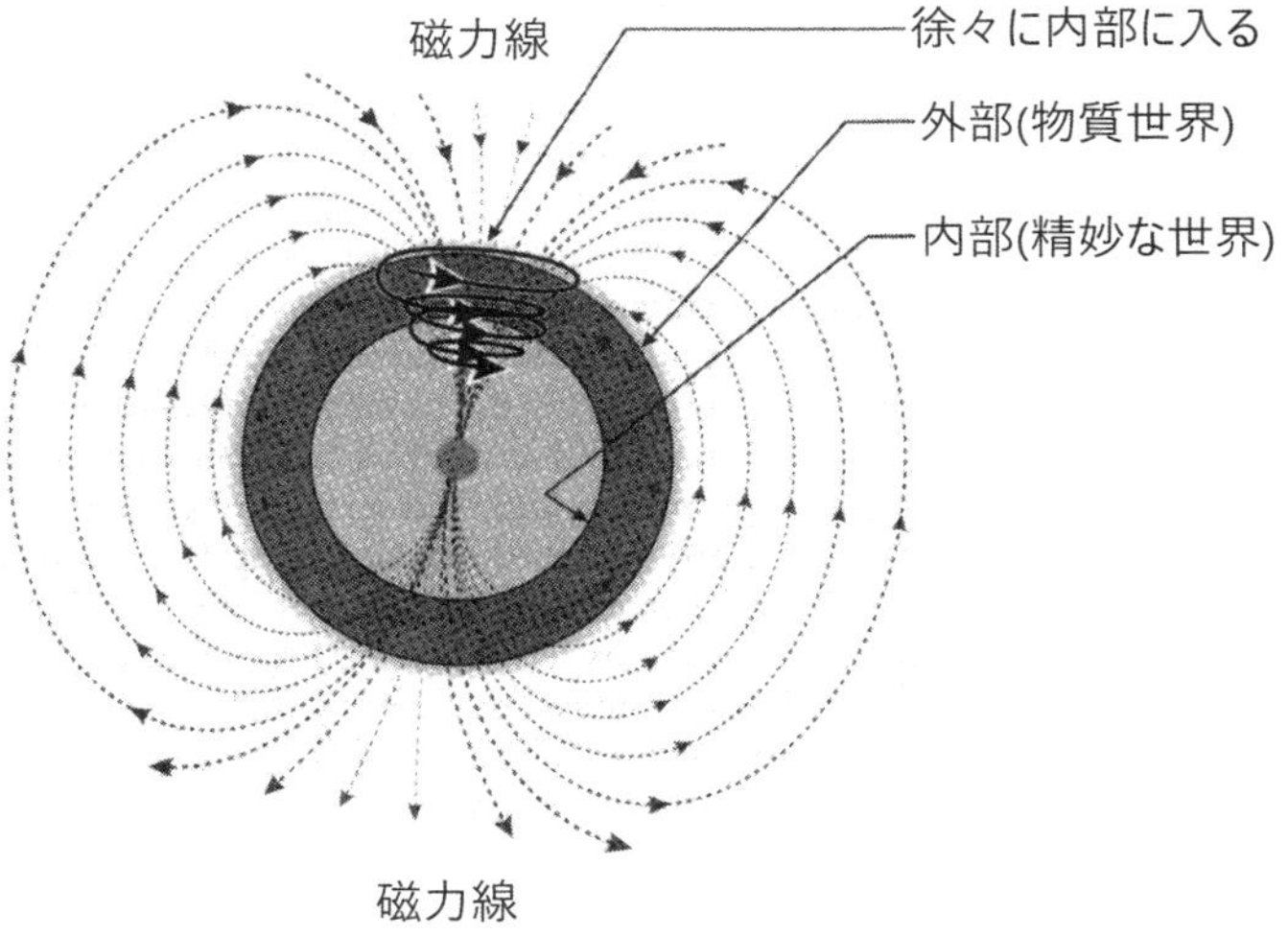

地球内部に入る方法：磁力線を辿る

で起きていることが理解できずに意識を失ってしまうからです。シエン博士があなたに話したように、探検船の機械装置・テクノロジー・乗員の精神機能、これらすべてが止まります。あなたにはさらに内部奥深くに進んでいく力量がある、つまり、あなたという存在が振動周波数の急上昇に対応することができる――これが一つの可能性です。もう一つの可能性は、そこで停止してしまい、悪くすると正気を失ってしまう、というものです。磁力線はすべて地球の極地で収束していますので、北極点・南極点が地球内部に入りやすい場所ということになります」

これらの事柄について考え続けた私

は、シエン博士との議論の際に使われた手法を、セザールとの話にも適用してみることにしました。

「ある人が磁力線を辿って、何も問題なく地球内部に入ることができたとしましょう。この場合、その人は一体、何を見ることになりますか？　景観の変化ですか？」

「地殻およびマントルの一部は物質なので、通り抜けられます。しかし、その先は精妙な世界なので、もはや物質は存在しません」

「しかし、科学者たちは地球の内部構造をかなり明確に示しています。彼らが提示した理論には大幅な間違いがあるのでしょうか？」

シエン博士への質問とほぼ同じ質問をセザールにすることによって照合確認をする――そのようなつもりは私にはありませんでした。しかし私は、数多くの異なった視点からの考察に基づき、これらの事柄をさらによく理解したかったのです。

「それは補外法や直接の観察に立脚した彼らの概算にすぎません。しかし、他の世界は確かに存在します。あなたは自分自身でそれを確かめるのです」

セザールは私にそれを保証してくれました。私は興奮して期待に胸を膨らませました。そして、間近に迫った探検旅行について、さらによく知りたいと思いました。そこでセザールに尋ねました。

「精妙な世界への参入は、何の前触れもなく起きるのですか？」

答える前にセザールは一息入れました。私がよりよく理解できるように、彼は注意深く言葉を選んでいたのです。

「いや、突然には起きません。もしもあなたが状況の変化の継続性にこだわるのであれば、そのように説明しましょう。まず、物質の密度がいくらか小さくなります。そして、プラズマのような状態が現れますが、それはさらに希薄な状態です。その後、あなたという存在は精妙な世界の中に全体として出現します。その〝現れの世界〟においては、条件つきで物質がエネルギー化し、異なる振動周波数に基づいて目に見える形になります。しかし、エネルギーの面で準備ができていないのであれば、そこから先へは進めません。精妙な世界は弾力性に基づいて伸び縮みする、と言ってもよいでしょう。粗いエネルギーは弾力性によって跳ね返されてしまうのです。振動周波数の面で受け入れられないため、精妙な世界には入れないのです」

セザールからの情報を咀嚼《そしゃく》し吸収するため、私は少しの間沈黙しました。

「ということは、物理的な力は使えないわけですね」

「そうです。もしも使おうとすると、あなたは意識を失ってしまうか、あるいは、はねつけられてしまいます。たとえ掘削前進を可能にする装置を使って無理に進み始めたとしても、ある地点でその装置は止まってしまいます。それに使われているテクノロジーおよび構成部品の振動周波数が、その周りの振動周波数と調和しないためです。あなたの意識の振動周波数が許容するところまでしか行くことができません。この原理は、擬人化物質から成るどのようなものに対しても適応可能です」

「その点は理解できましたが、それでもなお、このような装置がどのようにして前進を阻止されるのかが分かりません」

「それはちょうど、宇宙船が大気圏に突入する場合に似ています。もしもそれが多大のエネルギーを使って極端な急角度で大気圏に突入すると、激しい摩擦熱が生じるため、それによって燃え尽きてしまいます。また、突入角度が浅すぎると、大気の層によって跳ね返されてしまいます。しかし、特定の角度で特定の方向に沿って大気圏に入るならば、宇宙船は安全に大気圏を通り抜け、無事に地表に達することができます。この原理は、地球内部の精妙な次元に参入する場合も基本的に同じです。まず磁力線に沿って入ってエーテル界を通り抜け、さらに中心に向かって次なる精妙な世界に入っていくのです。もちろん、これは乗員の意識レベルに依存します」

セザールの説明内容を明確にするため、私はあえて口を挟みました。

「人間にはいくつかの精妙な体があり、それらが肉体を覆っています。最も外側にあるのがコーザル体ですが、シエン博士によると、惑星の場合は構成が異なるそうです」

「人間の精妙な体は、肉体を覆う層のようなものとして示されています。それらはエーテル体から始まり、コーザル体に至るまで外に向かって広がっています。しかし、この拡大は一方向だけではありません。肉体の内側にも一連の精妙な体が存在するのです。最初に私たちが知っている物理的な体があり、その内側にエーテル体、そして中心にコーザル体が存在します。全く同じように、地球はエーテル体によって覆われていて、さらにその外側にアストラル体、そしてコーザル体が広がっています。しかし、これは次元という観点に基づく提示であり、惑星の働きや仕組みを理解する必要性から、私たちの心が描いたものなのです。

人間の霊性面の進化は外に向かうようにデザインされているのではなく、むしろ霊性の核が存在する内側方向に進むように意図されています。惑星が一つの生命体であるという観点から考えると〝最も高い霊性周波数が惑星の中心に見いだされる〟という事実は、全く理にかなっているのです。それゆえ、反転した形ではありますが、それは内側・外側という考えに基づき、次元という視点から全体を捉えているだけなのです」

セザールの説明は非常に良く理解できるものでした。私は彼にあらためて感謝の意を表しました。

障壁となるもの

しばらくの間、私たち二人は無言でした。セザールは車の運転を楽しみ、私はそれまでの数時間に学んだ事柄についてじっくりと考えていました。数分後、私たちは議論を再開し、慎重に扱うべき問題の一つがその論点になりました。

「シエン博士が話してくれた惑星形成の過程は、現代科学の降着理論とあまり関連がないようです。この点は極めて興味深いですね」

セザールは頷いて是認しました。

「現代科学が如何に真実からかけ離れているかが分かりますね。現代科学は四苦八苦しながら、古臭く限定的な唯物論にしがみついていますが、今後さらにどれだけ人類の意識に制約を与え続けるのでしょうか？　実際のところ、すべての恒星と惑星は〝自らを生み出す〟あるいは〝ブラックホールの原理に基づいて生み出される〟のどちらかなのですが、可能性が明白である場合にのみ、科学はそれに基づく視点で現象を理解するのです。〝宇宙の巨礫岩が互いに衝突し降着することによって惑星が形成される〟という説明は、決して充分とは言えません。概念的には何とかなっているのですが、あくまでも限定的かつ理論的説明にすぎないのです。間違い・食い違い・矛盾する観測結果等がどれだけ多くこの理論に含まれていても、また、たとえそれが問題を解決しなくても、科学者たちは断固としてそれを主張し続けます」

「彼らの考えや着想が、そのような限定されたレベルに留まっているのは、一体どうしてなのでしょうか？」

私にはその答えが分かっていました。しかし、是非ともセザールの意見を知りたかったのです。

「不遜《ふそん》、傲慢《ごうまん》、自信過剰、慣例等です。科学者たちの中には、異常なほど思考の手順や方法にこだわる人たちがいますが、この事実は、彼らが全くと言っていいほど唯物的であることを示しています。これにより、より広い視野で宇宙を見ることが不可能になっているのです。観測装置や計測技術が限定的であるならば、いつまでも観測や計測に頼り続けることはできませんし、このような場合は、望んだものしか得られません。つまり、観測・計測が装置の能力範囲内に限られてしまうのです。このプロセスの場合、観測しようとしている現象に特有の振動周波数を、その都度書き留めることが必要です。そうして初めて、計測装置によってその存在に気づくことができるのですが、テクノロジーに効果的な変化をもたらすためには、科学者自身の振動周波数を上げねばなりません。また、そのような科学的精査・吟味をするためには、思考および行動も変えねばならないのです。そうして初めて、この現象、すなわち〝より高度な現実世界〟を把握することができるのです。科学的手法の前に立ちはだかっている主たる障壁は、全く唯物的な考え方に基づいてこの世界を見ていることなのです」

「何にしても、小規模なブラックホールが惑星形成の起点になるという考えは、あまりにも科学者たちの認識と異なるため、彼らにとっては受け入れがたいように思われます」

「天文物理学者も〝時間をかけて回転する物質が生み出す宇宙塵雲《じんうん》から、恒星が形成される〟という理論を構築したとき、その骨子として、このような惑星形成モデルを考えました。しかし彼らは、唯物的な観点からすべての謎を解こうとして、結局のところ後戻りする羽目になったのです。実際のところ、この渦巻きが、回転力の場として特異点のように現れ、最初の物質の骨子となるもの、すなわち宇宙塵が出現するまで、どんどん強烈になります。そしてその後、しばらくしてから水が現れます」

私はこれらの神秘的な現象に心をかき立てられ、セザールに言いました。

「宇宙では物事が実際にどのように起きるのか、つまり物質がどのようにして出現するのか、これはまさに驚異であり非常に興味深いことです」

「現在、科学界において、〝物質の主要な元素、すなわち電子・陽子・中性子は、極めて高速で回転しているブラックホール近傍の強力な磁場の内部で生成される〞と推測している研究者たちが何人かいます。他の科学者たちは、これらの元素は無から生じ、無に還ると考えています。これは宇宙における真空空間のことです。実のところ、この真空は実在します。たとえそのエネルギーが魔法の如く思われたとしても、それは存在するのです。宇宙に存在する小さな渦巻きは、すべて小規模なブラックホールであり、その真空のエネルギーは、液化して充満したもの、あるいは液状真空のように真空空間から現れます。それは常に渦巻いている液体表面に似ています」

「ともかくも私は理解できますが、現代の科学者たちがそのような考えに耳を傾けるかどうか、はなはだ疑問です。この点はシエン博士にも言いましたが――」

「この問題は私にとっても興味あることなので、私自身も調査しました。あなたにとってはまさに驚きでしょうが、科学者たちはすでにこの真実を発見しています。しかし、それをどう扱ったらよいのかが分かっていません（ルーマニア人翻訳者による注参照）。

ですから、あなたが言ったような科学者たちは、頑迷で頭が固いのです。それは彼ら自身の問題です。同様に彼らは〝すべての出来事は偶然の一致という状況であ

ルーマニア人翻訳者による注：この本の著者はおそらく、ボース・アインシュタイン凝縮に言及していると思われます。温度が絶対零度（摂氏－273.15度）に極めて近い場合、原子集団の量子状態（quantum state）が揃い、原子集団全体が一個の粒子（superatom）のように振る舞う現象を指します。西暦2000年頃に、数十ミクロン程度の原子集団（気体、ルビジウム、ナトリウム、磁性体）で確認されました。ボース（Satyendra Nath Bose）はインドの物理学者であり、アインシュタインは、かの有名な Albert Einstein のことです。

り、混沌のより小さな例、あるいはより大きな例にすぎない。そこから偶然生命が現れ、恒星・惑星等が形成される〟と考えているのです」

おもしろいことに、セザールの説明はシエン博士の話とほとんど同じでした。これは、この学説が彼の内にも深く根づいていることを意味しています。

「現代科学の主要な原則は、現実世界の限られた分野に適用される物質宇宙の法則だけです。しかし、変化するものがいつでも現れますし、未知の物事や不明な点が常に存在します。たとえ科学者たちが決めた法則で〝特定の物体・現象・現れは、それらの生じた場所や生じた際の形態のまま存在すべきでない〟ということになったとしても、常に解明されない謎があるのです。のみや金槌《かなづち》だけでは建物を建てることはできません。結合要素がないため、建物が倒壊する危険があるからです。このような場合、科学者たちは、概念上の大いなる飛躍を実現するために、関連資料の調査研究に基づいて、より広範な可能性に目を開き、それらを直ちに受け入れるべきなのです。これまでにまだそのようなことは起きていませんが、もしかしたら近未来にそれが現実のものになるのかもしれません」

北極と南極の意外な役割

私は言いました。

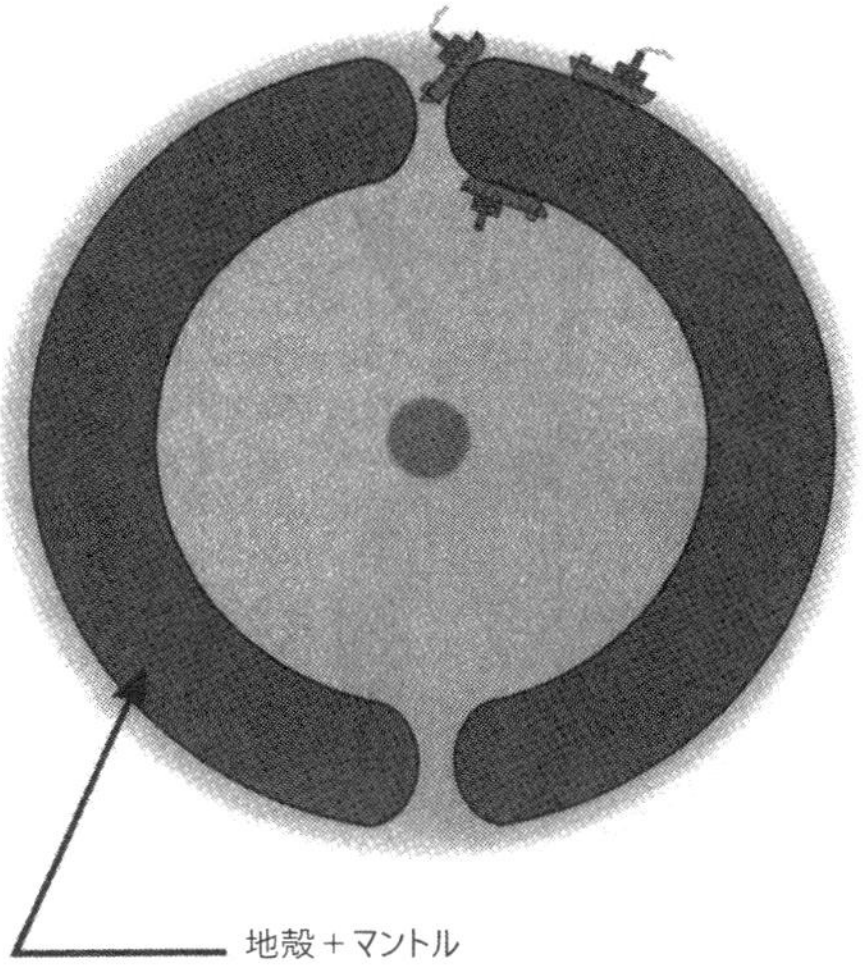

船に乗って北極点から地球内部に入る場合の模式図

「もしも科学者たちが、物質の振動周波数にまさる精妙な次元の存在を考慮しないのであれば、そのようなことはできないでしょう。彼らは地球の内部には入れません。入る方法が分からないと思います」

「確かにそうですね。精妙な次元に移行する方法が彼らには分からないのです。彼らはすべて〝空洞地球は中身のないココナッツのようなものだ〟と考えています。再度言っておきますが、これは彼らが事物を全くもって唯物的

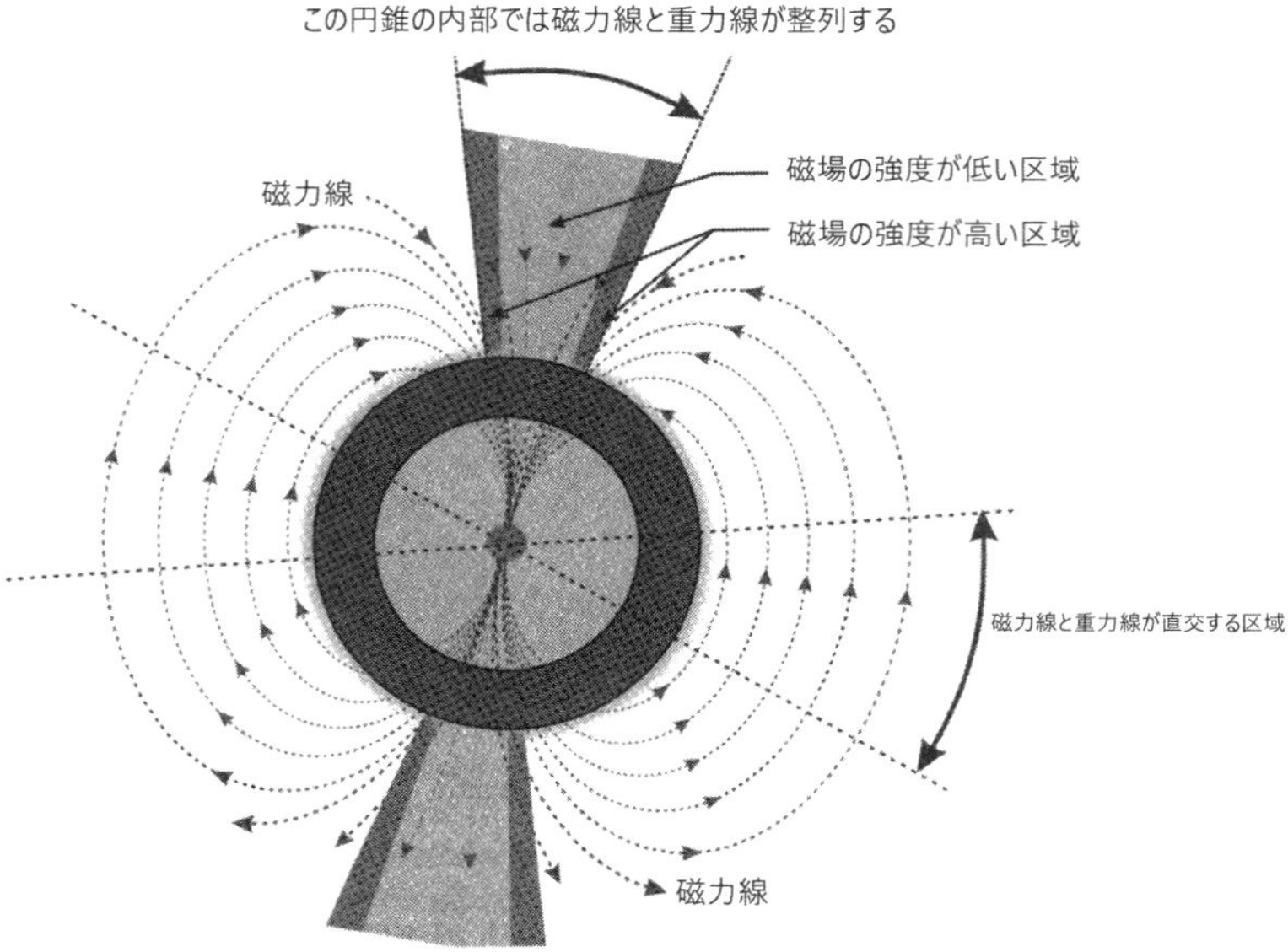

磁場円錐：この円錐の内部では磁力線と重力線が整列する

に見ているためです。地球の内部に船で入ろうとした人々について考察してみましょう。この場合、一体何が起きると思いますか？」

「そのような話は、私もよく知っています。たった今議論したことに基づいて説明してみます。北極点の近くであれば、地球内部に至る磁力線・重力線と船が一直線になるチャンスがある、と思います」

「その通り。もしも北極点においてエーテル界の振動周波数と船の乗組員の振動周波数の間に共鳴が起きれば、簡単に地球内部に入れます。それはまた船の速度にも依存します。なぜなら、それは磁力線および重力線と交差するからです。船が磁力線・重力線と一直線になるときがチャンスなのですが、もしも船が揺れ動くと、その直線から外れてしまいます。重要なことは船の速度が一定であることです。赤道では磁力線が重力線と直角に交わっており、双方からの影響力がこのような効果を生み出さないため、赤道から地球内部に入ることは不可能です。磁力線によって北極に形成される円錐《えんすい》面の上の、エーテル界の地球内部側の境界のところで磁場の強度が高くなり、磁力線が重力線と整列するのです。これら二つの間の繋がりと相互作用が、船の乗組員の肉体の本質的な部分に伝達され、その結果として肉体が活性化します。そして、磁場円錐の内部に入ると、磁場の強度が下がって肉体を構成する原子の振動周波数が上昇し、磁力線に沿ってエーテル界を通り抜けることが可能になります」

「分かりました。仮に私が磁場円錐面の上にいて、与えられた条件を遵守するとします。であれば、私は地球内部に入ることができますか？」

「あなたには三つの可能性があります。もしもあなたの進む方向が北極点を目指していないのであれば、入口区域の洋上に浮かんだ状態が続くだけです。この場合、あなたは物質界に留まることになります。あなたにはそこが一体どんな場所なのかが分かりません。何も感じませんし、地球内部に入ることもできません。北極点に向かっているけれども正確には磁力線に乗っていない場合、あなたは変性意識のような状態になり、何かただならぬことが起きていると感じます。何らかの情報が入ってくるかもしれませんが、ただそれだけであり、単に内的な経験で終わってしまいます。船は地球内部に入ることなく、その入口の区域を通りすぎます。しかし、もしも正確に磁力線に沿って北極点方向に進んでいるならば、エーテル界に入り、それを抜けてさらに地球内部を目指せるチャンスが充分にあります。ただし、そのためには、あなたの振動周波数が通過領域の振動周波数と同じかあるいはそれに近いことが必要です。言い換えると、もしもあなたの意識と理解のレベルが通過領域と親和性をもつならば、つまり充分に清らかで高ければ、自分自身を磁場と重力場に調和させて、精妙な世界であるエーテル界に進んで行くことができます。このようにして、地球の内部と呼ばれるところに入っていけるのです」

セザールがこのすべてを説明している間、私はそのような考えを心の中で自分自身に話す準備をしていました。これらの事柄を明確にするため、基地に戻った後、いくつかのスケッチを描いておいたのです。次ページのイラストはその最終版であり、前述の三つの可能性を表しています。しかし、これは一つの視点から精妙な世界を描こうと試みた平面図にすぎません。この点を忘れないでください。たとえば、上から3番目の図が示すように、船が地球内部に入った後は、船の向きが変わって地球内部の海の上を進みます。しかし実

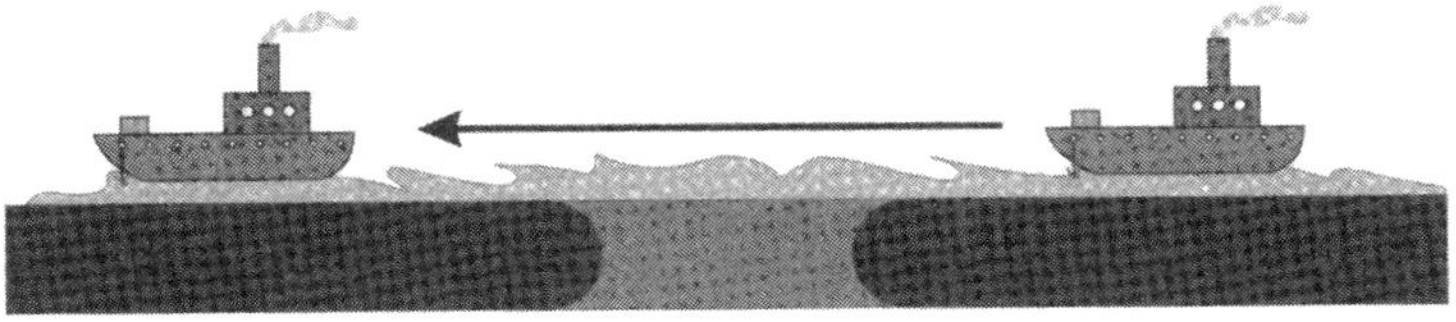

船が磁力線上にない場合、船は地球内部への入口の洋上を通過する

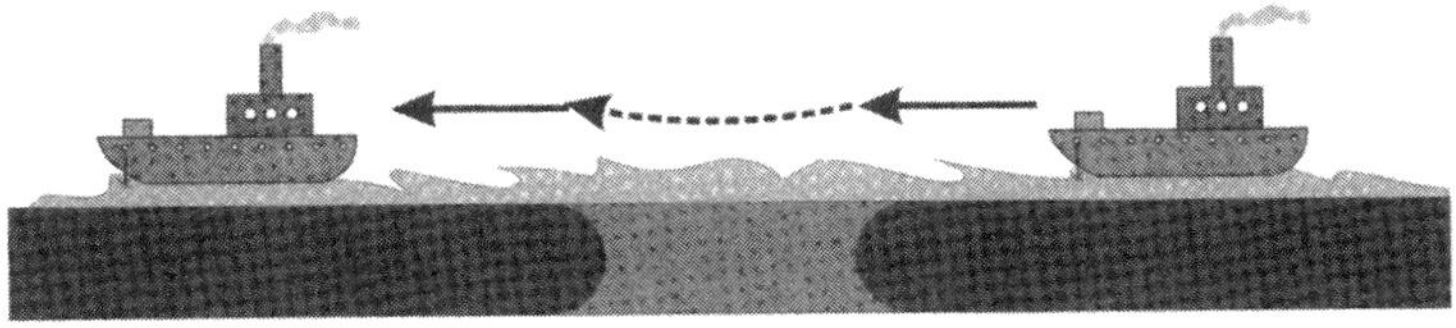

船は磁力線上にあるがそれに正確に乗っていない場合、船は地球内部に入ることなくその入口の洋上を通過する

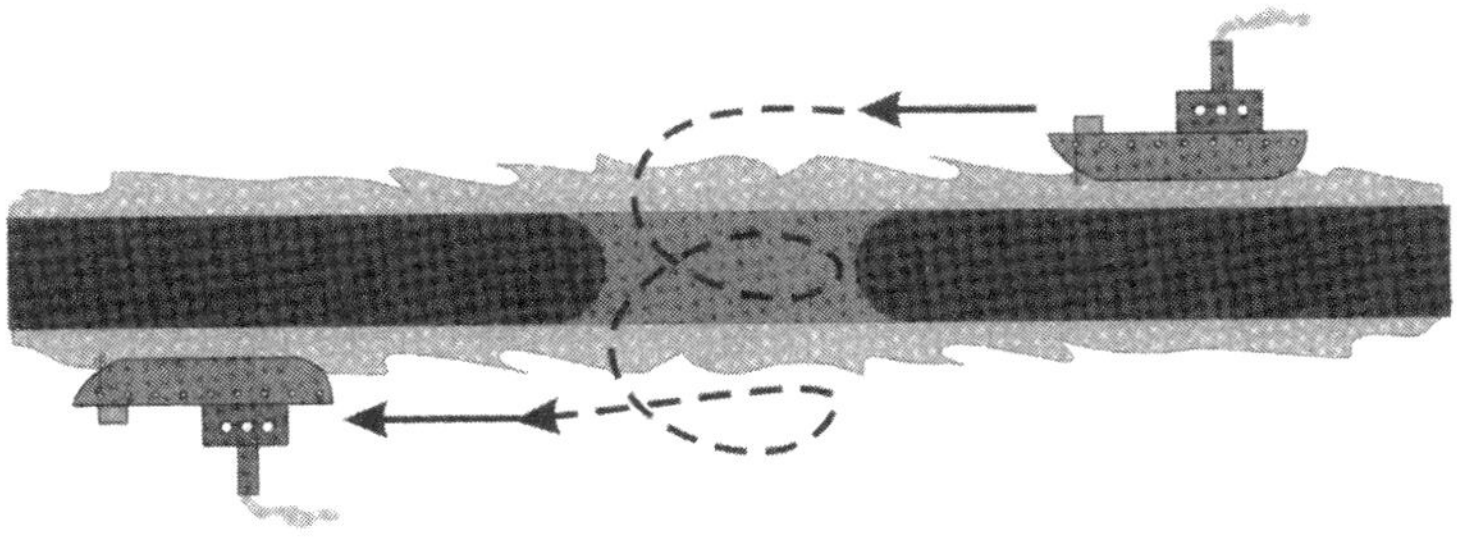

船が磁力線に正確に乗っていて乗組員の意識と理解のレベルが通過領域と親和性をもつ場合、船は磁力線に沿って地球内部に入る

３つの可能性：船が磁場円錐面の上にいて地球内部を目指している場合

際のところ、船の乗組員は、船の向きが変わったとは感じませんし、船が逆さまになるように反転しているとも思いません。その理由として〝入口部分の曲率半径が大きい〟という事実を挙げた人がいましたが、それよりもむしろ、船が精妙な世界への入口を通り抜けた、というのがより妥当な理由であると思われます。いったんそこに入れば、逆さまに反転しているとは感じず、磁力線と重力線に沿って地球の中心に進むことができます。船は水に囲まれています。一般的には地上で見るのと同じ空が見えます。そのうちに他の要素が現れ始めますが、なぜそれが北極の内部の海に存在するのか、その理由を知ることはできません。そのような経験について話した人々は、〝自分たちは地球内部に入った〟と言いましたが、彼らはそのときも物質世界を旅したと信じていたのです。実際のところ、彼らはすでに別の次元、すなわちエーテル界に入っていました。精妙な次元のことを知らなかったため、彼らは物質世界ですでに得ていた経験と関連づけようとしました。このような理由から彼らは、自分たちが空洞地球に辿りついた、と考えたのです。

その後セザールは、非常に奇妙に思われることを私に言いました。それは、人々がこの現象を誤解する主たる要因でもあるのです。エーテル界に到達した直後に空の真ん中を見ると、セントラルサン（地球の中心に位置する太陽）が見えます。それは地上で見る太陽とは異なります。極めてまれですが、特定の条件の下で短時間だけ二つの太陽が見えることがあります。一つは三次元物質世界の太陽、すなわち宇宙における天体であり、もう一つは地球内部のエーテル界の太陽です。しかし、遠からぬ先、エーテル界の太陽だけが見えるようになります。この太陽は、地上で見る太陽ほど光が強くなく、また大きくもありません。私はセザールに言いました。

「地球内部の太陽がどのようにしてブラックホールになり得たのか、この点がいまだによく理解できません。何らかの間違いがあったことは確かだと思います。すべてを吸収するブラックホール、あるいは太陽、このどちらかになると思います」

この考えが正しいことは明らかですが、どういうわけか、私の心の中では〝それが内容を伴っていない〟と感じていました。

「シエン博士と私のどちらも〝地球の中心に恒星が存在する〟とは言いませんでした。太陽のように見えるものは、実際のところ、エーテル界のブラックホールが周りを照らしている、という表現なのです。地球の中心を見ても、通常は何も見えません。なぜなら、その特異点の振動周波数が非常に高く、物理的スペクトルの周波数を凌駕しているからです」

驚いた私は質問しました。

「なぜ、光が出るのですか？」

「実のところ、それはブラックホールからの光の放射であり、その光は物質を吸収するプロセスに起因します。この現象に基づいて見えるものは、まさにエーテル界の精妙な輝きなのです。私たちには天空で光を発する存在を太陽と名づける慣習があるため、それを内なる太陽と呼んでいます。内なる太陽として言及されるブラックホールには、それ自身の磁場と重力場があり、独自の角速度を持っています。これらの要素によって物質吸収の率が決まります。ゆっくりではあるものの、この吸収は確実に行われます。内なる太陽の光は、地上で見える物質世界の太陽よりもやや弱いため、それは〝くすんだ太陽〟とも名づけられています」

セザールの説明に思わず目まいを覚えた私は、しばらく無言のままでした。現代科学から無償で提供された偽情報や間違って理解された情報の残骸が、これまで私の内に蓄積されていたのですが、それから自由になって何とかこの価値ある新たな知識を解明したい、と考えていたのです。そのとき、セザールが言いました。

「物質界からエーテル界に移行するには、もう一つの条件を満たさねばなりません。もしもあなたが内的に準備ができていて、あなたの意識の振動周波数とエーテル界の振動周波数の間に共鳴が生じるならば、二つの世界の間に共通の周波数帯域が確保されます。あなたは意識を失うことなくそこを通り抜けねばなりません。それは短い時間ですが、完全に意識を保つことがあなたに要求されます。エーテル界への参入は突如起きるのではなく、むしろ円滑で緩やかな移行であり、適度な時間その状態が続きます。準備が整っていればいるほど、その移行は不快でなくなります。しかし、それでも移行の状態は感じられますし、とりわけ何か奇妙で変わったことが起きた場合は、その感じが強くなります。初めは、同じ状態が続いているように思われますが、新たな要素が入ってくると変化が起き始めます。具体的に言うと、北極圏の植物、暖かい風、温かな水、新たな太陽、およびこれまで見たことのない新しい動物です」

好奇心に駆られた私はセザールに聞きました。

「それは地球内部の世界なのですか？」

「地球内部には、このような世界がたくさんあります。限定された言葉の意味で言えば、いくつかの文明があり、それらは地殻内部の巨大な空洞の中に存在します。地殻はまだ物質世界ですが、エーテル界への移行区域はマントルの近くにあります。地球のこの部分は断面で見るとそれほど厚くなく、異なる大きさの空洞を数多く含む蜂の巣のように見えます。からっぽの空洞もありますが、他の空洞には生命体が住んでいて、大小さまざまな共同体を含む都市が存在します。また、溶岩や石油で満たされた空洞や、巨大な湖を含む空洞もあります。地下の世界と呼んでもいいのですが、それらは多種多様です。地表に近い

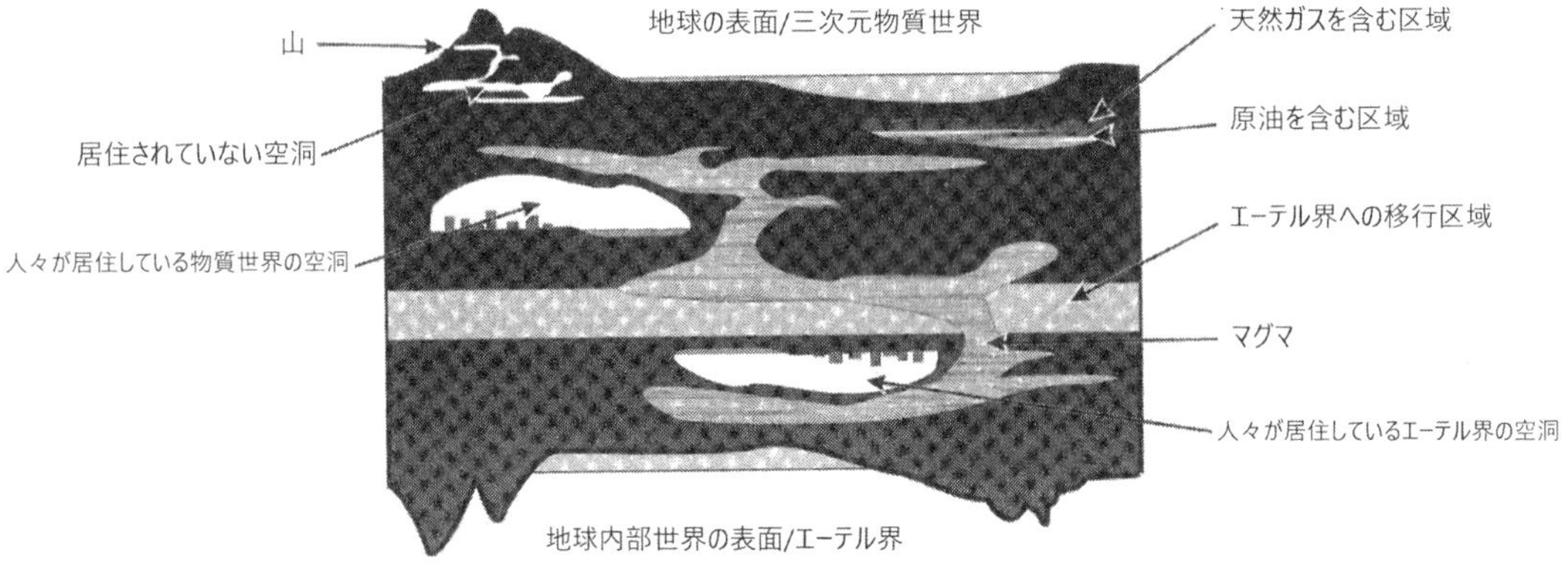

地球の地殻・マントルの内部の構造

位置の共同体の中には、物質世界に組み込まれたものもあります。また、地下深くにある共同体は、あたかもエーテル界の存在であるかのように機能している、あるいは、エーテル界とつながっているものもあるのです」

地球内部への主たる出入り口は三つある

私はセザールに言いました。

「もしもそれが地殻の内部構造であれば、そこに居住している生命体は、すべてが極地から地球内部に入っているとは思えません。私たちが第二のトンネルから地球内部に入れるように、多分彼らにも他の出入り口があるのでしょう」

「もちろんそうです。地球内部への主たる出入り口は三つあります。一つ目は極地であり、これが一番容易です。これについてはすでに話しました。2番目は、特別の場所を経由する方法です。大体の場合は山中の洞窟ですが、森の中や平原上にもそのような場所があります。科学者たちはこのような場所を時空のゆがみ、あるいはポータルと呼んでいます。これはある程度正しいと思います。より具体的に言えば、そもそもそれらは、物質世界におけるエネルギー・ヴォルテックス（渦）がエーテル界のエネルギー・ヴォルテックスと交差している所なのです。ときには、アストラル界のエネルギー・ヴォルテックスも関与します。そこではエネルギー・ヴォルテックス同士が交差し、地球表面にエネルギーの境界ができて、特別な区域が構築されるのです。それらの中には他よりも長い期間存続するものもあり、短期間しか残らないものもあります。最長のものは数百年あるいは数千年もの間存続しますが、数分間しか存在しないものもあるのです」

「古代の祭司は森の中で神を召喚する儀式を執り行いましたが、これがその理由ですか？」

「理由の一つがそれです。そのため、そのような森は人々を恐れさせたのです。森自身に何か問題があるのではなく、その森にはエーテル界に至る交差路が現在も存在している、あるいはかつて存在していたからなのです。さらに言えば、森には異なる現実世界が含まれています。そこの植生や生命体は物質世界のものと違っており、大抵の場合、人々はその場所を怖がります。もはやいつもの慣れ親しんだ時空ではないため、人々は困惑するのです。一体何が起きたのかを理解できず、実際に自分たちが別の世界、すなわち物質世界よりも高いレベルの世界にいることに気づかないのです。たとえば、このような特別の森のうちのあるものは比較的小規模で、いったんその中に入ると、数日間先に進み続けても、終点に行き着くことがないのです。なぜなら、すでに異なる特性を持つ別の次元（大抵の場合はエーテル界）に入っているからです。しかし、その逆のことも起こり得ます。すべてはその交差点の特質に依存します」

セザールは短い休憩を取った後、さらに話を続けました。

「もしあなたがうまくそこに行くことができれば、そこからエーテル界すなわち地球の内部に入ることが可能なのですが、そのためには、準備が整っていなければなりません。しかるべき時に、しかるべき場所にいて、内なる意識状態が正しくなければならないのです。もしも必要であれば、これらの要素すべてが自然にうまく整います。たとえば、あなたが森の中を歩いているときに、他の道とは異なる小道が現れたため、その道をたどって進んだところ、崖に行き着きました。そして、その下に洞窟の入口が見えました。山の中のその洞窟は、それ以前には存在していなかったものです。その中に入ってどんどん進んでいくのですが、奥に進むにつれて、両側の壁がどんどん狭くなっていくように感じました。そして、普通に歩いているのですが、その道が川の流れのように動き始め、その流れがどんどん速くなっていったのです」

私はセザールの話に魅了され、思わず尋ねました。

「そのような特別の場所はたくさんあるのですか？」

「その数は大きく変動しますが、そのうちのいくつかは非常によく知られており、強い力を保持したまま長期間存続しています。しかし、たとえ一部の人々によく知られていたとしても、それが最初に生み出す効果は恐怖であり、狼狽です。人間の持つ自己保存の本能は極めて強力です。未知のものに対する恐怖は、人々の話や自分の周りで起きる奇妙で変わった出来事によって増幅され、ゾッとする恐ろしい伝説や言い伝えを生み出すのです。どちらかと言えば、地元民や関係当局はそのような場所への出入りを妨げがちです。それらの場所の振動周波数の変化から緊張やストレスが生じ、混乱状態や強烈な感情、困惑、そしてひどい恐怖感がさらに一層頻繁に、それから生み出されるのです」

その時点で私はセザールの説明に口を挟み、自分にとって重要と思われることについて質問しました。

「実在するエネルギー境界をあなたが通りすぎたとします。そのとき、その場所の時空の調和状態は、物質世界での調和状態と同じままですか。そうではないと思いますが――」

「その通りです。横断されたエネルギー境界の比較的小さな距離は、物質世界での距離に換算すると、数十kmあるいは数百kmにも及びます。もしもあなたが適切な手段を使う、あるいは正しいエネルギー・ポータルを通るならば、地球内部での旅は非常に迅速になります」

このような説明の後、セザールは地球内部に入る3番目の可能性について話してくれました。

「これは古代に使われた方法です。それは古代人にとってごく自然なことなので、彼らの信仰の一部になっているのです。この場合、水上から地球内部に入ります。たとえば、あなたは湖の上に浮かぶ船に乗っているとします。ほどなくして奇妙な霧が現れ、船がその中に入った途端、別の場所に移動しているのです。これは、あなたがすでにエーテル界に入っていて、十中八九、地球内部に移っていることを示しています」

私はすぐさま言いました。

「それはバミューダ・トライアングル（三角海域）で生じる船舶・航空機の消失についての説明になりますね」

「その通り。航空機が霧の中に入った場合に生じるそのような問題は、共鳴周波数が変わるため計器類が動かなくなることです。さて、湖上で霧に包まれたとき、あなたは自分が今どこにいるのか、また、これから一体どこに行くのか、それが全く分かりませんし、船のエンジンさえも止まってしまいます。しかし、もしもあなたが船に乗っているのなら、あなたはただ霧の中を漂い続けます。そして、そのうちに霧の外に出られるのですが、そのとき、あなたはすでに地球内部のエーテル界に移行しているのです」

「これらの出来事には首尾一貫性が欠けているようです。まだ知られていない数多くの事柄がかかわっており、ある意味では、危険性をも伴っているように思われます」

「それは表面的な見方にすぎません。そのような場所のいくつかは、エネルギーが作用する基盤のようになっていて、地球内部の住人たちにはよく知られています。それゆえ、ほとんどの場合、物質世界からの訪問者は、白い霧から抜け出たときに歓迎を受けるのです。このようなことは、水上だけでなく山中の洞窟の内部や地球内のエネルギー分岐点でも起きます。間もなく、あなたもそれについて確信することになるでしょう。その典型的な例は、アーサー王と円卓の騎士たちの話です。かれらは賢人たちの島に行く方法を知っていました。そこは物質世界ではなく、湖上に生じる霧を通り抜けて行き着く場所だったと考えられます。この歴史上の出来事は銅版画に描かれており、彼らの乗った船が水面下の湖上に浮かんでいます。蛇《へび》が自分の尻尾を嚙《か》んでいて、楕円のようになっているのを見たことがあるでしょう。これはエネルギーにかかわる多くの伝統的思想に見いだされる〝ウロボロスの蛇〟であり、その意味することは同じです。つまり、真空エネルギーとの繋がり、および物質世界からより高次のエーテル界への移行を表しているのです。このような虚空、実際のところそれは特異点に相当するのですが、それを通り抜けることによってエーテル界への移行がなされるのです」

あの時代の人々は、エーテル界や精妙な次元についての知識を持っていて、その世界に入るためにはどこでどのようにすればよいのか、ということさえも知っていたのです。まさにそれは驚きだったのですが、セザールはさらなる詳細を付け加えてくれました。

「それは、アーサー王と円卓の騎士たちが、あの当時に知っていた秘伝的情報です。あなたも知っているように、アーサー王の要塞として使われていたアヴァロンはまだ見つかっていません。そのため歴史上、アーサー王や魔法使いマーリンおよび彼らの砦《とりで》については、単に神話・伝説上の話になっているのです。その方が楽であり簡単だからです。彼らが実在したことを示す証拠が何もない、というのがその理由なのですが、証拠となるものが何もないということは、〝そのような建造物や人物は実際に存在しなかった〟あるいは〝物質世界ではなくエーテル界に存在した〟――これら二つのどちらかなのです。他にもたくさん類似の話があるのですが、証拠がないという点は共通しています。他の例としては、黄金郷エルドラド（16世紀に探険家たちが宝を求めて探し回った南アメリカの伝説の地）、イリオス（ギリシア神話に登場する都市）等が挙げられます。しかし、これらについては分かっていることが何もないか、もしくは既存の情報に矛盾する点が含まれているのです」

セザールと一緒に過ごした最後の24時間は、非常に納得のいく議論の時であり、それによって地球の内部構造についての私の理解が、全面的にセットし直されました。出発は数日後に予定されていましたが、すでに私は準備ができたように感じました。ブセギ山脈に到着したとき、私はセザールの許可を得て2時間だけ休息を取りました。そしてその後、期待感に満ち溢《あふ》れ、意気軒昂《いきけんこう》としてホログラフィー投影室に戻ったのです。

第2章

大論争——地球の中心が空洞である可能性をデータはすでに示している

地球内部は詰まっているのか、それとも空洞なのか？

私は起床後、少しだけ時間を取り、いくつかの公文書の内容を確認した上でそれらに署名しました。ブセギ秘密基地における新たな上部組織の構成は、今や最適に機能するシステムに進化しており、命令系統が著しく簡素化されたため、任務が容易に割り当てられるようになっていました。そのほとんどは、米国の特別に優れたテクノロジーの賜物《たまもの》であり、それがこの基地に適用されているのです。これらのテクノロジーの要素のいくつかが切り出されて空想科学小説に登場していますが、実際のところ、私たちは今それらを享受させてもらっています。これはゼロ局の誰もが知っていることですが、これらのテクノロジーは政府の事業ではなく、他の方面からもたらされました。〝これは細心の注意を要する問題なので極めて慎重に扱わねばならない〟という暗黙の同意が、私たちと米国国防総省の高官たちの間に存在します。それゆえ私は今、さらに重い責任を負っているのです。これらのテクノロジーはこの秘密基地のために特別に意図されたのですが、そのいくつかの面には米国側がより大きく関与していますので、残念ながらそれらについてはお話しすることができません。

ブセギ秘密基地の驚くべきテクノロジー

この基地の監視保安システムは非常に高度化されていますので、スタッフの必要性が大きく減少しました。もしも一般の人々がハイキングに来て、たまたま基地のあたりに入り込んだとしても、基地に至る道は非常に巧妙な方法で隠されているため、彼らには見えません。万が一、監視保安システムの一部が機能しなかったとしても、彼らが見つけるものは森の中の短い道路であり、それをたどって進むと、山のすぐ脇を通りすぎることになるのです。そのすぐ近くに〝現在地球上で最も重要と考えられている秘密基地〟があり、結局、それを見逃してしまうことになるのですが、おそらく彼らはそれを認識しません。監視保安システムをこのように高度化するため、山の厚みを約30ｍ増やして基地の入口の部分を包み込みました。また、左側の地形は半径80ｍのカーブが描かれるように造成され、さらに土と植生がその上を覆うようにしました。山の上にまで達する高い崖も造成され、その山頂にはもみの木が植えられました。

地形がこのように変えられた後、私はセザールと一緒にそこに行き、いかに効率的にこのテクノロジーが使われたのかを見ましたが、それはまさに驚嘆に値するものでした。もしも建造・造成がこのように簡単かつ迅速に行えるのであれば、特定の条件を満たす限り、どんな惑星や衛星にもこのような基地を作ることができるでしょう。この建造には、通常の種類のエネルギーや建材は使われていません。事業全体の規模は極めて大きく、従来のテクノロジーでは全体を統括して実施することは非常に困難です。しかし最先端のテクノロジーが使われたため、わずか2日間ですべてが完了しました。1日目は、背景の設定、プログラムの作成、位置決めだけに焦点が当てられます。これらには連続的に使われる三つのメカニズム（仕組み）が適用されますが、現在のテクノロジーとの類似性・共通性は全くありません。そのプロセスはまるで魔法のようであり、いまだかつて見たことのないものでした。それは建造および建材両方についての概念をはるかに凌駕するものだったのです。この地形の改変に関して、二つの別々の視点が考慮されました。その一つは基地全体に対する安全保障に関係しており、二つ目は基地内に指揮統制センターのための新たなスペースを確保することでした。このスペースは、〝エネルギー資源〟および〝部署の機能面の再配置〟のためのものです。科学的分析のための研究室がブセギ複合施設に戻されたため、これが可能になりました。それは、何年も前にブカレストの特別に手配された建物に移転したのですが、発見の質の面の改善が何も示されないまま実施されたため、その手続きに不備があったと見なされたのです。この研究室を最初の場所であるブセギ複合施設に戻す、という案を提示したのは故オバデラ将軍でした。その案が彼の他界の約1年後にセザールによって実施され、誰もが満足する結果をもたらしました。

この研究所は、山を掘り下げることによって建造された格納庫内部の三つの長い部屋に移されました。これまでは、探索調査用に使われた休息のためのスペースおよび小さな食堂が、これら三つの部屋に含まれていたのですが、それらが極めて洗練された機器を備えた大きな部屋に改造されたのです。そして、この大きな部屋が科学的分析研究室になりました。科学者たちが三人、この研究室に配属されたのですが、彼らはこの秘密基地が一体どこにあるのかを知らされていません。与えられた指示に基づき、彼らは、この研究室に持ち込まれたさまざまの加工品や装置類を解析し分析します。彼らが同意して署名した契約期間は6か月で〝米国から派遣された部隊による監督の下で仕事をする〟等の非常に厳しい勤務条件が含まれており、この契約は、同じ人に対して一度だけ更新が許されています。

以前は、重量感のある引き戸が格納庫の入口と山中のトンネルの入口にありましたが、それらは両方とも除去され、代わりに極めて先進的なテクノロジーが適用されました。ホログラフィー投影に基づく保安のためのエネルギー場であり普段は隠されている、というのがその特徴です。大展示場とホログラフィー投影室への入場が許可された人々には、各自に特有の共鳴周波数があるのですが、これらのエネルギー場はそれに適応するように設計されているのです。入場を許可された人々は、この複合施設に到着すると、腕輪のようなものを身につけます。それは腕時計に似ていて、共鳴周波数の電磁波を出すのです。入口のエネルギー場の前に立つと、自動的に入場が許可されます。これは米国の最先端テクノロジーの一部であり、それによって他の照合確認手続きがすべて不用になりました。たとえば、トンネル、大展示場、およびホログラフィー投影室の入口には、もともと守衛が配置されていたのですが、この驚異的な機密のテクノロジーが彼らに取って代わったのです。しかし、エネルギー場を創出する装置や、それを支える非在来型のエネルギー源について語ることは許されていません。保安システムがこのように抜本的簡素化を経たことにより、完璧な安全保障に優る進化が事実上達成されました。故オバデラ将軍やセザールは、大量の人々がホログラフィー投影室に入るのを好ましく思っていませんでした。しかし、このテクノロジーが導入されたことで彼らの望みも叶《かな》えられたのです。

山中に創設されたこの秘密の構造物については、さらに特別なことがあります。これまでに書いた本の中で、私はこの施設に入ったときと滞在したときの忘れがたい印象を、可能な範囲で再現しようと試みました。それは外の世界での普通の経験とは根本的に異なるものでした。感受性の鋭い人は、〝その経験によって魂の中に懐かしい気持ちが呼び起こされる〟と言うかもしれません。また、〝未知の物事に満ちた神秘的な空間〟と形容する人や〝すべてが真の魔法〟と表現する人もいるでしょう。私は個人的に、これらのどれにもある程度の真実が含まれている、と思っています。なぜなら、すでに述べたように、大展示場、そしてとりわけホログラフィー投影室への入場は、あたかも別世界に入っていくかのように感じられるからです。それはまさに複雑かつ驚きの感覚です。あなたはまるで神聖な場所に移されたかのごとく感じることでしょう。内部にほこりや汚れが全く見られないということも極めて有意義な事実ですが、ここにはこれらすべてを凌駕する聖なる特徴があるのです。どういうわけか、〝気持ちが軽くなり不安や心配がなくなるので、普通のいつもの世界に戻りたくない〟と思ってしまうのです。陰気・陰鬱《いんうつ》・暗澹《あんたん》とした思い、等は消失します。落ち込んだ気持ちや狭量・意地悪な思いも消え去ります。絶えることなくあなたは善・調和を切望するのです。

さて、この施設の全体的な構造の説明に戻ります。その最も高度化された場所は制御室です。この制御室から、この基地を取り囲むすべてのもの——この基地に至る小道・それらに沿って設置されたエネルギー装置の機能・それから放射されているエネルギーのレベル、等——を監視することができます。このようなテクノロジーが地球上に存在していたとはとても考えられないのですが、この秘密基地ではそれが現実のものになっているのです。例を挙げると、精神面・心理面の防護壁はしっかり確保されています。しかし、そのテクノロジーは、ＨＡＡＲＰ（注）として知られているものとは根本的に異なります。この基地の周りには精妙なエネルギーに基づく防御壁が設けられていて、人々が近づきすぎるのを防ぐのですが、それと対照して見ると、ＨＡＡＲＰはむしろ子供のゲームに近いレベルだと思われます。もしも近づきすぎると、その人は困惑して自信を失い間違った方向に誘導される、または軽いめまいを起こしてしまいます。結局のところ、この区域に侵入した人々はごく自然に引き返すことになるのです。

これまでは、侵入者がこの秘密の施設に向かって来ているかどうかを、人間が計測し検知していました。しかし、新たな監視保安システムは、このテクノロジーによって人間の助けなしで自動制御的に働きます。これはまさに驚くべきことです。これが実際に起きた場合にのみ、そしてある特定の距離からのみ、この防御作用が起動します。しかし、これはこの複合施設に導入されたテクノロジーが適用された具体例の一つにすぎず、比較的簡単と見なされているものなのです。さらに一層高度で複雑なものもあり、それらは防衛に関与していて、異なる種類の侵入やこの区域への武力侵略に対処します。この基地全体が、完全に自己完結的かつ安全で堅牢なシステムになっているのです。

ホログラフィー投影室に入る前、私はセザールと会合を持ち一緒に食事をとりました。

注：HAARPとは米国空軍・海軍・国防高等研究計画局（DARPA）が中心となって設立した共同研究施設で、表向きには〝高周波の使用による電離層の挙動観察が目的である〟と言われているが、実際は、気象改変システムとして使われる場合が多いと考えられている。

この基地には台所がありません。提供される食べ物は宇宙飛行士用のものと同じで、特別なパッケージに入っています。この基地では、とりわけ最小限のスタッフの維持という観点から、〝複雑さをでき得る限り減らすためには、普通の軍事基地でよく見られる一連の施設や機能を放棄することが絶対的に必要である〟という結論に至りました。この基地の状態は極めて良好で、テクノロジー関連の施設も非常に広大なので、スタッフの誰もが身体面・精神面で何の問題もなく快適に仕事ができるのです。

ホログラフィー投影室は異世界

食事の後、私はセザールと一緒に、エネルギー・スクリーンをくぐってトンネルの中に入りました。それに近づくと、腕輪から放射される特別の周波数によって、エネルギー場の一部が微《かす》かな玉虫色に発光しました。それはブーンという微かな音を伴っていましたが、私にとってはむしろ心地よいものでした。一人一人個別にエネルギー場を通過します。このとき、ほんの一瞬だけ強烈なチクチク感あるいはしびれの感覚が生じます。いったんトンネルに入ると、外部は全く不透明になってしまい、後ろを振り返ると青い燐光色《りんこうしょく》の世界だけが見えるのです。私の大好きな電気自動車が、あたかも私たちを待っているかのように、トンネルの右側に整列していました。大展示場の入口に至るトンネルの中は、この施設竣工後の最初の数年間よりも照明の照度が低くなりましたが、そのぶん離散的で快適なものになっています。また、トンネル壁の赤色照明は、洗練されたＬＥＤに取り替えられています。

大展示場の入口を護《まも》る非常に大きな石の門までは、決して長い距離ではありません。私はその短い距離をゆっくりと進みました。門は開いた状態でしたが、エネルギー場が緑がかった半透明のカーテンのように波状にゆっくりと動き、入口を封鎖しています。この装置が以前使われていた複雑なレーザーシステムに取って代わり、当然のことながら、入退室の手順の一部を担当していた守衛二人もいなくなりました。入口に着くと、トンネルに入ったときと同じようにブーンという低い音が発せられました。どうやらそれは、私たちを活気づけて心身を爽快にする作用があるようです。

私は堂々としたアーチ状の門の下を進みましたが、〝ここで一言伝えたい〟という気持ちが湧き上がってきて、どうにもそれを抑えることができなくなりました。実のところ、このテクノロジーは、現時点でさえも完全には理解されていないのです。大展示場を通るとき、まるでさまざまな色が水面上を波のごとく動くかのように、催眠術的魔法にかかってしまうのです。私はそれに身を委ねることにしました。それは心と身体と魂をリラックスさせてくれるのです。この魔法はホログラフィー投影室の入口に至るまで続きます。その入口は青みがかった磁場のカーテンによって構成され、ホログラフィー投影室の入口を防御しています。ここに来るときはいつでもそうなのですが、今回もこの地下の大空間に足を踏み入れたとき、ワクワクした気持ちが私の内から湧き上がってきました。過去3年間に何度も何度も来ているのですが、聖なる感情が消え去ることは決してありません。この雰囲気に慣れてしまうことはなく、飽きてしまうことも、疲れてしまうこともないのです。これはテクノロジー・霊性両面の驚異であり、しかるべき進化の段階を経て、人類がその正しい理解に至るための重要な何かなのでしょう。私はこの刷新された環境に自分自身を没入させていました。

セザールは私の後をゆっくりと歩いていたのですが、私のそのような気持ちと行動を尊重し、何も言いませんでした。無音のチクチク感、どこからともなく発せられている光、そして私の身体・魂・心に押し寄せている精妙なエネルギー。これらから新たな自分自身が生まれる、という感覚に浸っていたのです。

すでに私は、この山の巨大な地下空間に入った後はホログラフィー投影室内の三つの大きな開口部を真っ直ぐ見ない、という習慣を身につけていました。また、私の意識が五感や知覚および他の特定の能力からの奇妙な隔たりを経験し、それらが現れる通常の連続的な方法から乖離《かいり》してややふらついている、ということに気づきました。この点についての観察と研究から分かったのですが、この現象は投影室に入ったほとんど全員に共通しています。それゆえ、最初は、床や測面の壁に視線を向けることが推奨されているのです。しかし、部屋の中央にある基壇および半円筒形装置の設置場所まで来れば、奇妙な感じや二重性の感覚は消え去ります。

この場所にはこれまで何度も来ているのですが、そのうちの2回は私一人だけが投影室にいました。これはオバデラ将軍の死後、そして個々を管理するという任務が私に付与された後、私とセザールだけに与えられた特権です。しかし、このような状況を直接体験しそれを乗り越えることによってのみ、私たちの存在すべてを圧倒する内なる感情の状態を知ることができるのです。セザールは、投影室内に留まることによって内なるフォース（力）が蓄積することを非常によく知っていました。それゆえ彼は私にそうさせてくれたのですが、それでも、〝自分の内なる進化の状態には充分気を配るように〟という助言をしてくれたのです。

私はこの秘密基地に来るたびに投影室内で長い時間を過ごし、極めて深く強烈な感情の高まりを経験しました。それは三つのトンネルに由来する変性意識状態の如きものであり、トンネルから離れると短時間に消失します。それゆえ、私がアルファ基地に戻ったときは、

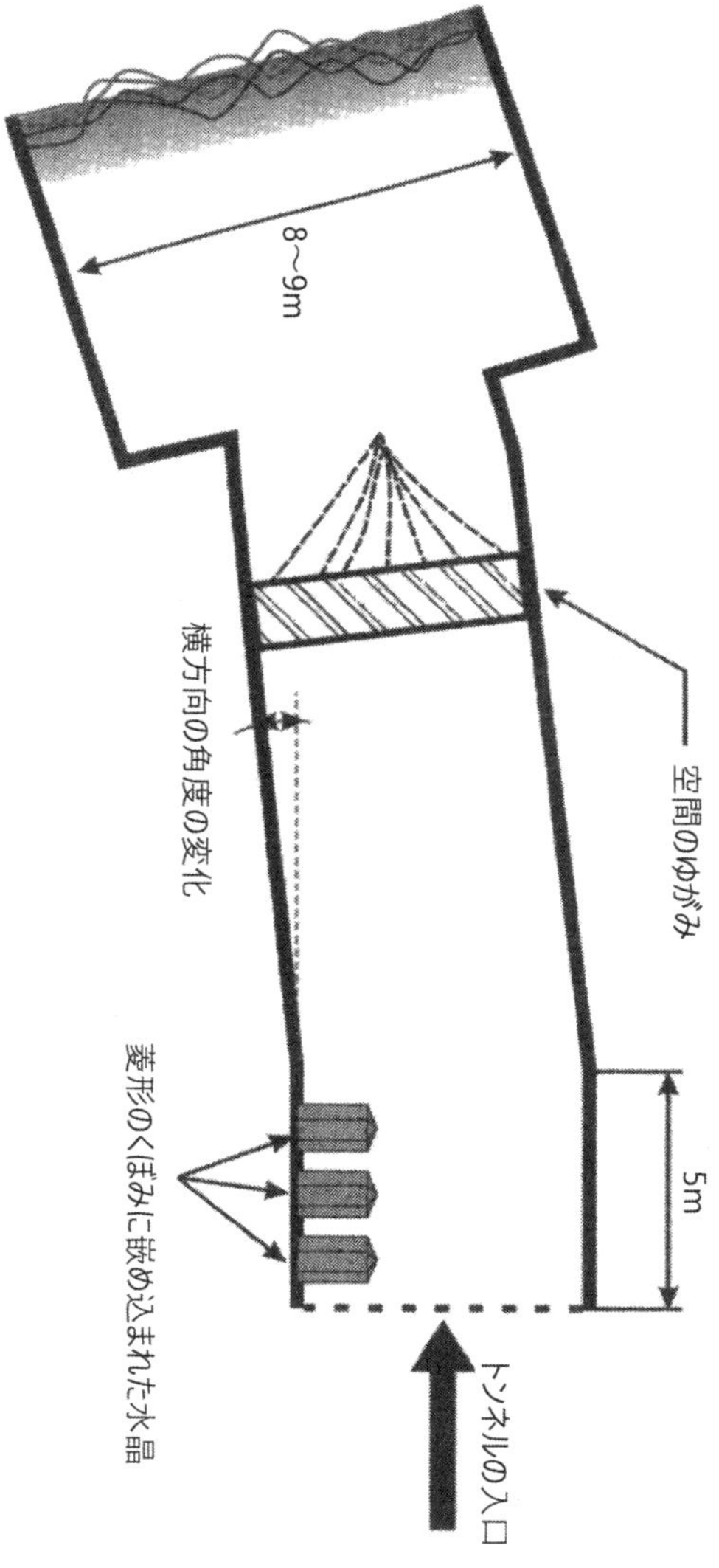

第二のトンネルの入口付近の構造

夢のような曖昧《あいまい》な記憶だけが残っていているのです。この点をセザールに話したところ、彼からの説明は〝個々人の振動周波数と投影室の精妙な空間の持つ振動周波数の間には隔たりがあり、それが依然としてかなり大きいため、その調整には時間がかかる〟というものでした。

それでもセザールは、私が第二のトンネル経由の探検旅行のための準備ができている、と考えてくれました。実際のところ、それは地球内部に至る中央のトンネルです。投影室から見ると、三つのトンネルの開口部は非常に大きく見えます。堂々としていますが、どういうわけか催眠術的であり、それはトンネル開口部の緑がかった玉虫色の光によって倍加させられているのです。トンネル開口部からある程度以上離れると、それらが見えなくなります。しかし、投影室内をあちこち移動して異なる角度から見ると、光が違った明るさで見えることに気づきます。ときおりそれはほとんど完全に消え去り、そのとき開口部は暗くなります。それ以外のとき、開口部の光は明るい青緑色です。私たちは制御盤のある場所に到着し、セザールが操作を始めました。私たちの前にはトンネルの内部がホログラフィーとして投影されています。そのとき初めて私は、いくつかの映像を見ることができました。構造の面から見ると第一のトンネルとほとんど変わらない――これが最初の印象でした。それは、エジプトの大ピラミッド近くの地下に存在する神秘の部屋に至るトンネルです。しかし、第二のトンネル内部に入ると大きな違いがあることが分かります。それは入口の数メートル先から緩やかに下降し始めます。エジプトに至るトンネルの場合、空間をゆがませる装置は、トンネルの最初の部分には位置していません。この装置はトランペットの円錐状の部分に類似した形状です。しかしながら、第二のトンネルの場合は、入口よりもかなり下降した場所にあり、第一のトンネルのそれとは別の特異性を持っています。ホログラフィーによると、ゆがみが生じた直後、空間が入口よりも幅広になり、直径８～９ｍの立方体のような形状になるのです。制御盤上の日付が絶え間なく変化しているのを見て、私は、きっと、まだ現れていないエネルギーにかかわる動的な要素が何かあるのではないか、と推測しました。

第一のトンネルの場合と同じく、入口の両側に石英色の水晶がはめ込まれた菱形のくぼみがありました。しかし、走行の標識として使われたと考えられる壁上の溝は見当たりませんでした。また、第一のトンネルは少し先で横方向へ大きく曲がっていましたが、このトンネルの場合は、下降の始まるあたりでわずかに横方向に変化していたのです。そのとき目の前のホログラフィーが突如変化したため、私の視線はそれに向けられました。トンネルの内部に人間の姿が現れたのです。白い肌をしたその人物はじっと立って私たちのいる方向を見ていました。彼の背丈はおおよそ１・８ｍで、フランシスコ会修道士のような長いローブ（式服）を身につけていました。白っぽいベージュ色で頭巾が付いており、床までの長さがあって、腰のあたりに狭い切れ込みがありました。私たちの出会いの最初、彼はしばらく静止していましたが、その姿は非常な緊迫感を伴っていました。その後、彼は右手を胸のあたりまで上げて手の平を私たちの方に向け、協力の意を示したのですが、うちわを仰ぐような身振りをした直後、姿を消しました。

しばらくの間、私は彼が消え去ったホログラフィーをじっと見つめていました。質問の必要はありませんでした。なぜなら、セザールが制御盤上のホログラフィー投影を終了しながら、ありのままに説明してくれたからです。

「彼の名前は〝Dryn（ドゥリン）〟です。彼は私たちが向かう先の賢者の一人です。これまでに何回も会っていて、互いに協力し合ってきました。これから始まる私たちの探検旅行はすでに計画済みです。彼らが私たちを待っていることを確認させるために、彼は現れたのです」

セザールはここに来るときに持参した大きな手提げカバンを取り、それをトンネル内の床に置きました。そして、それを残したまま、私たちは出口に向かいました。私は何も言いませんでした。ある種の事柄に関しては、しつこく質問する必要がないことを知っていたからです。もしも本当に必要であれば、セザールが説明してくれるはずです。ゼロ局で管理する情報のうちのあるものは、私には開示されません。私にはそれを知る権限が与えられていないからです。

地球内部の住人たちをめぐる謎めいた会合

過去数年間にわたって実施された探索調査について、セザールが話してくれました。それによると、地球内部の住人たちとの繋がり・関係・協力にかかわる状況は込み入っており、高いレベルの機密を伴っているため、それらを維持すること自体が非常に困難な仕事のようです。いくつかの大国の政府が特にそれらに関心を示している、というのがもう一つの理由です。これに関する最大の問題は、超自然力・魔術に傾倒したオカルト組織からの影響により引き起こされました。彼らは強大な支配力を行使し、地下の住人たちの征服さえもたくらんでいます。さらに、国家の安全保障にかかわる問題もあって、世界を土台から揺さぶっているのです。時が経つにつれて、事態は私たちが当初考えていたよりもさらに一層複雑になりました。オバデラ将軍がまだ存命のとき、必要以上の情報を私が求めたわけではないのですが、彼とセザールの間で行われたこの問題に関する議論について、私はある程度知らされていました。厳選されたルーマニア人・アメリカ人数人から構成されたグループの秘密会合が行われましたが、それについての情報も与えられました。これらの会合は、とりわけ地球内部への探索調査からセザールが戻った後、および、チベットに至るトンネルの探索調査からセザールが戻った後、調査隊員のうちの二人がセザールと同席して実施されました。私はこれらの会合を後方支援的に手配する役割を担っていたものの、それらには参加しませんでした。また、会合の場所や参加者の数等については語ることが許されていません。

しかし、これらの会合がなされた時期や頻度およびそれらに適用された基準は、この外交レベルで慣行的になっているものとは違っていました。この点だけは言ってもよいと思います。物事がレベルの異なる知識に基づく場合、一般的な方法では解決されない場合があるのです。このような理由から、これらの会合の記録は作成されませんでしたし、速記も許可されませんでした。最後の会合が唯一の例外で、このときは最高レベルの合意がなされ、それを得るために驚くべき手法が用いられました。一体ここで何が起きているかについて、数多くの国々がその詳細を知りたがっていたからです。

これらの会合のうちの二つにおいて、一人の人物がセザールに同伴しました。彼はスーツや軍服を着ておらず、振る舞いや話し方が他の参加者たちと違っていました。最初は全くの驚きでした。なぜなら彼は非常に厳しい会合の格づけ基準を満たしていませんでしたし、セザールも事前に何一つ私に言ってくれなかったからです。諜報部局内では、厄介な質問はすべきでないことがすぐに理解できます。しかし私は、この人物に非常な関心を抱きました。彼が特別の存在であるように見受けられたからです。彼がセザールと一緒に廊下を歩いて行ったとき、私は隣室にいましたので、最初は彼をよく理解する機会がなかったのです。ほんの数秒間だけ彼の独特の足音が聞こえたのですが、それは荘厳かつ非凡で堂々としていました。

彼についてさらに理解する幸運に恵まれたのは、２番目の機会が訪れたときでした。安全を確保する役割を与えられていたため、私はヘリポートのすぐそばにいたのです。セザールとその謎めいた人物がヘリコプターから降りてきて、出迎えに来たオバデラ将軍の歓迎を受けました。建物に入る前に、セザールとオバデラ将軍は数秒間だけ話をしました。私の推察では、それは何らかの選択を伴う話のようでした。その短い時間、謎めいた人物は二人から少し離れて立っていて、両手を後ろに回したまま頭を少しだけ前にかしげていました。私は彼の背中を見ていたのですが、気高く自信に満ちた彼の立ち振る舞いは、この世界の不確実性や不透明感とは隔絶しているように感じられました。おもわず驚愕したのですが、そのとき彼は私の方を向いて優しく穏やかな仕草で私を見つめ、感知できないほど微かな笑みを浮かべたのです。その後、彼は向きを変え、三人揃《そろ》って建物に入っていきました。そのとき私の心臓の鼓動が非常に高まっていたのですが、その理由はよく分かりませんでした。

ブラックホールは物質変換機

アルファ基地に戻ると、シエン博士が出迎えてくれました。私たちは彼と一緒にオフィスの一つに入りました。シエン博士は手に何かを持っていました。一見して地図のように見えましたが、一体それが何を表しているのか分かりませんでした。翌日、セザールは部内会議に出席するためブカレストに向かいました。私はその時を、地球内部に関する特定の面をさらに解明するための絶好の機会と考えていました。探検旅行の出発日は2日後でしたので、それは、腰を落ち着けて地球内部の構造をさらに理解するための最後のチャンスだったのです。夕焼けが美しいその日の夕刻を最大限に活用し、私はシエン博士に声をかけました。そのとき彼は基地の中の人目につかない場所にいて、沈みつつある太陽を身じろぎもせずに見つめていました。

「私たちが数日前に話した要素が適用されないような仕方で地球が観察される――そのような状況を私は考えていました」

シエン博士は、全く動じることなく、私に話を続けるように促しました。

「私たちが高度２０００㎞ぐらいの外部宇宙にいて、地球がレーザービームで半分に分割されている、という仮定に基づく話です。もしも地球がリンゴのように真っ二つに分割された場合、それは外部宇宙からどのように見えるのか、というのが私の質問です」

この発想は、アルファ基地に戻る道すがら私の頭に浮かんだものですが、そのとき私はまだそれについての議論を始める準備ができていませんでした。そこで、まず初めに自分だけで考えることにしたのです。物質世界から精妙な高次元の世界に移るとき、二つに分割された地球はどのように見えるでしょうか？　このような移行の状態をどのように理解すべきなのでしょうか？　基地に到着後、私はほとんどの夜の時間、異なった視点からこの問題を黙考しつつ過ごしました。しかし、正しい答えが得られたという確信を持つことはできませんでした。

そこで、翌日この点に関する議論をスタートしてセザールに説明を求める――こうすることに決めたのです。しかし、セザールがアルファ基地を留守にすることが分かったため、代わりにシエン博士に聞いてみることになりました。結局のところ、この方がより望ましいのかもしれません。地球内部についての議論は彼との間で始まったわけですから――。太陽を意味する赤いディスクを見ながら、シエン博士が答えました。

「まず初めに、理論的に考えると、レーザービームを使って地球を二つに分割することはできません。あなたはこの点を理解する必要があります。なぜなら、レーザーではブラックホールを切り分けられないからです。地球の中心にある特異点は、それが形成された際の真の源です。もしもレーザービームがブラックホールの中に入れば、ビームを構成している光量子はそこから出られなくなります。それゆえ、最初の前提、すなわち〝レーザービームによる地球の分割〟が無理になってしまいます」

私が考えもしなかったこの極めて単純な論理に感銘し、私はしばらくの間、無言状態でした。レーザービームが地球の中心に近づくにつれて、エーテル界から始まるより高次の世界がどのように影響されるのか――私はこの点に関心を寄せていました。私がこの点にしつこく言及したのは、まさにこの理由からなのです。

「地球の中心にブラックホールが存在することを科学者たちは知りませんし、考えてもいません。地球の内部がどうなっているのかを知りたい、と彼らは思っていますが、そのための方法として、地球の切り分けを理論的に考えるのです。何にしても、物質世界から精妙なエーテル界への移行は、地球の中心核に達するずっと前の時点に完了します」

「外部宇宙からは一体何が見えるのでしょうか？」

シエン博士は微笑みながら、数時間前のセザールの説明に非常に類似した話をしてくれました。

「あなたは興味深い理論面の課題を打ち出してくれました。それは良いことであり、間もなくあなたが実際に経験するであろうことを、前もって理解する助けになります。もしもこのような地球の断面が描画可能であれば、まず初めに地殻が見えます。その後、地殻の構造が、あたかも異なる大きさの空洞を内部に持つスイスチーズであるかのように見え始めます。いくつかの空洞の中には、ブラックホールの最初の動的活動から生じた水が存在します。他の空洞の中には、溶岩や金属気孔あるいは異なる種類の岩や金属も見つかるでしょう。また、これら以外の空洞には、異なる種類の生命体が住んでいます。しかしこれは、あなたにとって初耳の情報ではないでしょう。地球の内部には、非常に多様性のある豊かな生活が存在するのです」

確かに、地球内部の生命という考えは、私にとって目新しいものではありません。私は何の抵抗もなくそれを受け入れました。しかし、その存在の仕方やそれが現れる区域等はまだ明らかになっていませんでした。これまでの議論において得られた情報は、むしろ全体的な状況と言えるものであり、しばしばそれには、厳密で明確な答えが含まれていなかったのです。私は地球内部についての詳細を数多く明確化する機会を得ました。そして、シエン博士とセザール双方からの厚意に基づき、それらの間の相関関係を異なる角度から見ることができました。目前に迫った冒険旅行の際に実際に経験することを、的確に理解して受け入れるのに、観念的で適切な理論面の学習が非常に役立つのです。私はこれを充分すぎるぐらいよく理解することができました。シエン博士は、遥か遠くを見つめながら、思慮に富んだ言葉で話し続けました。

「地球内部に向かってさらに進み、精妙な世界への転移点に近づくと、このスイスチーズ形状の空洞部分が大きくなります。そこはまだ地殻の中であり、地表からの距離が小さいため、中心に座するブラックホールからの影響はあまり感じられません。それゆえ周りの物質は重くて固いのですが、溶岩層に接近すると物質がまれにしか見られなくなり、空洞部分の規模が極めて大きくなるのです」

「分かりました。しかし、ブラックホールからの影響が顕著になるのは大体いつ頃でしょうか？　エーテル界への転移点は地表からどのぐらいの深さにあるのですか？」

「二つの世界を分けているのは線ではなく領域です。中心にある特異点からの影響がはっきりと知覚できるのは、地表からの深さが１８００〜２０００㎞の場所です。そのあたりでエーテル界への転移が始まり、そこに近づくにつれて精妙な世界への移行が感じられるのです。マントル層のそのあたりでエーテル界への移行が起きる、と言ってよいと思います。もしも厳密に物質的観点から考えるのであれば、そこから先は、もはや何一つ見ることができません」

私は好奇心に駆られて言いました。

「それでもやはり何かを知覚すると思います」

「もしも地球の中心に向かっているのであれば、そのように言っても意味がありません。科学者たちは〝地球の中心に達するまで固形物質を掘り続けることになる〟と考えますが、それは概念の面の間違いであるだけでなく、とんでもなく愚かな考えです。それは〝氷は火に近づいても凍ったままだから、氷を使えば火に限りなく接近できる〟と言うようなものです。それは不可能です。なぜなら火に近づくにつれて、氷は溶けて水になり、さらに水蒸気に変化してしまうからです。地球の中心に向かって旅する場合も同じことが言えます。内部に向かって進むにつれて、振動周波数のより高い状態への変化が起きるのです。それは通常の計測装置では感知できません」

「その変化はどのようにすれば分かるのですか？」

「もしも何かが見えると仮定して、物質世界で見るものにたとえれば、それは果てしない空白であり、まあ言ってみれば真空のようなものです。光がブラックホールに吸収されているのを感じる――せいぜいそんなレベルです。事象の地平線（注）に位置している、と言ってもいいでしょう。つむじ風のように中心に向かっている光が見えますが、それはブ

注：事象の地平線とは、その向こう側に行ってしまうと戻ることが不可能になる境界のこと。

ラックホールへの吸引の物質効果なのです」

今、シエン博士と話している内容は、科学者たちや他の人々が〝常軌を逸している〟と考えるすれすれのことである。私にはそれがよく分かっていました。しかし、私はこのテーマに引きつけられました。それに伴う〝精妙さ〟をさらによく理解したかったからです。

再び私は〝仮想的な地球の断面〟という自分の最初の考えに戻りました。

「しかし、もしも地球断面のモデルを心に留めておいて外部宇宙からそれを見ると仮定したら、その状態は一体どのように見えるでしょうか？　あくまでも理論上のことですが――」

「まず、固体状態の地殻を貫く断面、そしてスイスチーズのような空洞がどんどん大きくなっていくのが見えます。あるところまでいくと、マントル内に液状の溶岩層がある区域に達します。地表からの深さは、まだそれほど大きくありません。ところで、この溶岩層の存在は、物質の集合体としての溶岩が固体から液体に変わるだけでなく、エーテル界への移行をも示しているのです。そして、さらに進むと、あるところから先は空間だけになり、地球の中心に座するブラックホールにマントルが吸収されている状況以外には何も見えなくなるのです。この吸収状態は光の線のようであり、その境界に岩石の層が見えます。しかし、それはマントルの下部に存在する地球内部の山脈の頂上部分なのです」

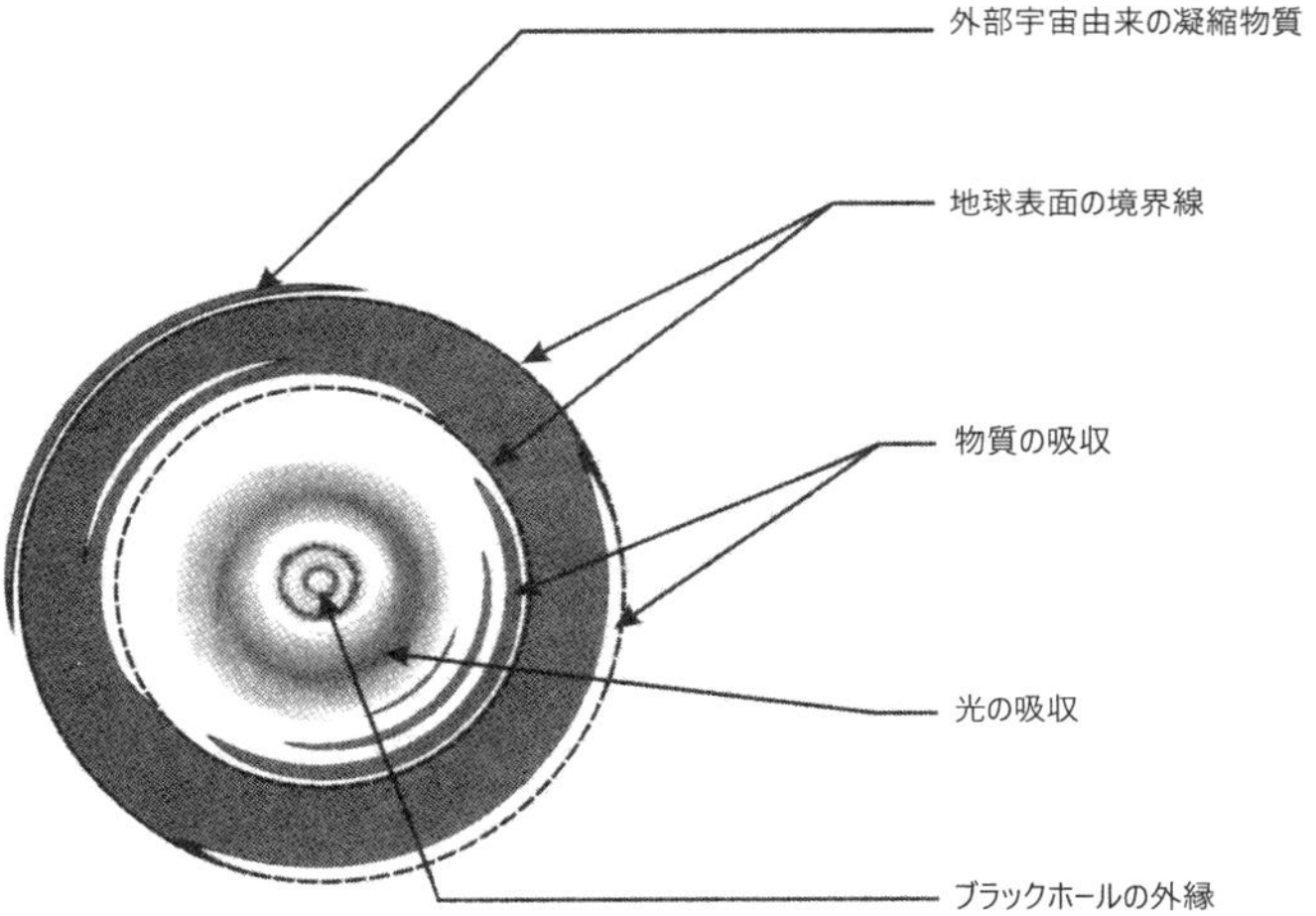

精妙な世界における異なった吸収度（地球の中心にある特異点に起因する）
およびその結果として生じる地球内部・外部の物質分布

地球の中心に座するブラックホールは、そもそもの最初から私を困惑させてきました。しかし、シエン博士が地球の内部構造を懇切丁寧に説明してくれた結果、この構造の実像を正確に理解する上で妨げとなっていた精神的ブロック（感情的要因に基づく思考の遮断）が、やっと取り除かれたのです。私はこれを実感し始めました。ブラックホールの影響について私たちが持っている考えや先入観は、それが地球に関連づけられると、とんでもなく壊滅的になってしまうように思われます。例を挙げると、もしもブラックホールが地球の中心に本当に存在するならば私たちはすべてあっという間に押しつぶされてしまうだろう、と私たちのほとんどは想像してしまいます。

実際には、シエン博士が説明してくれたように、すべてのプロセスが相関しているため、ブラックホールの中では物質がゆっくりと吸収されます。中心となるエネルギーの渦（ヴォルテックス）と特異点の力によって地球が生み出したもの（すなわちブラックホール）が、活動を一変してあたかも〝神の怒り〟を喚起するかのようにそれを容赦なく破壊する――このようなことは道理にかないません。宇宙物理学者たちは、凝集した物質の壮大な内部破砕によってブラックホールが創成されると考えています。しかし、彼らがまだ理解していないように思われるのは、〝ブラックホールが物質界に現れると、それ自身が外部世界からガスや宇宙塵《うちゅうじん》を吸収し始めて惑星や恒星の形成に寄与するプロセスをスタートする〟という事実なのです。物質界に顕現するすべてのもの、すなわち宇宙空間、惑星、他のすべての天体、そして原子や素粒子までもが、物質界に現れるエネルギーの渦から生まれます。私たちはそれをブラックホールとして関連づけるのです。シエン博士は正確な指の動きで地球断面の簡単なスケッチを描き、さらに説明を続けました。

「ブラックホールの役割は、物質変換機として働くことです。特定の速度で物質を吸収し、回転および重力の機構に基づいて新たな物質を生み出すのです。宇宙物理学者たちはすで

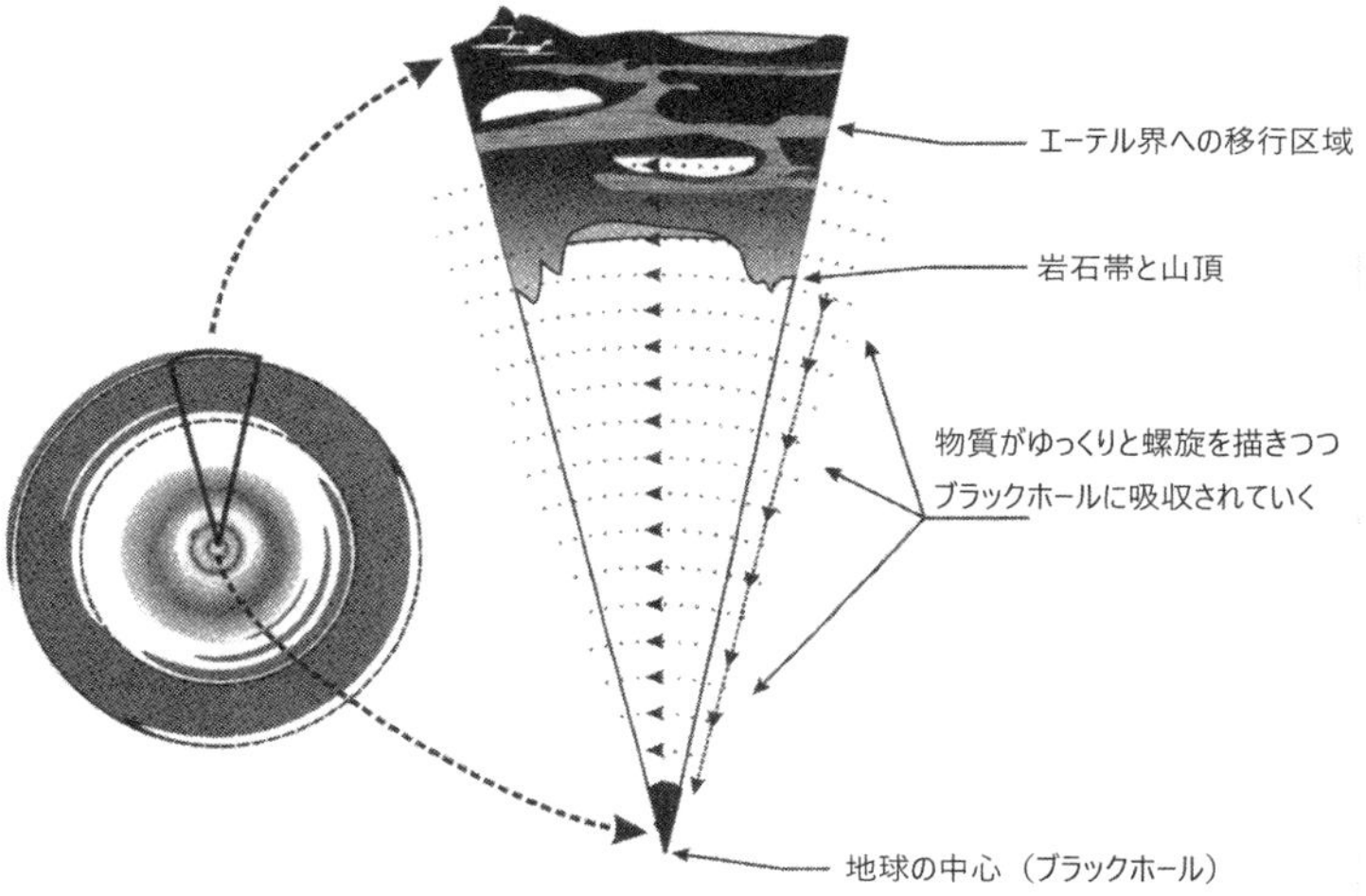

地球内部の空洞部分の断面
物質界からエーテル界への移行がどのようになされ、物質がどのようにブラックホールに吸収されていくのかが示されている

に、ブラックホールから放出されている波動や一連の粒子の観測の最初の段階を踏んでいます(注)。それにもかかわらず、宇宙物理学者たちはこの現象を正確に理解していません。まさに地球の中心にあるこの特異点のおかげで、地球の大きさ・重さ・均衡が保たれています。もしもこのような状況でないのなら、地球の大きさは〝数十億年もの時間をかけて物質や宇宙塵が集積するような規模〟にはなっていなかったでしょう。地球は絶え間ない浸食にさらされてきたために同じ大きさのままで

注：これは「ホーキング放射」と呼ばれており、ブラックホールからの熱的な放射を意味する。スティーヴン・ホーキングによってその存在が指摘された。「ブラックホールは熱的な特性を持つだろう」と予言したヤコブ・ベッケンシュタインの名前を取って「ベッケンシュタイン・ホーキング輻射《ふくしゃ》」と呼ぶこともある。

ある、と言うだけでは充分ではないのです」

　自分でも驚いたのですが、私にはこのような初歩的な観察についての知識がありませんでした。いや、これまで考えたことさえもなかったのです。一般的に言うと科学は、古典的法則に照らして信憑性のある説明ができない事柄に関しては、多かれ少なかれ私たちを混乱した状態のままにしておきます。そして、いつもその口実を見つけるのです。科学者たちは、〝正常な思考〟の境界の外にある着想・発想・見解に対しては、分析的な検討をしません。私はシエン博士の描いた図を数分間じっと見つめてから、おもむろに尋ねました。

「私たちが外部宇宙から地球の断面を見ている、と仮定した場合、地球の中心部には何が見えますか？」

「真っ黒の真空空間です。しかし、それでもなお、神秘的なきらめきのような微かに輝く光が見える人々もいますが、これはさらに中心に近づいた場合にのみ可能です。遠くからこのような輝きを見ることはできません」

「なぜそれは、特定の人々にしか見えないのですか？」

「唯物主義の考えを非常に強く教え込まれているからです。彼らの多くにとって、あらゆるものは物質です。たとえ彼らが、実際のところすべての物質はエネルギーである、と理解していても、あたかも彼らが物質世界にのみ属しているかのように物理現象を見て、その状況に対処するのです。物質界のみに限られる科学的概念と霊性に基づく概念の間の断絶は劇的に大きく、そのため、宇宙を深く理解する上での有意義な進歩は、すべて阻まれてしまうのです」

シエン博士からの次の説明は非常に重要であることが推測できました。なぜなら、彼はこちらに向きを変えて私の目をのぞき込んだからです。

「あなたが物質界を乗り越え、その先で起きることを理解するために精妙な世界に入るとき、あなたは必然的に自分の振動周波数を調整しなくてはなりません。さもないと、何も見られなくなるからです。もしもあなたが特定の時空に関連した現象を観察するならば、あなたは自分自身をその現象の相対性に関連づけねばなりません。これは時空の構造が変わることを意味します。すると、振動周波数も変わるのです。さて、あなたが自分自身を新たな振動周波数に調整したとしましょう。すると、あなたはそれと共振し始めます。突如として真っ黒の空間がなくなり、別の周波数に基づく新たな世界があることに気づくのです」

私はしばらくの間、シエン博士が言ったことについて黙考しました。

空間に対する考え方と測定の仕方

地球内部についての新たな知見は、まさにとてつもないことでした。しかし私は、科学者たちが地球内部の構造として提示したことを、完全に無視することができませんでした。そこで、シエン博士に尋ねました。

「科学者たちは地球内部に物質以外の何かが存在するとは考えていませんし、ましてその中心にブラックホールが座しているなどとは思っていません。たとえそこで起きている現象を直接観測できないにしても、地震波の精密な測定を頼りにすることは可能です。果たして私たちは、そのようなデータをすべて無視できるでしょうか？　あるいは、それが正しくないと言い切れるでしょうか？」

シエン博士は、私の真摯《しんし》で率直な疑問に対して、微笑みながら答えました。

「あなたは2日前に抱いていた疑念を今でもまだ保持しています。しかし、あなたがやらねばならないことは、独善的な思考を放棄することなのです。科学者たちが得たデータを否定はしませんが、それをどのように解釈するかに関しては、非常に大きな違いがあるのです。地球内部における物質の実在性の手掛かりとして彼らが発見したものは、物質界ではなくむしろ全くエネルギー的である別の世界からも生じ得るのです。ちょうど地球の中心にあるブラックホールやそれが生み出す強力な場がそうであるように——。研究者たちは、何かを測定しなければならないという前提からスタートしますが、そうするためには、それを何かに関連づけねばなりません。自分が何を測定したいのかあるいは解明したいのかが分からなければ、実験を始めることは不可能です。そのために研究者たちは、すべての近似・測定・式化・法則化、等を行うための数学上の空間を必要とします。つまり、最初から科学者たちは、彼らが解明したいことに対して特異的な数学上の空間を設定するのです」

私は言いました。

「彼らを責めることはできません。結局のところそれは抽象的であり、私たちすべてが説明のために使っている空間です。それによって私たちは、自分の周りの世界やその動態的変動を理解するのです」

「それは真実ですが、それでもやはりそれは、この特定の瞬間の限定された知識に基づいて設定される空間なのです。あなたがある特定の現象を計測したいと考えたその瞬間に、あなたが計測する抽象空間が創出されます。あたかもそれは〝今、私があなたに話しているが故にあなたは存在する〟と私があなたに言っているようなものであり、言い換えれば、

〝私があなたに話すということは、あなたが存在することを意味する〟ということなのです」

「それは確定的ではありません。もしも私たちが話を止めれば私たちは存在しない、ということですか？」

「誰が本当に存在し、何に関連しているのでしょうか？　知覚は相対的ですが、それは経験を表します。意図・目的が、解明したいと考える現実世界を活性化させます。つまり、科学者たちが地球の内部に何があるかを解明するために観測をするとき、彼らはすでに、そこには固体あるいは〝物質から構成される何か〟以外のものは何もあり得ない、と思い込んでいるのです。彼らは全面的な確信をもって、この固定観念を〝その現実世界に固有の抽象空間〟に投影します。しかし、〝まさに科学者たちが何かを計測したいと考えたからこそ、この数学上の抽象空間が創出された〟ということが、彼らには理解できません。〝自分たちが自分たちの概念と原理原則を正当化するためにまさしくこのような数学的構造をつくった〟というのは、彼らにとっては、全く常軌を逸している受け入れがたい考えなのです。そのような可能性を彼らが認めることはまずありません」

私は驚きのあまりシエン博士に尋ねました。

「分かりました。これは〝片方の手が気づくことなくもう一方の手を洗う（持ちつ持たれつ）〟ということわざの通りですね。しかし、なぜ科学者たちにとって自分の考えを修正することがそんなにも難しいのでしょうか？」

シエン博士は、超然とした態度で状況の根底にある要素を明確に指摘しました。

「一般的に言って、科学者たちは、霊性や形而上学《けいじじょうがく》を軽蔑・軽視するか、よくても皮肉を言います。なぜなら、彼らの世界観に基づくと、霊性や形而上学は測定不可能だからです。しかし、もしも彼らが霊性や形而上学の最も基本的な概念を虚心に学べば、これらの物事が可能であるのみならず真実でもあることが分かります。残念なことに彼らはそれをしません。そして、霊性や形而上学が誤りであり、非現実的思考の人々のでっち上げである――これを立証しようとして激しく抵抗するのです」

私はシエン博士による評価を心から是認しました。自分にもそれが当てはまることをよく知っていたからです。彼は確固たる態度で話を続けました。

「霊性が伴わない限り、人間の進化は起きません。これには科学的パラダイム（理論的枠組み）も含まれます。唯物科学はあまりにも限定的で幼稚です。たとえばそれは、太陽の直径を物差しで測ろうとするようなものです。それは不可能です。物質面や技術面では、人間のできることは限られているのです。そのような幼稚な方法を使って自分の意見に固執する、あるいは足を踏みならして抗議することは可能です。一連の固定観念や唯物的偏見を持った現代科学がこれに相当します。数多くの物事についての説明ができず、たとえどんなに酷《ひど》くまた頻繁に戸口のわき柱に頭をぶつけたとしても、科学者たちの頭は依然として固いままです。そして、定説を維持するために、すでに限界に達している古くさい概念を放棄しようとせずに、頭をぶつけ続けているのです」

私はシエン博士の言ったことに100パーセント同意しました。現代の物理学者たちにとっては、〝太陽の周長を測定する方法〟と〝原子内を周回する二つの粒子の間の間隔を計測する方法〟の間に何も違いがないようです。彼らの通常の思考方法では、地球表面や大気内の空間は原子内の量子空間と同質であり、唯一の違いは、後者が前者よりも〝小さい〟ということだけなのです。彼らの精神構造に基づけば、2種類の空間の測定基準は同じであり、測定の精密さだけが異なります。シエン博士によると、これは大変な概念上の誤りであり、それは、物理科学が定めたすべての法則・定数・原則が、〝ある現象が見掛け上これこれの仕方でこれこれの時間の割合で起きる〟という近似に基づいているためです。それは無視できない視点であると考え、私は次のようにシエン博士に尋ねました。

「分かりました。しかし、残りの時間割合についてはどうなのでしょうか？　科学者たちはそれに関してどんな説明をしているのですか？」

「それが分かるところまで科学が進歩したときにその分析が可能になるだろう、とだけ言っています。それ以外には何も説明ができないのです。自分たちの唯物思考を捨て去ることなどは、全く考えていません。しかし、唯物論的な説明ですべてが解明できる、などということは偽りであり不可能です。実のところ、科学によって説明できない時間割合は、最も重要な基準点なのです」

そのとき私は、この時間割合をめぐる状況は唯物科学の大いなるチャリオット（二輪戦車）を揺らして横転させる小枝にたとえられるのではないか、と考えました。人間のDNA（遺伝子）は生命に必要不可欠な巨大分子ですが、そのほぼ3パーセントは、誰もその目的が分からないため〝くず〟と考えられています。しかし、実際のところこの〝くず〟は、人間についての根本的に必要な情報を含んでいるのです。同じように、速度が光速に近づくと質量が無限大に増加することを予測するアインシュタインの方程式を考えることができます。確かに光速に近づくにつれて質量が増加しますが、ぎりぎりの最後の数パーセントまではそれほどではなく、最後の最後の局面で突如質量が増大し、無限大に向かうのです。それゆえ一般的には、通常は記録されない最後の数パーセントに現象の本質が包含されている、と言えるのです。まさにこれは、アインシュタイン方程式の真の謎ではないでしょうか？　それは、〝計測が危うくならない現象〟の代表的な部分と対照的です。論理の道筋を地球の核にかかわる要素にまで伸ばし、シエン博士は説明を続けました。

「あなたはこの視点を地球の中心に座すブラックホールにも適用することができます。自分の周りの現実を通常慣れ親しんでいるものからそんなに変えることなく、かなりの程度までブラックホールに近づくことができます。そのうちに奇妙な現象が出てきますが、それまでに、それが理解できるように準備をしておかねばなりません。しかし、これは現代科学には当てはまらないのです。すでに着想済みで自分なりの見解を得ている対象物をあらためて見て計測したいと考えたとき、科学者たちは予測されたものに合致する結果を得ることでしょう。まさしくこれは量子力学の実験結果に一致します。つまりあなたは、〝自分が見たいと思うもの〟あるいは〝見るべきと考えるもの〟を観測するのです」

原因は物質界よりも上位の世界に由来する

シエン博士の懇切丁寧な説明のおかげで、私は科学の現状を充分理解できたものと思います。しかし、なぜ科学者たちはいまだに未習得である調査研究の手段を根気強く追い求めないのでしょうか。依然として私にはこの点が分からなかったのです。これに対してシエン博士は、現在二つの傾向があり、それらが一つにまとまりつつあるためであると説明してくれました。

「一つは価値体系・信念体系を教え込み吹き込むことです。一部の科学者たちには、未知の分野の物事を理解するために概念の面の障壁を打ち壊すという傾向がある、あるいは、彼らはそれに前向きの姿勢をとっている――このようなことはあながち言えません。むしろ彼らは、既知の物事の研究や分析に傾注し、すでに受け入れられている物事に固執することを好みます。いわゆる大量消費のための実用的な発明を志向し、社会における自分たちの役割を正当化するのです。すでに知っている概念でもって納得できる範囲を除き、未知の物事や挑戦あるいは謎といったものを毛嫌いします。自分たちの〝庭〟の中にあるものや、そのパラメーター（結果に影響を与える温度や圧力などの測定可能な要因）に色めき立ち、それらを鳴り物入りで喧伝《けんでん》して科学的な権威を強化するのです。しかし、結局のところこのような態度は低迷・沈滞をもたらし、物事をより深く理解する可能性を奪ってしまいます。それは、自分の尻尾を追いかけてぐるぐる回るようなものです。自発的でのびのびした言動が失われ、天才的な閃《ひらめ》きが押し殺されてしまうのです」

私は苦々しい気持ちで言いました。

「そうです。何となくその問題は知っています。科学界に大きな影響を与えるために、あえて声を上げる――果たしてそれを実行する勇気とパワーを持った研究者がまだいるでしょうか？」

「そのような可能性はほんのわずかです。あえて自分の考えに新規性を取り入れられる科学者たちはほとんどいません。一般的に言って、それが起きるのは、信頼できると人々に認められたとき、あるいは人々が何を言っても気にしなくなるとき、すなわち彼らが年齢を重ねたときだけです。それまでは、物質科学の現状やその基盤そのものを危うくしないように、古典的で容易に分かる要求条件に同調することを義務づけられています。これが現代科学に見られる2番目の傾向であり、科学や現代社会の持つ暗黙の慣習なのです。思考の唯物的枠組みの中にないものを考え、研究・分析し、提示することは許されないのです。これを現実のものとするために、あらゆる種類の手段が行使されます。これらには、無視・故意の過小評価・あてこすり・脅迫等が含まれますが、これらよりもさらに辛辣な方法も使われます。本質的な科学の進展は、その最初の段階で阻止されてしまうのです。しかしその理由は、このような実情を理解できる啓発された頭脳の欠如ではありませんし、天才がいないためでもないのです。そのような傑出した人々はいるのですが、この方向に進みたいと彼らが思っても、遺憾ながらそうさせてもらえないのです」

その代表的な例として、シエン博士は数学の虚数について話してくれました。これらの数は数学の抽象領域に属するため数学上の計算にしか使われておらず、現代科学においては、ほとんどの場合実用可能な解が得られる実数だけが扱われているのです。そしてシエン博士は、極めて画期的な点に私の目を向けさせてくれました。

「物質界で生じる出来事は、それがどんなものであっても完全には自己参照しない、という点で、どういうわけか他のすべての出来事に対応しています。その一方、物質界におけるすべての出来事はその世界で認識され、その世界で展開していきます。要するにそれらは結果です。科学者たちによる基本的な勘違いは、原因と結果が同じ次元で生じると信じていることです。言い換えると、物質界に何らかの結果が生じた場合、科学者たちは、その原因も同じ物質界にある、と言うのです。しかし、これは間違った考え方です」

これは非常に明白な点ですが、これまで一度たりとも私の頭に浮かんだことはありませんでした。びっくりした私は次のようにシエン博士に言いました。

「確かにそうですね。彼らは原因と結果を同じスープの中で混ぜ合わせています」

「その通りですが、そのスープは食用に適していません。出来事の原因を知るためには、垂直に上昇する必要があります。つまり、物質界よりも高い次元にアクセスしなければならないのです。上位の世界から見ることによってのみ、特定の結果を下位の世界に生じさせる調整過程が理解できます。実際のところ、物質界で私たちが感知する物事は、精妙な上位の世界の原因が、結果と呼ばれる出来事として具象化するまで漸進的に凝縮したものなのです。これが正しい考え方・見方です」

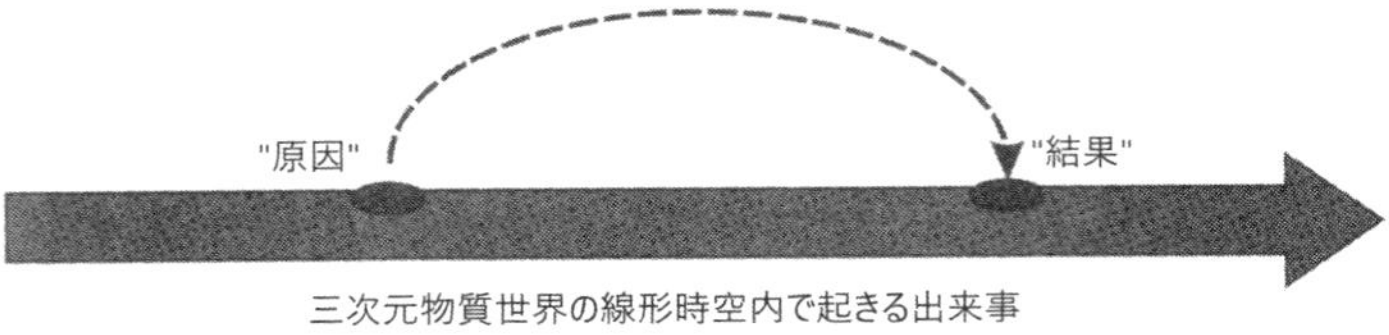

現代の間違った考え方：原因と結果は両方とも三次元物質世界にある

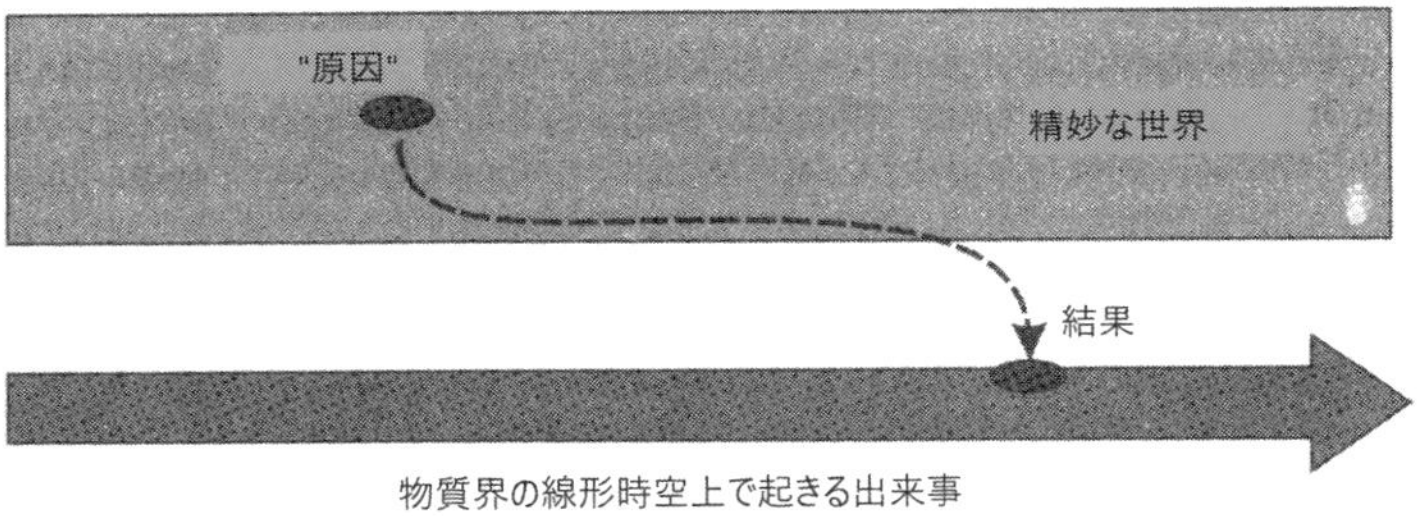

正しい考え方：原因は物質界よりも上位の世界に由来する

「科学者たちは三次元物質世界以外に次元世界が存在することを認めていない、ということですか？」

「そうです。科学者たちはより多くの次元を持った空間があることを認めていますが、彼らは数学的な視点だけから考えていて、それらの空間が実在するとは考えていません。現代科学にとっては、私たちが居住し認知している物理的な時空だけが実在なのです。彼らは物質界に並行して他の世界が存在することを認めています。しかし、それらは物質界の時空の変位種にすぎません。並行世界（並行宇宙）は私たちの三次元物質世界と同じ時空構造を持っている、というのが彼らの見解なのです。それらの世界で、時間は同じように流れますし、空間も同じように測定されます。それゆえ、それらは三次元物質世界の上位にあるわけではなく、単に私たちの世界に並行して存在する別の物質界なのです。このように、現代科学は、〝天地創造〟の際の主たる要素である振動周波数を考慮に入れていません」

私は、以前読んだ秘伝書に書かれていた概念のいくつかを思い出しました。そして、それらがシエン博士の指摘した点に関連していると思われましたので、シエン博士の説明にあえて口を挟みました。

「おそらくそれが、さまざまな著作物に含まれている曖昧な表現の厳密な意味を明らかにしてくれると思います。それらはすべて実態を覆い隠し、隠蔽し、ゆがめると共に、低位の世界・中位の世界・高位の世界について語っています。顕現世界の各々は、それ自身の特定の振動周波数を持っていますが、これはそのような顕現世界のゆがめられた描写であり、危うい表現である、というのが私の見解です」

シエン博士は同意して頷うなずきました。

「その通り。異なる顕現の世界が存在し、各々がそれ自身の振動周波数を持っています。下の世界はそれが南にあるという意味ではなく、大地から生じる世界すなわち物質界のことを指しています。中位の世界はエーテル界であり、上位の世界はより高いエーテル界のことです。そこを通り抜けるとアストラル界に入ります。例を挙げると、エルフ（民話に登場する妖精）はこの世界に住んでいます」

その時点で私たちは議論を止め、アルファ基地の建物に向かいました。外はすでに暗くなり、空気がかなり冷たく感じられました。どうやら私の思考は、科学者たちや彼らによる計測、〝地球の中心には鉄とニッケルから成る固体の核がある〟という彼らの仮説に引きつけられていたようです。そのときシエン博士が、諭すように辛抱強く話してくれました。

「依然としてあなたは、地球内部に関する科学者たちの理論について考えています。しかし、彼らが言っていることは地球の中心にあるもの、およびそれを取り巻いている層の近似に過ぎません。これを忘れないで下さい。物理学、化学、地質学の視点から見ると、これらの近似は妥当なのです。しかしながら、実際のところ、彼らが考えているものは存在しません。私たちの惑星は物質の密集体ではないのです」

私は以前何度も彼に話したのと同じ内容を繰り返し、次のように言いました。

「科学者たちは、地震波の計測に基づいて地球の内部構造に関する理論を構築しました。結局のところ、ほとんど確かな証拠になるものを手中に収めた、と彼らは主張しています」

シエン博士は、あきらめることなく私の記憶を呼び起こしてくれました。

「彼らはそのように言っていますが、彼らが頼りにしている証拠は見掛けのものにすぎません。すでにあなたに説明したように、彼らが応答波として計測するものは、別の次元世界からの反射あるいは既知の物質波、このどちらかなのです。その上、知性に基づいて考えると、地震波は、地球内部について科学者たちがあれこれ憶測するために使うことのできる唯一の手段なのです。これは極めて取るに足らないものであり、それでもって〝明確な解答がある〟と主張するのは無理だと思われます」

私は考えました。科学者たちのチームがトンネルを通って地球の中心に旅すること——これはまともに考えられることではありません。彼らの科学的思考の仕組みは、控えめに言っても、無慈悲かつ決定的なやり方で覆されてしまうでしょう。その衝撃はあまりにも大きく、成り行きは予測不可能です。残念ながら人類は、思想の面でもまた霊性の面でも、地球に存在する精妙な世界を理解してその知識を正しく吸収同化するための準備ができていません。彼らの地球内部についての排他的かつ唯物的な考えは、粗野であるのみならず無意味です。とは言っても、科学者たちの理論は、彼らが地震波の分析によって得た計測結果によってある程度までは証明されるように思われます。

一方、地球内部が空洞であるという考えを単純に論じることもできません。シエン博士によると、地球の内部に地殻（厚さ1800～2000㎞の薄い層）によって囲まれた巨大な空洞があるという考えは極めて非現実的です。この場合、地球の殻に相当する部分はあまりにも脆弱《ぜいじやく》になり、それから予測される出来事は、私たちが知っている現実の状況と一致しません。この観点から考えると、科学者たちの観測結果は正しいことになります。なぜなら地震波は物質だけを通り抜けて伝わりますので、空洞地球の場合、地震波が地殻を通り抜けた先のさらなる内部へは伝播《でんぱ》しません。しかし、計測の結果は、地震波がさらに先へと伝わって地震発生地点のちょうど反対側で受信されたことを明確に示しています。実のところ、地震波は地球のほとんどあらゆる場所に伝播する、と言われており、これによって科学者たちは〝地球の内部は固体であり、中身の詰まった状態である〟と確信したのです。彼らは地球をビリヤードの球のように見ており、内部が硬く、固形物、とりわけ層状の岩盤によって満たされていると考えています。

しかし、ある観測がなされ、その結果、物事は科学者たちが考えているほど明快にはなっていないことが分かりました。科学者たちは、地球の中心に向かって進むにしたがい、圧力が非常に高まって物質そのものの密度もどんどん増す、と主張しています。まず、この主張に基づいて議論を始めましょう。この論理は妥当であるように思えますが、実態は

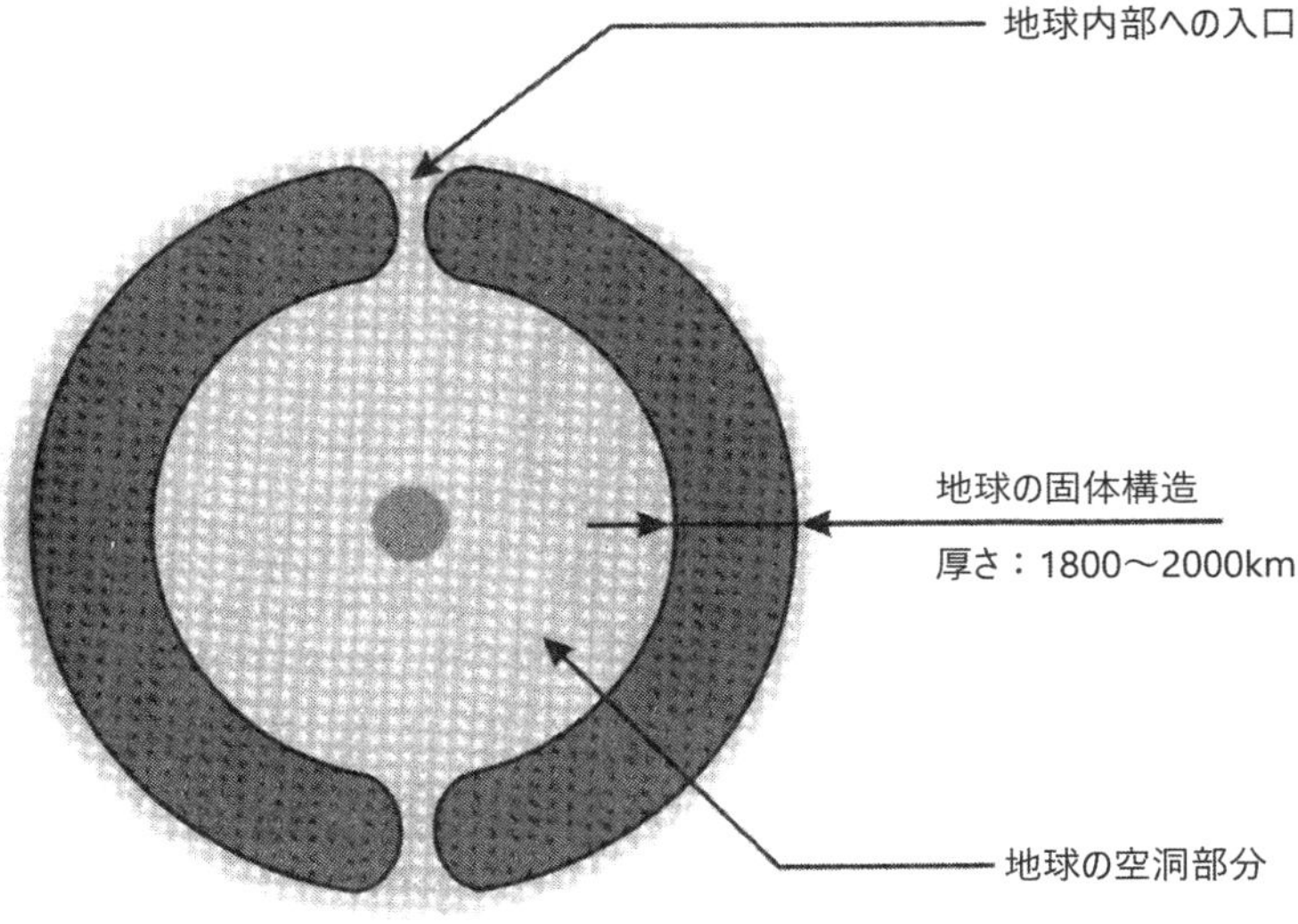

空洞地球：間違った考え方

それに相反します。どのようにして科学者たちがこの結論に至ったのか、またそれが何に基づくのかを考察すると面白いと思います。ときには、たった一つの実験により、凝り固まった独断的な考えを科学的思考にしみ込ませることができます。それが物質主義に起源を持つ場合は、特にそうです。地球の内部構造についての科学理論はすべて、200年前に行われたたった一つの実験とニュートンの300年前の重力理論に立脚しているのです。

英国の物理学者キャベンディッシュは、地球の密度の測定を希求し、一つの実験を考案しました(注)。それが結果的に地球の密度の平均値を確立したのです。密度が分かれば、地球の質量を計算することができます。彼は1797年~1798年にこの実験を行いました。

これがそれ以降ずっと、地球の質量計算のための唯一の科学的手法だったのです。また、この室内実験で得られた結果を検証する方法は皆無でした。キャベンディッシュ実験の問題点は、それが一連の非常に多くの仮定条件に基づいていたことです。まず初めに、実験に使われた二つの鉛の球体は、明らかに電気的に中性です。その一方、たとえ科学者たちが地球は電気的に中性であると考えたとしても、地球が大気中および内部で強烈な電磁気活動を行っていることは周知の事実です。もしもそうであれば、キャベンディッシュ実験に使われた鉛の球体と地球の間の類似点を論ずることに、果たして妥当性があるでしょうか?

鉛の球体と地球は電気特性が決定的に異なります。この一点だけを考えてみても、この実験結果が何の意味もなさないことが分かるのです。さらに具体的に言うと、地球の内部では膨大な電流が流れていて、それは10億アンペアにまで増大します。それに比して、キャベンディッシュ実験に使われた鉛の球体は全く電気を帯びていません。この実験の一体どこに地球との類似点があるのでしょうか? このような

注:キャベンディッシュは、鉛の球体の間に働く弱い重力を測定するために〝ねじり秤(ばかり)〟を使いました。これは質量間に働く重力を計測し、重力定数および地球の質量密度の決定的な値を割り出すための最初の室内実験でした。中心点が細いワイヤー(針金)でつるされた天秤棒が〝ねじり秤〟として使われました。ワイヤーをねじるためには、ワイヤーの太さと材質の関数であるトルク(回転力)が必要です。

キャベンディッシュ実験

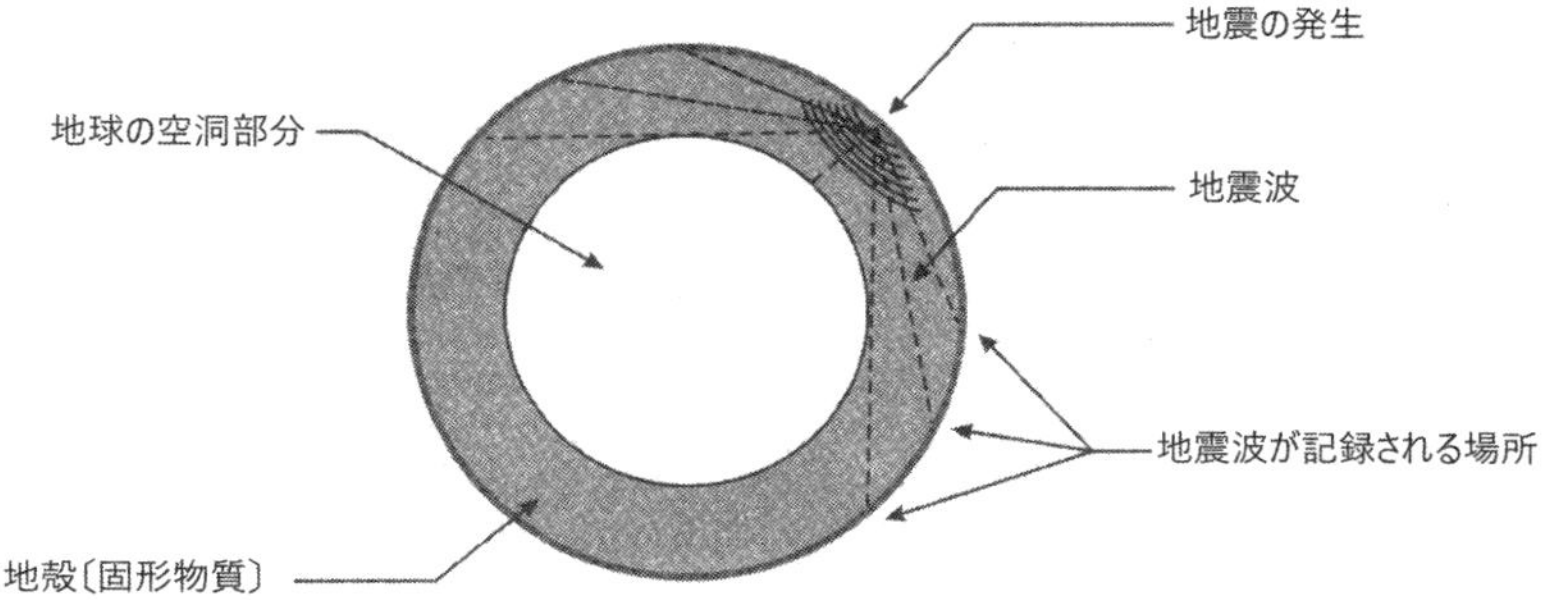

上記の例は、"地震波は地球内部の空洞部分を通って伝播しない"という間違った理論を示している。

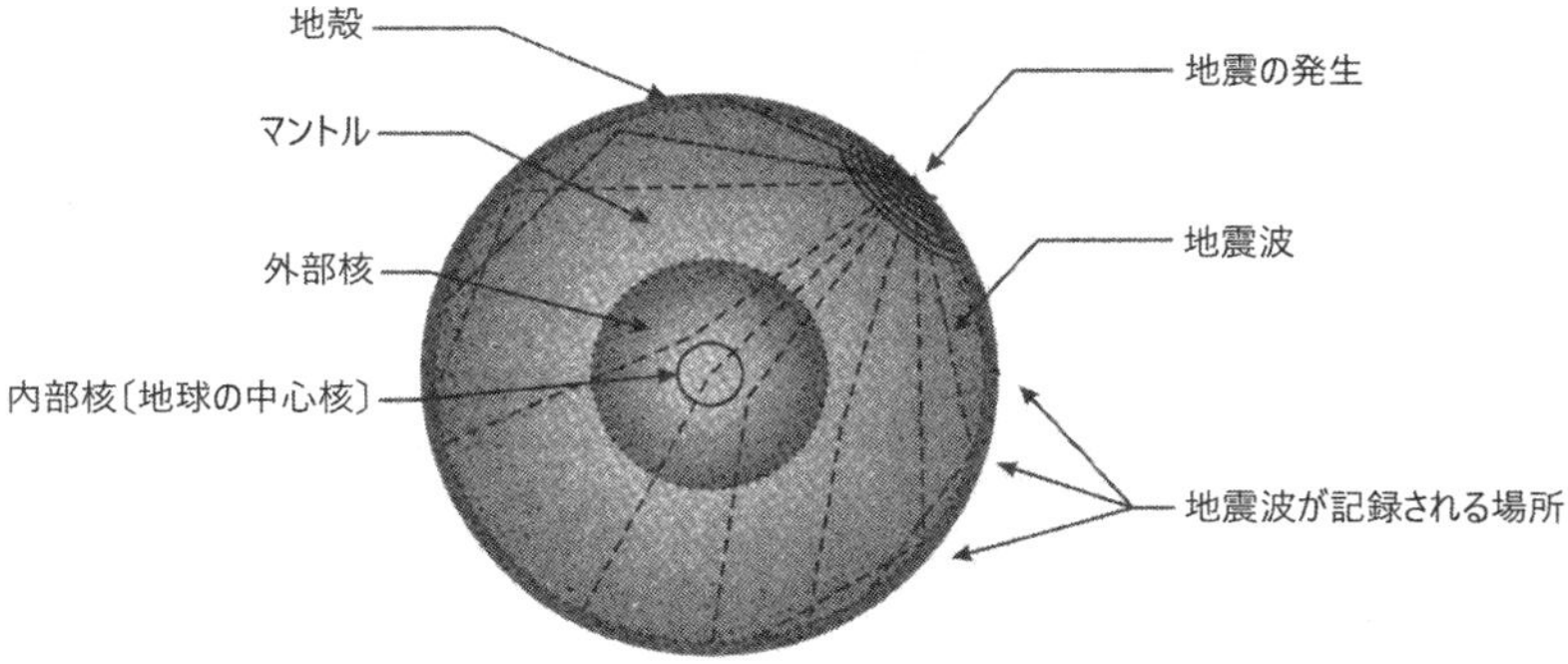

現代科学は、地球を中身が硬く詰まった固体の球と考えている。
これは、地球内部で反射した地震波が地球表面で計測される、という概念に基づいている。

還元主義的視点では大雑把な近似しかできません。それゆえ彼らは、地球が電気的に中性であると考えるのですが、このような見方は、ある意味で、キャベンディッシュ実験に信憑性を与えます。なぜなら、一種の電気的類似性あるいは関係性が鉛の球体と地球自身の間に存在する、と考えられるからです。しかし、さまざまな計測によって立証されているように、地球が絶え間なく巨大な電流の帯を通過するのであれば、少なくともこの主張は適切ではありません。それゆえ、もしも非常に強い電気力が重力に影響を及ぼすことが立証されれば、キャベンディッシュ実験は見当違いということになり、その結果は無効になってしまうのです。

この見解は一部の学者たちによって強く支持されており、彼らはそれを多くの時間と労力を要する観測と実験によって立証したいと考えています。

この点はまず、自然界に見いだされます。たとえば、静電気は重力よりもはるかに大きなパワーを持っていて、重力に影響を及ぼすことができる——これは既知の事実です。しかし、物事を込み入らせて複雑化しないために、科学者たちは、地球は電気的に中性なので静電気は論議の対象にはならない、と考えるのです。その一方、原子核内部での電磁気力は重力の1兆倍であることもよく知られています。ところが宇宙のレベルでは、学者たちはこの点を無視したがります。その代わりに、キャベンディッシュ実験の結果を後押しするように意図された仮定条件だけを信頼するのです。

一方、地球の磁場が重力に与える影響は無視できません。強力な電流は地球内部において測定可能な物理量です。それゆえ、磁気力と電気力は特定の仕方で重力に影響を及ぼすのです。これらは自然界の基本力であり、それらが互いに独立であることは実質的に不可能です。なぜなら、宇宙におけるすべては相関していて調和を保つように振る舞っているからです。しかし、このような〝情報〟は科学者たちの好むところではありません。もしも地球自身の電磁気力の重力への影響が認められれば、地球の重さはキャベンディッシュ実験によって推測された値よりもずっと小さい、あるいはずっと大きいという結果になってしまう、というのがその理由です。そして、それに基づく研究成果は論拠薄弱である、と言明されねばなりません。現代科学には地球の密度と質量を計測する他の方法がない——この事実は彼らにとって大変都合の悪いことです。たとえ現代科学の最新の成果や最先端テクノロジーを駆使したとしても、科学者たちは地球の正確な重さや平均密度を提示することができないのです。

重力にかかわる問題

とりわけ学者たちはこの基本的な自然力を解明しようと努めていますが、現在それについてはほとんど知られていません。実際のところ、この力の本当の性質は充分に明らかにされておらず、またそれがどのように働くかも分かっていません。それが生み出す結果だけが知られているのです。ニュートンが有名な万有引力の法則を公式化して以来ずっと、この理論をさらに発展させるための意義ある進捗がなされていないのです。この力の源も分かっていませんし、その振る舞いも量子論の分野では説明されていません。さらに言えば、この力の大きさやその発現速度も充分には理解されていないのです。

これらの研究において細心の注意を要する点の一つは、重力定数として知られているものに関係しています。それは重力の大きさを定義する数字です。これは重力の公式から得られますが、このような公式には重大な欠点があります。なぜなら、それらは近似や補正された数字（例えば丸めの数字）を裏づけてしまうからです。頑固に公式に固執することによって奴隷思考に陥ることは、科学者たちが日常的に犯す過《あやま》ちです。公式それ自体は、科学的議論において発動される論拠として働くようには意図されていません。特定の科学者たちの手の届くところにある分野や領域が、彼らの伝統的な考え方に基づいて担うことができるものよりもずっと込み入っている——このようなときは特にそうです。非常によく訓練された科学者たちや内なる判断力を開発した人々は、公式適用の限界をいつどこで把握できるかを知ることができます。

彼らはまた、公式や方程式から得られた計算結果に基づく主張を、どのあたりですることができるのかを知っています。しかし、人々の心に深く根ざした古くさい意見を変えて、それを新たな考えに置き換えることは極めて難しく、ましてそれが科学上の定説であれば、さらに一層困難になります。それゆえ、重力に影響可能な変数が数多くあります。にもかかわらず、ニュートンの万有引力の法則を機械的かつ馬鹿げたやり方で適用することにより〝重力が地球表面と同じように地球内部でも働く〟と主張することが、はたして可能なのでしょうか？　キャベンディッシュ実験の場合のように〝直径数㎝の二つの鉛球が直径12500㎞の地球に類似している〟という主張が、はたして優れた科学的知性に基づくものと言えるでしょうか？

この場合、考慮されていない変数や力・影響があまりにも多いため、この実験が一体何を測定したのかを疑問視することが必要です。具体的に言えば、地下3500㎞における重力がキャベンディッシュ実験の鉛球と同じ地下1〜2㎝での重力と同じであるということとがはたして可能なのか、という疑問です。これは答えを必要としない問いかけですが、一体全体、この単純で変わった実験が〝地球内部が硬く詰まっている〟という理論を確証できるのでしょうか？　創造的思考が欠如しているためなのか、あるいは嘲《あざけ》りを恐れているためなのか、不思議なことに、これまでにこのような質問をした科学者たちは決して多くありません。

しかし、ヤン・P・ランプレヒトを含む斬新で型にはまらない考え方をする何人かの科学者たちが、多大の勇気と決意を示し、科学に甚だしい害を与えるこのような〝無意識的行為〟を打ち砕くことに成功しました。この実験の着想が得られたとき、科学者たちは、前もって仮説を立てて近似式を考えました。それ自体は極めて自然なことですが、科学者たちが犯した基本的な過ちは、仮説の領域を超えてそれらを厳密な法則と考えてしまったことです。現実には、地球の内部構造に関する彼らの〝膨大な〟知識の根拠となるものは、極めて脆《もろ》く不十分です。明らかに、彼らの計算・手法・図表・測定値等は数え切れないほど多く複雑です。さらに言えば、実験に使われた手法や技術は、一見優れていて決定的であるように思われます。

実際には決定的に重要なことは何もなく、いくつかの手掛かりが得られただけなのですが、それらが後年間違って解釈されたのです。例を挙げると、重力定数として知られているGがパリでも地下４０００㎞でも確かに定数であること、これが分かる人は誰もいません。Gが定数でないことを証明する実験がすでになされています。それらのうち最もよく知られているものは、南アフリカの深部鉱山や海底および氷床の基部で実施されました。これらの実験すべてにおいて、万有引力定数Gが増加していることが示されました。それゆえ、もはや〝定数〟として語る理由はないのです。さらに興味深いことは、もっとずっと浅い場所でGの異なる値が得られた、という事実です。まだ詳細が知られていない他の影響因子についてはどうでしょうか？

というわけで、要するに〝Gは地球上および地球内部のどこでも定数である〟という全員一致の意見というものがあるのです。もしも科学者たちが、アインシュタインが確信していたように、〝地球の電磁気力が重力に影響を与える〟という事実を認めるならば、これまでに注意深く構築されたすべての理論や計算結果をひっくり返してしまうでしょう。オーストリアの物理学者アーウィン・ザクスルが帯電された振り子を使って50年ほど前に行った実験は、非常に奇妙な結果を生み出しました。これらの実験は包括的に考案され、7年の期間にわたって繰り返し実施されました。さらに、日食の際は地球のあちこちで大規模な帯電現象が起きるのですが、このとき、振り子の明確な変動および異常な振る舞いが観測されました。これらは論議を呼ぶ結果だったのですが、それにもかかわらず、学者たちは電磁気力が重力に影響する可能性を否定するのです。これらの測定やその結果は紛れもない事実です。しかしそれでもなお、科学者たちはそれを考慮しようとはしません。すでに確立されている定説を覆したくない、というのがその理由です。

地球の熱はどこから来るのか？

火山の噴火によって、溶けた岩漿《がんしょう》（マグマ）が噴出されます。明らかにその源は地下深部にあります。その平均温度は摂氏1000〜1100度で、種類と組成によって決まります。しかし、この事実から恐るべき疑問が出てきます。地球内部にある火山性マグマのほとんどはケイ酸塩から作られていますが、それを溶解させるほどの非常な高熱は一体どこにあるのでしょうか？　溶融マグマの層が存在しても、それが地震波の伝達を妨げることはありません。これによって科学者たちは、地殻の大部分は事実上固体であり、より端的に言えば、地震波がマグマの中を通らない場合は極めてまれである、と結論づけました。その結果、もう一つ疑問が出てきました。ケイ酸塩や岩盤を溶解させ、それらをマグマに変えてしまうほどの熱は、一体どこにその源を発しているのでしょうか？

これには二つの理論があります。両方ともそれなりの裏づけがありますので、正しいかもしれません。しかし、マグマの源が地球の中心にある、という考えは事実ではありません。なぜなら、科学者たちが指摘しているように、マグマはとてつもない距離を移動しますので、その間に熱を失ってしまい、地表に達するずっと前に凝固してしまう、と思われるからです。それゆえ、厚さわずか数十㎞の地殻の内部あるいはマントルの最上層に貯蔵所があって溶岩がそこから来ている――これは疑う余地のない事実です。

その一方、地球の年齢は約45億４０００万年と推定されています。しかし、この膨大な時間が経った後でさえも、地球には、物質を溶かして溶融マグマを生み出すのに充分なほど強力で確固とした熱の源があるようです。明らかに地球はその内部で熱を発生させていて、その温度は相対的に一定であることが判明しています。多くの人々は、〝地球が単に溶融物質の熱い球体であり、この溶融物質は時間が経つにつれて徐々に冷えて固まる〟と間違って考えていますが、先ほどの事実は、地球はそのような存在ではないということを私たちに示しています。最新の測定や観測が証明しているように、実態は非常に異なることが分かってきているのです。

事実、地球内部の熱源は現代科学における謎です。間接的にしか研究・調査ができない、ということがその理由です。地下18～20㎞よりもさらに深部に掘り進むと、圧力と温度が上昇して岩石等が溶融してしまい、削岩機が溶融物質の半固体状の塊にぶつかってそれ自体も溶けてしまうため、そこから先の地球内部へは到達できない――現代科学はこの事実を自ら認めています。実際の問題として、科学の理論によると、地球の深部に向かって掘り進むことは不可能です。なぜなら、ある特定の深さからさらに先では、掘られた穴がマグマでいっぱいになってしまうため、掘削機が残存できないからです。今までのところは、科学者たちによる観測およびそれに基づく結論は正しいと言えます。

シエン博士は、他に何が起きているのかについて話してくれましたが、彼らにこのような説明はできません。さらに言えば、科学理論が有効なのは地殻の狭い範囲だけです。一般論を地球全体に適用することはできないのです。実のところ、これは科学者たちにとって非常に大きな問題です。ニュートンの重力理論からの推定により、〝圧力と温度の上昇は直線的な深さに同期している〟ということを主張して、キャベンディッシュ実験に基づく地球の密度の平均値を設定するのですが、地表あるいは地殻の岩石よりもはるかに密度の高い物質が存在するのです。

例を挙げると、多くの科学者たちは、ある深さから先の地球内部は火山性マグマでいっぱいである、と考えています。採掘坑への下降や地下に向かう掘削を行ったとき、温度が一定の割合で上昇することに気づいた、というのがその理由です。これにより彼らは、地下数百㎞あるいは数千㎞の深さまでこれが適用できると仮定し、すべてが同じであって温度の漸増が地球の核に至るまでずっと続く、と考えたのです。歴史的に見ても、かつて人々は、大西洋が世界の終わりまでずっと広がっている、と思い込んでいたのです。古代ギリシャ人もまた、サハラ砂漠の暑い気候が南進して私たちが現在南極として知っているところにまで至り、地球を温めるだろう、と考えました。

今日の科学者たちにかかわる大きな問題は、彼らが、自分たちには推論を基礎づける論理的・合理的な根拠がある、と思い込んでいることです。まず初めに、最も深い場所にある採掘坑でさえも地下8～10㎞より先の深さには到達できません。これは地球の半径6310㎞と比べるとほとんど無きに等しい深さです。このわずかな距離が〝未知の事柄を既知の事柄から推定するための第一歩〞として適切であると考えるには、この実例データはあまりにも小さすぎます。地球内部の温度は地表からの深さが100m増すごとに摂氏1度上昇する、という観測がなされていますが、これは、この規則性がさらに深い部分にも適用可能であることを意味していません。それを確証できる人間は誰もいないのです。しかし〝地球の中心に向かって進むに従って温度が上昇する〞という見解に疑いを差し挟む人も誰一人としていないようです。

ここでちょっと論理の体操をしてみましょう。すでに述べたように、マグマは厚さ約40㎞の地殻から生まれます。溶岩が火山から放出されるときの平均温度は摂氏1100度ですので、この点は疑問を誘発します。もしも地殻がこの温度であれば、さらに2000km も深い地球内部は一体どのくらいの温度になるでしょうか（このような場合、現代科学では上記の推定の原則が使われる、ということを覚えておいて下さい）。明らかに、これらの推定値およびこの物理現象の理論化は、ニュートンの重力理論に基づく仮説なのです。

掘削にかかわる問題

数十年前、いくつかの国が〝地球の内部構造についての科学理論を検証するため、地下深部への掘削を行う〟というプロジェクトに資金を投入しました。しかし、地殻内部への掘削を実施したところ、実際の掘削と科学者たちによる仮説の間に顕著な違いがあることが分かりました。すでに述べたように、一般的に受け入れられている理論は、地球内部の温度は100m深くなるごとに摂氏1度上昇する、というものです。しかしながら、ロシア人たちによる掘削の結果、地下3kmを超えると温度が100mごとに2・5度上昇することが示されました。つまり上昇率が2・5倍高いのです。地下10kmでは、従来の理論によると摂氏100度のはずですが、すでに摂氏180度になっていました。これは科学理論が示唆した温度のほとんど2倍です。この事実を考慮に入れると、右記の理論には一体どのような価値が置かれるでしょうか？　このような実験結果が得られたにもかかわらず、誰もそれを正式に公開していませんし、議論や説明もなされていません。それどころか、従来と同じ偽情報と無知の状態が維持されているのです。

ドイツ人たちも地殻を掘削して驚くべき結果を得ました。彼らは４㎞の深さまで掘削し、温度がすでに摂氏１００度に達したことを確認しました。しかし、それよりも浅い場所（例えば３・５㎞）の温度はさらに高く摂氏１１８度だったのです。このドイツにおける掘削実験で分かったことは、５００ｍの深さまでは温度の急激な上昇が見られるもののそれを超えると温度が下降する、という事実です。これは現代科学の予測に照らすと、まさに信じがたいように思われます。これらの発見は科学理論に当てはまらないだけでなく、それと反対の結果を示しているのです。

物質の密度についても、科学による予測とつじつまが合わない結果が得られています。従来、圧力が増加すると岩石の密度が高まる、と推測されています。しかし、ロシア人たちは、岩石の密度は５㎞の深さまでは絶え間なく上昇するけれども、それを超えると（十中八九、岩石の空隙《くうげき》率が高まるために）低下する、ということを発見しました。しかし、この結果も、特定の概念を信奉する科学者たちの頑固さと硬直性の壁を打ち破ることができませんでした。建前上彼らは、自分たちの理論が立脚している根本的概念を見捨てたくないのです。それどころか、彼らは、地球の中心に向かって進めば進むほど岩石の温度と密度両方が上昇する、という考えにしがみつきます。これは単純な仮説に過ぎませんし、それが真実であることを確証した科学者は一人もいません。にもかかわらず、それは疑いのない真実として一般的に受け入れられています。さらに言えば、この科学モデルの説得力は、表面的掘削試験に基づく単純な検証によってさえも簡単に弱められてしまうのです。

地球内部に何があるかを追究する現代科学の理論は、根拠がないだけでなく実際の観測に基づいてもいません。すでに指摘されたように、掘削された最初の10㎞の深さでも現代科学の矛盾が明らかになります。さらに掘り進んで5000㎞の深さに至ったとき、一体何が起きるでしょうか？　このような科学上の茶番劇が常軌を逸した冒瀆《ぼうとく》的・怠慢なやり方や間違った仮説に基づいて演じ続けられている――どのようにしてこんなことが可能になるのでしょうか？

地震波

地震波についての状況はほとんど滑稽といってもよいほどです。ヤン・P・ランプレヒトは、それを非常にうまくとりまとめて説明しています。たった一つの実験が今から20

０年前に行われました。地球が固体であり内部が詰まっているという現在の科学理論は、その論拠をこの実験の結果に置いています。このキャベンディッシュ実験自体が、同様に制限のあるニュートン重力理論の産物である、と言えます。幾分か受け入れ可能な方法論が一つだけあり、それによって地球内部に関する仮説を立てることが可能になります。地震波は地球の表面および内部の両方に広がって伝播するため、それを分析し計測することができる――これがその仮説です。地震波がどのようにしてどこに伝わるのか、これが分かっている人は誰もいません。地球表面にある地震観測所が地震波の強度と伝播方向を計測する――これだけが可能です。結果はコンピューターによって相互に関連づけられ、地震学者たちが地球内部の構造を理解するのを助けるために、複雑な数学モデルに基づいて分析されます。

現在の地震学は、キャベンディッシュ実験の結果および一連の仮説に立脚しています。地震波の振る舞いは数学的に解釈されます。それゆえ、地球内部の状態に関する現在の地震学理論はすべて、単なる仮説や解釈として説明されているにすぎません。もしも〝ニュートンの重力理論は地球表面のみならずその内部にも適用可能である〟という現代科学の主張が観測によって裏づけられないのであれば、地球の内部構造に関する限り、そのすべては根本的に間違っている、と考えることができるのです。そのうえ、地震学と数学に基づく計算・解釈方法は、たとえそれがどんなに骨の折れるものであったとしても、それだけで地球内部に何があるのかを説明することはできません。これについては限界があるのです。

一見して複雑に見えるこの理論は、やみくもな想定だけに基づく外挿法の産物にすぎないのですが、それにもかかわらず地球内部についてそのような理論を提示する――このこと自体が常識を欠く行為である、というのがその理由です。これらの仮説は学者たちによって提示されたものです。さもなければ、地球の内部構造に関する理論は生み出されなかったでしょう。彼らが地球内部に何があるかを考えてそれを仮説に仕立て上げました。これがすべてです。まず彼らは唯物論の精神に則《のっと》って〝こうあるべきである〟という想定をしました。それから、そのような仮説を真実と考えるようになったのです。

例を挙げると、キャベンディッシュ実験は、地球の平均密度が1立方㎝あたり5・5グラムであるとして、ニュートンの重力理論から地球のいわゆる〝質量〟を提示しました。科学者たちが実際に地球の密度を測定できる場所は地球表面だけですが、その測定値は1立方㎝あたり2・7グラムであり、キャベンディッシュ実験に基づく値の半分です。この値の違いを〝相殺〟するために、科学者たちは、深さが増すにつれて地球内部の密度が1立方㎝あたり2・7グラムから徐々に増加し、結局は200年前のキャベンディッシュ実験の結果に基づく平均密度に一致する、と推論したのです。必要な計算を行うことにより、科学者たちは地球の中心部分の平均密度は１立方㎝あたり８～10グラムであるべきだと結論づけ、それに従って、地球内部は異なる密度をもつ同心円の層から成っている、という包括的理論を打ち出しました。科学者たちはこれらのモデルを実際的であると考え、それから出発して地震波を解釈し始めたのです。もしもこの研究中にそのモデルが間違っていることが分かれば、測定値と合うようにモデルの特性を変更します。しかし、概念の面から考えると、これらのモデルはすべて同一なのです。

強い地震が起きると、地震波は地球の表面および内部の至る所に伝播します。しかしそれは均一ではありません。科学者たちは、その特性を分析することにより、地球内部に何があるのかを理解しようとします。地震波はさまざまな岩石の層を通って進みますので、科学者たちは、他の科学的概念（地震波の速度のようなもの）の助けを求めます。言い換えると、彼らは地震波がある距離を進むのにかかる時間を測定するのです。しかし、地震波がある特定の深さで突如変化を余儀なくされることが観測されました。科学者たちは、それは地震波が異なる密度の層を横切るときである、と結論づけました。これはまあまあの説明と言えるかもしれません。しかし、これらの速度の変化は全く同じ場所では起きない、ということが判明し、地球内部には異なる〝起伏〟があることが立証されたのです。

もしも地球内部のこの起伏が場所ごとに異なるのであれば、速度の変化を可能にする充分な広さの空間が存在することになり、それは、地球の内部構造が密度・稠密度《ちゅうみつど》・剛性・堅固さの面で現代科学の理論に適合していない、ということを意味します。科学者たちが得たすべての結果は二つの仮説に基づいていますが、それが真実であるかどうかは誰も知りません。まず初めに、彼ら自身が開発したモデルおよび既に述べたニュートンの重力理論に基づいて、地球内部を進む波の速度を推測しました。しかし、地震波がそのような深さにまで到達すること、および、そのような速度で地球内部に向かって伝播していくことを立証できる人は誰もいないのです。その一方、波の速度の変化が地球内部の物質の密度の変化に起因するのかも確かではありません。

例えば、地震波がどの深さにまで到達するのか、また、その場所の物質の密度は一体どのくらいなのか——これらの質問に答えられる人もいません。例を挙げると、地震波が地球内部のどこを通って伝播するのか、あるいは、実際にどの部分を通り抜けていくのかを知っている人も皆無です。測定可能な唯一の面は地震波が及ぼす影響であり、それもまた地上の観測所にある地震計によって感知されるのです。当然のことながら、私たちはこれらの地震波が屈折するだろうと考えます。物質に地震波が充満するにつれてその密度が増加するのですが、そのようなとき如何にして地震波が屈折するのかをはっきりと示す完全な理論もあります。

しかし、ここではあらためて次の質問をします。現在科学は、地球内部への深さが増すにつれて密度が上がることを想定していますが、実際のところ、どのようにしてそれを知るのでしょうか？　これまで地球の表面部分が掘削され、その結果がそれまでの理論に準拠しないことが示されました。このような状況にもかかわらず、どうして科学者たちは、実際と異なることを示す観測データを当てにできるのでしょうか？　科学者たちは〝地震波の挙動の変化は地球内部の「起伏」の構造に起因する〟と想定し、これをニュートンの重力理論に従う物理的性質という観点から考えています。それゆえ、地球の内部構造に関わる科学の全体構想が古典的理論に基礎づけられているとしても、それは驚くには当たらないのです。しかし、実際にはこの点に関する検証は何もなされていませんし、自由に使える現在の科学技術に基づいてこの方向で何かがなされる、という見込みもないのです。

ロシア人研究者たちによって行われた深層掘削については既にお話ししましたが、現代科学はそれにより致命的な痛手を被りました。この地殻を突き抜ける掘削は、ロシアのコラ島で実施されました。それから得られたデータに基づき、ロシア人たちは、岩石の密度および地震波の速度は深さに比例して増加しない、ということを明確に示しました。これは科学理論の予測に反する結果です。さらに、掘削された岩石層の物理的性質にも変化が見られなかったのです。このデータとそれから導かれる結論は、科学の広い分野において無視され、即刻出版禁止になりました。それは現代科学を狼狽させ、とりわけ量子科学や核科学の分野の理論の信憑性を疑わせるものだったのです。〝地上で行われる地球物理学的計測の結果は地殻の天然物質にも適用できるはずである〟というのが伝統的な考えなのですが、ロシア人研究者たちによる掘削のデータは、実際はそれが全くの間違いなので変更されねばならない、ということを明示しました。

しかし、たとえそうであっても、現代科学は古い考え方にしがみついたままであり、ロシアの掘削データには目もくれません。依然として人々は大学等で古い理論を教えられていますし、詳細データの代わりに、研究者たちが実行可能と考えているモデルが説明されているのです。例を挙げると、地質学の理論によれば、大陸プレートは〝地下5㎞の深さでは岩石層が花崗岩から玄武岩に変わるため地震波の速度が極度に不連続になる〟という特質を持っています。ロシアのコラ島での掘削データは、このような不連続性はもっとずっと深い場所（地下8・5〜9・5㎞）で生じる、ということを示しました。

しかし、ロシア人研究者たちは、現代科学が深さを間違えた上記の不連続性に加えて、同じタイプの不連続性が他にも存在することに気づきました。現代科学理論への最終的かつ壊滅的な打撃は次のような事実です。地下5㎞で検知された玄武岩の層は、9・5㎞の深さには現れず、その上、ロシア人研究者たちが掘削した最深部である地下12㎞においても出ませんでした。確かに大陸プレート間に不連続データの区域が存在します。しかし、そこを通り抜けた後は、現代科学が予測したようには岩石の性質が変化しなかったのです。この例は〝理論が実際の証拠によって裏づけられていないとき、科学者たちはいとも簡単にかつ酷く惑わされてしまう〟ということを示しています。もしも科学理論と実験データの間の不一致が地下10～12㎞の深さで生じるのであれば、地球の中心（深さ6300㎞）に存在するものやそこで起きていることについて現代科学が言っていることを、そのまま鵜呑《うの》みにできるでしょうか？

現代科学のこの持論を無効にする実験結果は、ドイツ人研究者たちによっても得られています。彼らもまた、地球の内部を非常な深部まで掘削しました。現代科学によると、地下3㎞の深さに岩石の輪郭が出ているはずなのですが、このように推測されたものは、3・5㎞の深さでも見つかりませんでした。問題はここにあります。科学者たちが予測した内部構造が見いだされなかったとき、彼らは〝おそらくもっと深いところで見つかるだろう〟と言うのです。しかし、もしもそうであれば、なぜ科学者たちは、地震波の伝播中に計測・分析されたデータに基づいて、彼らが予測した結果を得ることができなかったのでしょうか？　もしも彼らの計算が正確であったのなら、何も問題はなかったはずですし、間違いは即刻検知されたに違いないからです。

現代科学が答えられない重大な疑問

理論が実際の掘削データと食い違っている他の例は、地球内部の圧力に関わるものです。科学者たちによると、この圧力があまりにも高いため、掘削によって開いた穴だけでなく、自然に生じた出口・裂け目・割れ目・孔等も、実質的に閉じられるかあるいは塞がれてしまうのだそうです。しかしながら、実際のところ、この類いのものは深層掘削によっても発見されていません。その上、このような掘削がなされたとき、地質学者たちは全く予想しなかったものに出くわし、非常に困惑したのです。それは〝高濃度の鉱水やガス〟のような循環している流体でした。しかし、このような極めて明らかな結果が出ているにもかかわらず、西側諸国の科学者たちの傲慢さが減じられることはありません。二流の不適切な掘削技術が用いられたという理由で、彼らはロシア人研究者たちを非難しました。

しかし、ドイツ人研究者たちによっても同様な結果が得られました。彼らは、西側の科学者たちが夢にも思っていなかった地下３４００㎞の深さで、大きく開いた裂け目を発見したのです。地球の核も論議の的になるテーマであり、卵形・球形・平行六面体等、さまざまな形で言い表されています。しかし、もしも彼らが言うように地震波が正確に計測されるのであれば、なぜこのような〝科学的〟片言表現がなされるのでしょうか？　その一方、岩石層を横切った地震波のデータから〝非常に深い場所であっても、岩石層には5パーセントの耐屈曲性がある〟ということが分かったため、地球内部に存在する〝地形起伏〟の問題が明るみに出てきました。地震探査による断層撮影法は、マントルの構造を三次元画像として見ることを可能にしますが、その画像が一体何を映し出しているのかが、まだ明確になっていません。それはマントル内に〝起伏〟地形が存在すること、あるいはその場所の圧力が変化していることを示しているのでしょうか？

科学者たちのなかには、地球の中心に存在する大陸ほどの大きさの何か、あるいは上部マントルや下部地殻のさまざまな深さの場所に存在する山や谷さえも話題にしている人たちがいます。このように、地球内部の真実に関し、現代科学の定説に対する最初の疑いが特定の研究者たちの心の中に芽生え始めているのです。彼らは重要な問題としてそれを提起しています。地球内部の圧力が膨大であるという実際的な証拠がないので、これらの疑問は至極もっともなのです。

科学によってまだ答えられていない重大な疑問が他にもあります。その中の一つは、地球が自転軸の周りを回転するときの振動の問題です。あたかも液体の性質を持った何かが地球内部にあり、それが長い期間の間に、回転の動きにわずかな変化を引き起こしているかのようなのです。科学者たちは軸回転に生じる小さな摂動に対し、説得力のある説明をひねり出そうと懸命に努力しました。しかし、あえて彼らは、地球の内部が空洞であり、そこにある巨大な水塊あるいは〝内部の海〟が、回転運動のこのわずかな変化を引き起こす、とは考えなかったのです。

科学が四苦八苦している重大な問題が一つあります。それによって、地球内部が固く詰まっているという現代科学の理論が脅かされているのですが、それは地下深部で起きる深発地震の観測に関わるものです。通常、地震は地下100〜150㎞までの深さで起こります。それ以上深い場所では温度と圧力があまりにも高く、そのため岩石層の間の張力が、構造プレートが引き裂かれるのではなくむしろ互いに滑り合うようなレベルになってしまう、というのが現代科学の理論です。それによると〝このような深さにある岩石が、どういうわけかある意味で延性を持つために「軟化」し、その結果、急激で壊滅的な破砕がもはや不可能になってしまう。そのため、深さ150㎞を超えると張力がなくなり、地震は起きない〟。現代科学はこのように言っているのです。しかし、20パーセント以上の地震が地下深部で起きる深発地震なのです。例を挙げると、マグニチュード8・2の地震が地下650㎞の深さの場所で記録されています。

奇妙な点がもう一つあります。それは、深発地震が浅発地震と似た特性を持っている、という事実です。研究室で考え出された科学理論は〝このような深さでは圧力と温度が極めて高いため、浅発地震とは特性が異なる〟というものですが、それは、このような計測結果によって実質的に無効になってしまうのです。

しかし、それでもやはり深発地震は発生可能であり、実際に起きます。あたかも自分自身の足に釘を打つかのごとく、科学自身がそれを知らしめているのです。深発地震は科学によって推測されたものと全く逆の結果を示しています。すなわち、非常に深い場所での圧力は科学者たちが信じているほど高くはなく、温度も極めて低いのです。

もしも地震波が地球のあらゆる場所に伝わるのであれば、それは地球内部が硬く詰まった状態であることを意味する、と科学者たちは考えています。彼らは、もしも多量の溶岩が地球内部に存在すれば地震波は伝播しないので、地球の他の地点には達しないだろうと推測し、次のように結論します――地球内部は大部分が固体なので、地震波は固形状態の物質を通り抜けて地球のさまざまな場所に到達する。これはすべて彼らによる計測の結果によるものです。

しかし、内部に直径約１２００㎞の空洞をもつ地球をモデルとしたコンピューター・シミュレーション（模擬実験）をしたところ、異なる結果が得られたのです。この場合、地

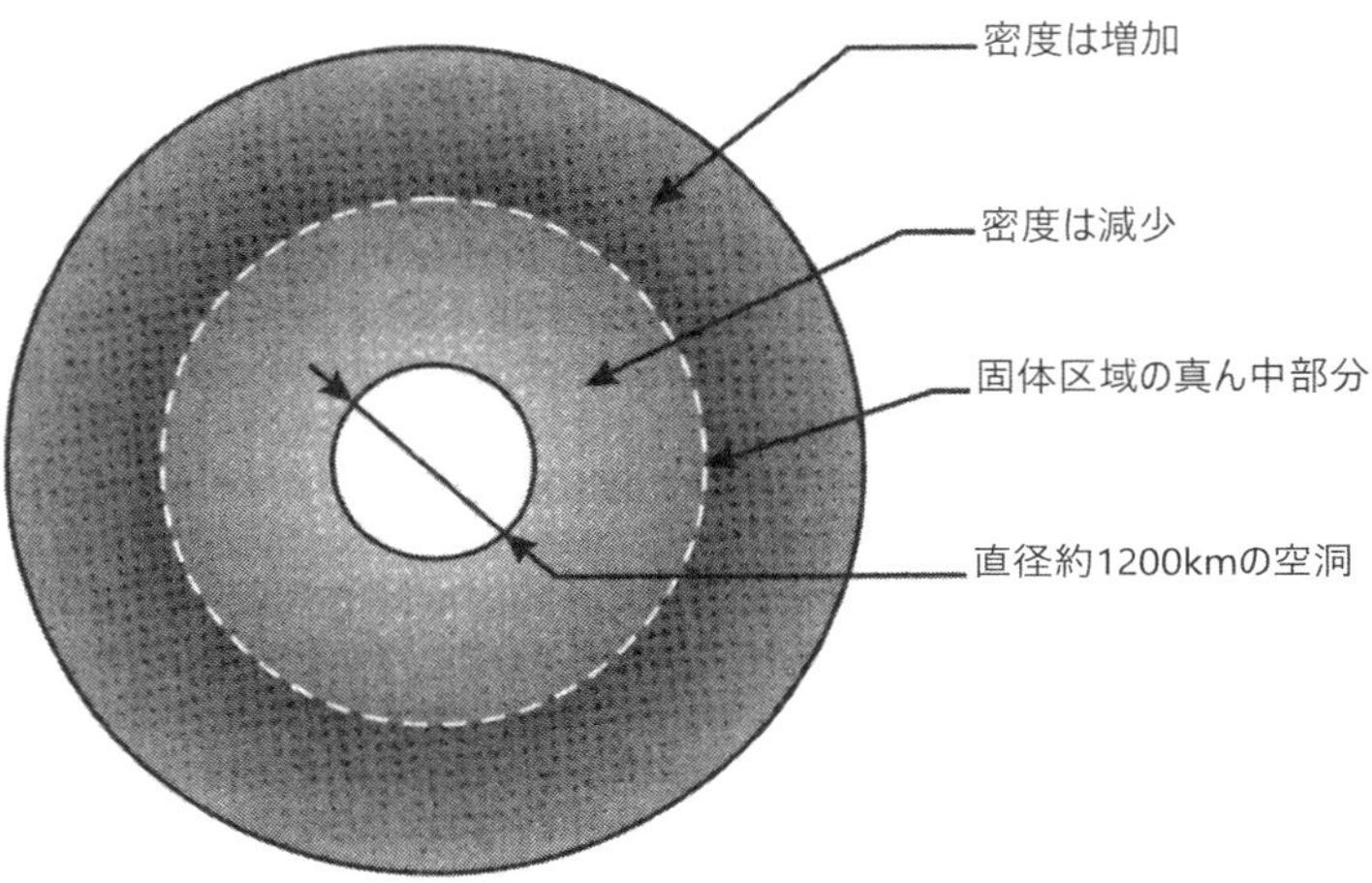

空洞地球：仮説ではあるがより真実に近い物理的モデル

震波が地球の全表面に広がり、地球の内部が固体であるような印象を与えました。しかし、密度は、科学者たちが考えたように地球の中心に進むにしたがって増加するのではなく、外核に向かって増加した後、内核に向かって減少します。地震波は非常に大幅に偏向するのですが、このモデルにより、地震波が地球の核から反射されることやそれを通って屈折することが示され、波が偏向する理由が分かります。

実のところ、地球の内部構造が外核と内核に基づくという全体的な構想は、特定の仮説に立脚した学者たちのでっち上げに過ぎません。彼らは異なる種類の地震波を計測しました。固形物質だけを通るＰ波（縦波）は一部の区域には入りませんが、液状媒質を通るＳ波（第二波）はその区域を通り抜けるのです。この事実から科学者たちは、その区域が溶解状態にあると推論し〝固形状態の内核の周りを、溶融金属からなる外殻が取り囲む〟という理論を捏造《ねつぞう》したのです。

このモデルによると地震波は固体である内核の中では加速するはずなのですが、実際は減速してしまいます。これから分かるように、このモデルは内に矛盾をはらんでいるのです。科学者たちは、この不可解な減速は内核の弾力性が変化した結果であると断定しました。つまり、内核の弾力性が速度の変化に寄与した、と考えたのです。しかし、空洞地球というモデルは、上記の外核・内核理論なしでこれらの不一致をすべて解消し、これまでに実施されたさまざまの種類の計測のデータと一致する結果を予測します。

これらの問題すべてが生じる原因は、科学者たちのかたくなな態度にあります。彼らは、キャベンディッシュ実験が提示した地球の膨大な質量に適合するモデルに頑として固執するのです。この場合、キャベンディッシュ実験に基づく地球の質量の値が正しいことを立証するために、膨大な量の物質がどのようにして所定の体積に凝縮されたのかを説明しなくてはなりません。これを可能にする唯一の方法は、〝地球内部では物質の密度が変わり、中心に進むにしたがって急激に増加する〟——この点を立証することです。このようにすれば、特定の深さで地震波の速度が理解し難いほど変化する理由も説明できるのです。

現在の状況――科学者たちが生んだ呪い

現在の科学理論によって下支えされているものが地球内部の実像と異なることを知っている科学者もいますが、もしも彼らが別の見解をあえて提示すれば、科学界からの反発により葬り去られてしまう可能性があります。このように、科学界においては、科学的思考が巧みに操作されて極めて抑圧的に管理され、〝お互い持ちつ持たれつでやりましょう〟という風潮になっているため、実のところ人類は、実際の状況を知って新たな科学的思想を育むことができない状態なのです。「内部構造に関する〝証拠〟と計測結果に基づいて描かれる地球の姿は、科学者たちが強制的に押し付けたいと考えている現実性のみを反映しているように見えるけれども、真実はそれとは全く異なる」。シエン博士はこの点を明確かつ繰り返し私に述べました。この惑星は中身がぎっしりと詰まった球状惑星と考えられているのですが、記録されている既存のデータと計測値に基づき、その中心が空洞である可能性がはっきりと示されています。したがって、たとえ無数の矛盾が示され、実験に基づく証拠によってそれが間違いであることが証明されたとしても、地球の内部構造は、内部の詰まった固体地球モデルを好む科学者たちによる解釈次第なのです。

内部が空洞のモデルが最終的に認識されると、必然的に数多くの厄介な疑問がそれから生じます。しかし科学は、まだそれらに対し満足のいく解答を提供するにはほど遠い状況にあるのです。以下はそれらの疑問点のほんの数例です。

●その空洞はどのようにして形成されたのですか？

●そこには何がありますか？

●地球の熱とエネルギーの源は何なのですか？

●何が地球の磁場を創出しているのですか？

●空洞内はどのような環境条件になっていますか？

これらは結構手応えのある問題なのですが、科学者たちはそれらを敬遠し、〝彼らが概念の面の制約を自分たちに課している〟という事実さえも認めていません。地球内部の実像と外部の現実、これらの両方に関し、彼らはこれまで、唯物主義に立脚した時代遅れで絶望的なパラダイム（理論的枠組み）にしがみついてきました。すなわちそれは、彼らの説明や彼らが提示する仮説において彼らが必死に維持しようとしてきた考え方なのですが、彼らはそれをも放棄したくないのです。事実、このくすんだ構想の〝呪い〟は量子の領域にまで及んでおり、そこでは様々な現象が〝精妙なエネルギーの本質〟という観点から理解されず、むしろ全く物質主義的な思想と原理に立脚して解釈されがちなのです。

私はシエン博士に、〝地球内部では物事がどのように生じるか、この点についての具体的な証拠を私たち自身はもっていません〟と答えたのですが、そのとき、彼には言いたいことがたくさんありました。

「それは本当です。まだ見たことがないものを見せることはできません。それにもかかわらず、程度の差はあっても、何らかの形でこのような体験を意識的にした人はたくさんいます。通常は、夢見状態で意識するか、あるいは、惑星の内部に導かれた時点でエーテル界・アストラル界を認識するか、これらのいずれかです。これらの経験には数多くの微妙な共通点があります。しかし、たとえそれらを一緒に考えたとしても、集合潜在意識に繋がったという理由だけでは説明できません。なぜなら、これらの要因は日常の活動には含まれていないからです。

しかし、これらの人々の多くは自分たちがどこに行き着いたのかを認識していませんし、それに伴う精妙な仕組みも理解していません。元の世界に戻ったとき、通常彼らの記憶はぼやけていますが、たとえ記憶がはっきりしていても、彼らは自分たちの経験を完全には理解していないのです。ある人々は地球内部の光景を見ていますし、それに関連した状況を既に経験しています。しかし彼らはそれが意味することを知りません」

私はシエン博士に尋ねました。

「なぜそのような人たちは、自分の経験したことを他の人々に話さないのでしょうか？」

「自分が馬鹿に見えるのではないか、と心配しているのです。初歩的な知識の欠如あるいは意識のもつ力を理解していないために、彼らは自分たちの経験のあらゆる側面・特徴を相互に関連づけることができません。それゆえ彼らは沈黙を保ち、自分たちが知っていることを隠したがるのです」

この問題のさらなる明確化を求めて、私はシエン博士に質問しました。

「このように地球内部への旅をした人は、自分が一体どこに行ったのか分かっているのでしょうか？　あるいは自分が地球の内部に入ったことを理解していますか？」

「多くの場合、彼らはそれに気づきません。それは経験の種類と経験した人の意識のレベルによります。そのため、これらの世界へ旅する人には、内部世界や高次元世界の存在が一人あるいはそれ以上付き添うのです。彼らの任務は、旅人を教え導き、ときには何が起きているのかを旅人に教えることです。しかし、これだけでは、必ずしもその旅人が自分の経験の中身を理解し記憶するのに充分ではありません。よくあることですが、体験後のある時点で、すべてが興味深い夢の範疇に凝縮する傾向があります。しかし実際は、その旅人は本当に経験をしたのであり、それから多くのことを学ぶことができるのです。ブセギ山脈地下の複合施設の場合と同様に、物質世界からスタートしてポータル（入口）あるいは内部通路を経由してそのような世界と直接繋がるときは、非常に有利な状況になります。なぜなら、肉体を含むその人すべてが変容するからです。意識が依然として保持される状態のままであれば、この点は非常に重要です」

結局のところ、すべては私たちの意識レベルが関与する内なる準備の問題であるように思われます。私はそれに気づきました。地球の内なる霊性に繋がることができるかどうかは、私たちがどの段階にまで到達できるかによります。以上のことから、私は次のような見解に導かれました。

「このような意識的な経験は、そのどれもが地球内部へ旅したことを意味するように思います」

すると、シエン博士が答えました。

「そのような旅には明確な目的があり、それに関与した人々は、認識するしないにかかわらず、地球内部のこれらの区域に対して一種の親近感を持っています。すべてには意味があるのです。偶然起きることは何一つありません。このような体験はいつでも起きるのではなく、また誰にも起きるわけではありません。しかしたとえそうであっても、たくさんの人々がこのような経験をしており、それも1回だけではないのです。しかし、これは科学者たちにとっては存在しない領域の話なので、彼らとまともに議論することはできません」

「物質世界から直に地球に入った人はいるのでしょうか？　例のトンネルのことを言っているのではありません」

シエン博士はほとんど気づかないほどわずかに微笑みましたが、彼の答えはセザールのコメントに極めて近いものでした。

「そのような場合は非常にまれです。物質世界における地球内部への入口は、外部からの不要な侵入を防ぐため充分すぎるほどよく護られています。実際のところ、これらは、地球内部に至るエーテル界と物質世界の間の緩衝地帯のようなものなのです。適切な時期かつ適切な状況下でないと、そこから入ることはできません。たとえば、洞窟や山岳地帯に入っているとき、もしもそこが水上や空中のような広く開放された場所であれば、そのような経験をする人の大部分は何が起こっているのかが分かりません。驚愕のあまり、どんな現象が起きたのかを明確に理解できないのです。そのような人々のほとんどは地上に戻りますが、内部世界のどれかに留まる人たちもいます」

好奇心に駆られた私はシエン博士に聞きました。

「それは彼らの選択ですか？」

「いや、それはその人たちの運命なのです。しかし、選択の余地を残す場合もあります」

私は言いました。

「地上にあるこのような入口を通り抜けると意識を保ったまま精妙な世界の中に入り、地球内部に到達します」

「そうです。それは全く私が説明した通りですが、それは、旅する人がそれを可能にする意識レベルにあり、そのときに何が起きているかを理解できる場合に限られます」

それは直ちに納得できることでした。私はシエン博士との話を終えて退出し、自分の部屋に戻って休みました。この2日間は、自分の力量が試されて精神面および肉体面の努力を必要とする日々でした。それゆえ私は、もうすぐ始まる探検旅行のために心身の調子を整えたかったのです。すぐに眠りにつき、素晴らしい夢の世界に入りました。しかし、自分がまだ地球内部には入っていないことだけは自覚していました。

第3章

地下空洞第一都市トマシス

私はその夜の残りの時間を、シエン博士とセザールが説明してくれた地球の真の内部構造に思いを巡らしながら過ごしました。具体的に言うと、それには現代科学の理論と合致する点はほとんどありません。より広範でより効果的な考え方は、人類をより高いレベルの知識と業績へと駆り立ててくれるのですが、科学者たちの独断的態度と頑固さには侮《あなど》れないパワーがあるため、それが障害になっています。おそらくこの均衡状態は、無知と狭量な判断から脱却することによって、間もなく人生のより明るい面に傾くことでしょう。

第二のトンネルの驚異

セザールが翌日の正午ごろに到着しました。彼は私と一緒に、基地に残る人々に必要な指示と命令を与え、探検旅行の最終準備に取り掛かりました。セザールが「私たちが留守になるのは原則として数時間だけです」と言ったので私は驚き少々落胆しました。そんな短時間では地球内部の深いところまで行けないだろう、と思ったからです。

「以前の旅ではトンネルを通ってエジプトに行きましたが、この旅はそれと異なることがあなたにもわかるでしょう。この旅は別の方法で実施され、最初の段階ではトンネルの二次分岐線だけを通ります」

命令を与えるのに忙しかったためか、セザールは、さらに詳しいことは話しませんでした。どのように旅するのか、また、〝二次分岐線〟が何を意味するのかが分からなかったものの、私たちは、翌日の午前9時までにはホログラフィー投影室に到着していました。今回はヘリコプターでブセギ山脈の秘密の場所に移動しました。前夜私はよく眠りましたが、トンネル入口のコンソール盤の前に着いたとき、明らかな理由は何もなかったものの、突如深い感情の波が私に押し寄せてきて私を包み込みました。おそらく、地球の真の内部構造について私がそれまでに受け取った情報が具象化し、その結果として、潜在意識と自己中心的防衛反応が顕在化したのでしょう。間違いなくそれによる影響ではないかと思います。例え短時間であったとしても、この探検旅行が通常の意識の変容を意味することは明らかでした。そして、私の自己中心的思考や先入観――それは現代社会の中で生きることによって育まれ凝り固まっていたものですが――それを守るために私自身の潜在意識がこのように反応した可能性が非常に高いのです。それは私を止めようとしていました。

身体の振動周波数を上げエーテル界へ

何とかそれに対応した私は、セザールがコンソール盤に指示を与え始めたことに気づきました。光沢のあるスクリーン上に現れた図式は形や色が異なっており、私はそのどれも認識することができませんでした。数秒後、コンソール上に第二トンネルのホログラフィー映像が現れましたが、トンネルの経路はある地点までしか示されていませんでした。トンネルの入口を描いていた他のホログラフィーには馴染みがありましたが、それらとは異なり、このホログラフィーは長い距離にわたるトンネルの構造を示していたのです。エジプトに至るトンネルとの最初の大きな違いは、空間のゆがみが、12個の水晶の設置場所の直前ではなく、そこからある距離だけ離れたところに現れたことです。

すでに述べたように、トンネルは比較的滑らかな斜面を下降しています。入口から数十メートルの距離を進んだあたりに、円錐あるいはじょうご状のものが見えました。そして、それに続いてトンネルの直径よりも大きな立方体空間があり、その内部に奇妙な現象が現れたのです。まるである現実が他の現実によって相殺されるかのように画像が現れ、それらの共通部分はわずかに振動していました。そして、セザールが言っていた〝分岐〟に違いないと思われるものがあり、下向きの小さな傾斜角が付いていました。それとともに、トンネルの最初の部分と同じ方向に延びている2番目の分岐があり、この分岐点から短い距離のところに新たな空間のゆがみがあることを、ホログラフィーが示していました。それは垂直のゆがみですが、表面がわずかに波打っており、紫の色調のある紺青色でした。

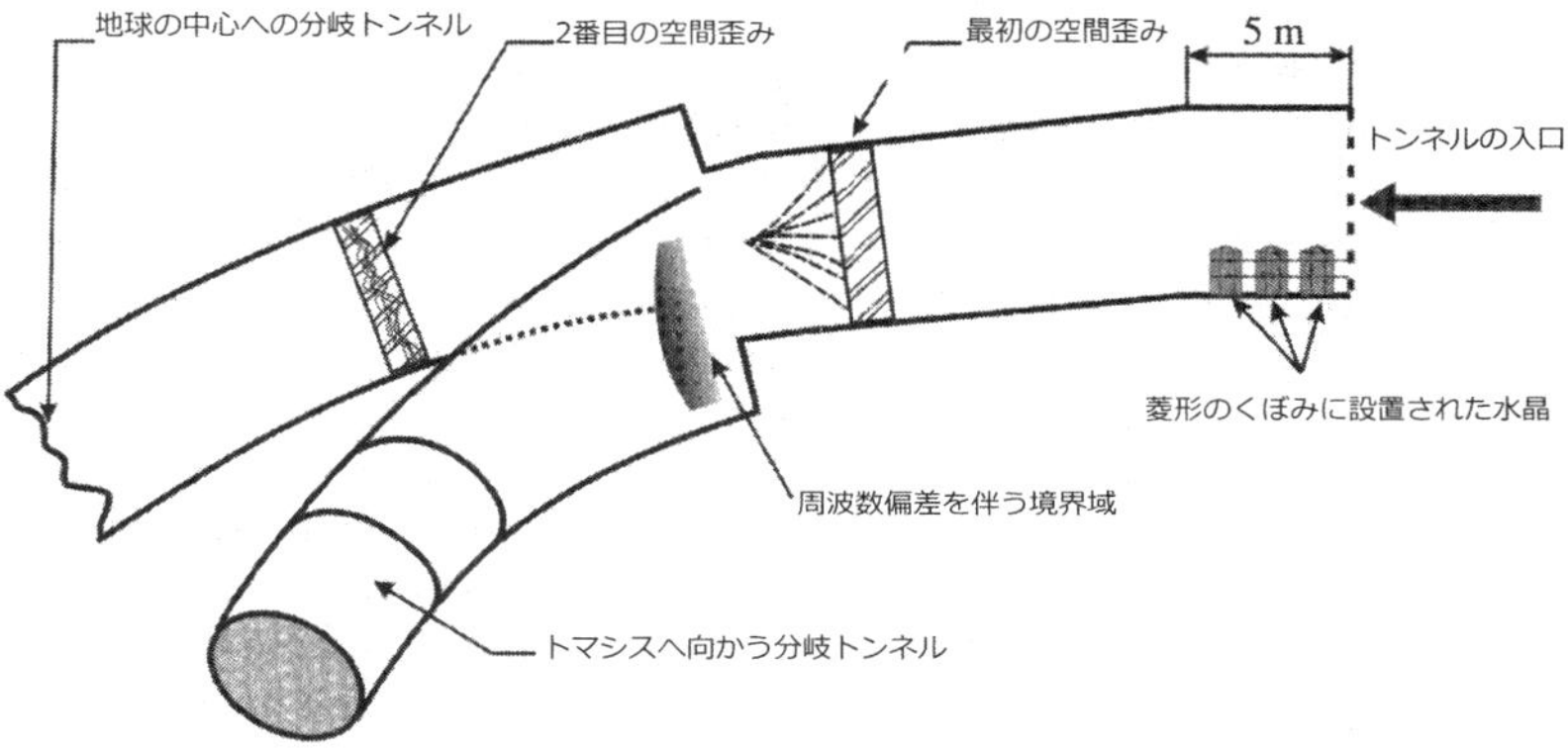

大きな立方形状と分岐のある第二トンネルの構造

空間ゆがみの目的は、精妙なエーテル界へのより速やかな参入を促進すること、すなわち地球の中心部に至る一種の〝近道〟を創ることではないかと思いました。

セザールは、下向きの小さな角度のある分岐に入るように私に指示しながら言いました。

「まず、地球内部のこの種の世界とその周波数に慣れることが大切です。そこには人が居住している世界が複数存在し、それらは各々特徴をもっています」

彼は私に、地球内部の区域に存在するトマシスと呼ばれる都市に行くことを告げました。情報・政治・行政・商業・軍などに関する異なるレベル・領域が関与するため、このような旅は、充分に確立されたプロトコル（手順）に基づかねばなりません。私にとってそれは、ブセギ山脈地下のトンネルを経由する二度目の調査旅行の始まりでしたが、セザールはすでに34回も行っていました。ゼロ局の記録保管所において、私は一般報告書を直接自分自身で文書化しました。それゆえ、すでにセザールがホログラフィー投影室を起点とする3つのトンネルを実質的にすべて探索調査していることを知っていたのです。

地球内部への旅の大半はルーマニア人・アメリカ人の混成チームで実施されましたが、とりわけ2010年以降は、セザール単独によるものでした。ゼロ局における私の新たな立場や過去数年間に入手した情報に基づき、この地球内でセザールが実施した27の特別なミッション（任務）の中身およびそれらが及ぼす影響を、私はある程度まで知ることができました。しかし、それらを明らかにすることはできません。それらには慎重に扱うべき事柄が含まれており、その詳細を開示することは全く許されていないのです。あるレベルまでの情報は、人々を正しく啓蒙《けいもう》するという名目で提供可能です。しかし、細心の注意を要する戦略的情報や進行中の計画を台無しにしかねない詳細事項を開示することはできません。

何度か議論を重ねた後、セザールと私は、私が提示する情報をバランスよく配置するために一連のパラメーターを設定しました。私が今書いている本は必ずしも諜報部が欲している情報を提供しません。彼らから暗黙の同意を得るためには、開示の中身を限定する必要があるのです。慎重に扱うべき事柄については、読者はその詳細が欠けていることに気づいたかもしれません。しかし私は、提示された内容を理解しやすくするために、それらをいくつかの図面で補足しようと試みました。しかし、現時点の世界では、超えられない、そして超えてはならない限界があります。情報の多くは国家機密ですが、少なくとも概念レベルでは一般知識の範疇に入ります。それは文字通りの意味では使えませんが、人々の精神構造や考え方を変化させ、より高い進化の達成に貢献します。

例えば、今日でさえ、これらのプロジェクトに関与している米国およびルーマニア軍当局者や秘密政府機関の高官の多くは、地球内部の真実やそこで起きている精妙な現象を正しく理解していません。彼らには信頼できる秘伝的知識が欠けており、それらの現象を、物理面の潜在的脅威あるいは管理・支配によって対処されるべき問題として取り扱う傾向をもっているため、地球内の現実に触れる際に実際に起きることを深く理解することができません。意思決定する人々に届けられる超極秘報告書の情報を正確に理解することに関連して、いまだに多くの不透明さや疑念があります。私はこの点に気づきました。

原因の一つは、軍の指導者や各省庁の長などに対する〝思考法の訓練〟が欠如していることであり、もう一つは、自由に使える先進テクノロジーや物質界に特有の行動様式を彼らが信頼し、過度にそれに依存するという傾向です。テクノロジーおよび割り当てられる巨額の資金は、状況がよく理解されていることを保証するわけではありませんし、地球内部の人々との交渉に際して正しい決定が下される、という保証でもないのです。これには数多くの説明・会合・議論・解明等が必要です。しかし、自分たちの周囲の状況に関わる情報は慎重に扱うべきものであるため、それを理解し吸収することは彼らにとって簡単ではありません。軍や情報機関における生活が極めて落ち着かないものであり実際の状況に即したものである、というのがその理由です。一般的に言って、軍の司令官と世界の指導者たちは、彼らが住む世界における思考形態と教育システムの形成に貢献する人々です。それゆえ、住み慣れて行動しやすい物質世界とは別の現実世界があるかもしれない、と考えることは、彼らにとって相当難しいことなのです。

国家からの干渉という問題もあります。低い振動周波数に特徴づけられる物質面の具体的な欲求・考え方・傾向には、新たな領土の獲得・人口抑制・エネルギー資源の自由裁量に基づく利用・政治軍事面の影響等が含まれますが、それらを精妙な高次元世界の現実と結びつけることは非常に困難です。この不和合性のため、世界の指導者たちは、地球内部に至ったときに起こる現象についてほとんど何も理解できません。それゆえ彼らは、地球内部に立ち入ることができないのです。言い換えると、彼らは油と水が混じり合わないことを理解していない、ということなのです。

ブセギ山脈地下の複合施設に関する米国・ルーマニア間の極めて特別な協定と３つのトンネル経由の探索調査によってなされた発見により、これらの問題のいくつかが解決され、さらにいくつかの類い稀な機会が生み出されました。しかし、疑い深い人々や魔術に傾倒した勢力は、独自の見解に基づいて状況を理解しているため、依然として情報の開示に対する厄介な障壁となっています。異なる文明の間のこのようなレベルの協力ということになると、意識に質的な飛躍があってはじめて問題が解決されます。世界の主だった指導者の間には、領土の分割や地政戦略的影響力を伴う古い考え方や行動様式がありますが、このような場合、それはやりにくいだけでなく全く役に立ちません。セザールとオバデラ将軍は、長い間これらの問題をそれとなく理解していました。

まさにこのような理由から、彼らは、ルーマニア・米国双方から生み出されている〝意思決定に関わる好戦的な考え方〟の変更を模索したのです。それは、オバデラ将軍の予期せぬ死により困難になったものの、セザールは決して諦めませんでした。不断の努力を重ねることにより、彼は、より高いレベルの意思決定機関、とりわけ軍事組織との間で、徐々に物事の一般的な理解や意図・目的の均衡を回復させ、それを何とか維持することに成功したのです。テクノロジーが時代遅れになったり、物事の特定の面の現実を理解できないとき、軍は基本的にそれらに恐怖を感じます。知ることや入手することができない情報があると、〝何か脅威を与えるものが存在するので敵対心を持ってそれに対処すべきである〟という間違った視点が生じるのです。実のところそれは、〝征服して力を獲得する〟という隠れた欲求を反映する本能的な安全要求のようなものです。この種の世界観と地球の内部世界の現実との間には、とてつもない違いがあります。

セザールがとりわけ外交の面において築いたこの点に関する複雑なつながりのみならず、重要な時期にシエン博士から与えられた個別的ではあるものの極めて効果的な助力についても、私はある程度知っていました。長い間私は、ラパ・サンディーという名前で知られている謎めいた東洋人は、一目見て感じるよりもはるかに込み入った任務を担っている、と思っていました。そして、たとえそのような状況が今日の世界の実情に照らして奇妙かつ不適切に思えたとしても、そのような人々は確かに存在し、善なる状況を維持するために、決定的に重要な時期には、自分たちの存在および影響力を明白に示します。

オバデラ将軍の死後、〝シエン博士の意図・目的は誠実さに欠ける〟という考えを誘発しようとした勢力が諜報部内に現れました。それが起きたとき、シエン博士のより詳しい身元が独自に知られていてある程度まで文書化されていた、ということを知り、私はとても驚きました。それまでは、シエン博士が実際にはラパ・サンディーであることを知っていたのはゼロ局だけである、と思い込んでいたのです。さらにエリノアの存在も知られていました。彼についてのファイルは諜報部の別の課が管轄しており、私はそのファイル全体に目を通したわけではありませんが、彼がスイスにいることを示すファイルがありました。それについての詳細は非常に込み入っており、それゆえ、それには立ち入りたくありません。しかし、彼がスイスにいるという情報は憶測に基づくものであり、正確ではありませんでした。あるレベルを超えると、諜報部内の情報にかかわるゲームには細心の注意を要します。通常この面の均衡は、軍の利害関係が生じるまで維持されますが、いったんそれが出てくると、その時点で議論がどちらか一方に傾きがちになります。

外交が高いレベルで行われるとき、ゲームにおける心理状態が高まります。そして、別の世界の代表との議論がなされる際は、感性が重要な役割を果たします。近年、これらの話し合いにいくつかの注目すべき局面がありました。そのさらなる進展には困難が伴いますが、現在前向きに進む傾向が見られます。セザールによると、現在の段階においては、意思決定権を持って指導的役割を担う人間を〝教育する〟という作業が必要のようです。しかしそれは、彼ら自身の意思と理解力に基づいてのみ行われることなのです。このような場合、根気と忍耐力の活用が最も妥当かつ適切である、ということになります。

これらの非常に込み入った議論がちょっとだけ途切れたため、セザールはそれを巧みに利用し、私がより高いレベルの情報を入手できるようにしてくれました。そのため私は、地球内部に関わる非常に重要なことを知ることができる立場になったのです。そして今、そのような異世界への最初の旅の直前に、私は彼と一緒にいるのです。正直なところ、すべてがもっと壮大で目を見張らせるものだろう、と思っていたのですが、今の状況があまりにも普通で飾り気がないため、私は少しばかり気落ちしてしまいました。私を落ち着かせて、無理なく手元の作業に取り組めるようにするため、セザールはとても自然に振る舞っていました。

後ほど知ることになるでしょうが、このような探検旅行や会議においては、感性に基づく行動が非常に重要になります。第一のトンネルを経由する探索調査では、物体のみが存在する場所に行きました。しかし、複雑なエネルギー相互作用や結び付きが関わる場所への探検は、それとは全く別の旅です。地球内部に進むにしたがって、物質界のエネルギー周波数がエーテル界の精妙なエネルギーと一体化します。そのゆえ、そこに行く人間のエネルギーを調和させることが非常に重要であり、それには感情を安定させることが必要です。このような理由からセザールは、地球内部への旅の期間を短くしたのです。おそらくそれは、私の潜在意識が圧倒されないようにすること、および、他の望ましからざる感情が発現しないようにするため、と思われます。

私たちは二人とも第二のトンネルの入り口にいて、拡散した緑色の光に包まれていました。私には中身が分かりませんでしたが、セザールは外交用の革製バッグを取りつつ、興味津々の眼差しで私を見つめました。深く呼吸して首を縦に振り、私は準備ができている旨を彼に伝えました。そこに駐車していた特殊車両に向かおうとしたとき、セザールが言いました。

「今回の旅にはそれらは必要ありません。目的地までの道のりは、あなたが思うよりも短いのです」

私が驚いたのを見て彼は愉快そうでした。事実、私は地球の真ん中まで歩いて行くとは思っていなかったのです。

「この分岐トンネルの場合、状況はより単純です。最初の空間ゆがみの後、移動する距離は長くありません」

少しばかり躊躇《ちゅうちょ》しながらトンネルに入ると、突然、周囲がほぼ完全に防音状態になったことに気づきました。耳はイヤホンで覆われているようであり、自分の心臓の鼓動が聞こえました。私たちは二人とも、離散的な光の中で神秘的に輝く水晶柱の脇を、静かにそして素早く通りすぎました。歩いている途中、何かドアのようなものがあるような感じがしました。邪魔にはならなかったものの、それにより私は少しばかりの不安を感じました。下を見ると、地面を覆っている素材はしっかりしていて滑らかで、つやつやしていることがわかりました。遮音の状態は水晶柱の区域を通過した直後に消え始めました。トンネルは私たちの目前で滑らかに下りになりましたが、40ｍほど進んだ後、全く理解できないものが見えました。トンネルそれ自体が相殺あるいは二重になっているようだったのですが、その区域は、あたかもぼやけた画像であるかのように不明瞭でした。

興味をそそられた私は、一刻も早くその区域に行き着こうとして、セザールの少し前を急いで歩きました。通路から1ｍほど離れたところで立ち止まり、理解不可能な現実を見つめました。まるで藍色の光のネオン管を見ているかのようでした。その輪郭ははっきりと見えませんでしたが、空間を区切るスクリーンのような垂直面でのみ、意図した効果が見られることがわかりました。その垂直面の〝向こう側〟を見ると、立方体の向こうの分岐部に、一種の控え室のような、トンネルの径よりも大きな立方体形状の空間が見えました。その立方体の奥行きは約10ｍでした。私が驚いたのは、〝二重の区域〟を過ぎると、輪郭が再び明瞭になったという事実でした。セザールが笑顔で言いました。

「あなたがしなければならないのは先に進むことだけです。この区域は、いかにしてテクノロジーが現実に取って代わり、その進展を速めているかを示す具体例なのです」

移行区域が何とか物質界を〝変化〟させてエーテル界への抜け道を創ったことが分かりました。私は〝二重区域〟を通過する前にほんの少しだけ震えていました。私はこの事実を認めねばなりません。しかし実際は、そこを通過したときにめまいを覚えただけだったのです。その先も地面は頑丈でしたが、地球表面のものとは異なっていました。さらに磨きをかけられていた、と言ってもよいでしょう。説明するのは難しいですが、物質は一貫して密度が低くなっているという印象でした。セザールが説明しました。

「これを建造した人々は非常に先進的なテクノロジーを使うことができ、さらに宇宙についても深遠な知識を持っていました。ホログラフィー投影室とトンネルは、彼らが残してくれたある種の遺産です。トンネル経由の旅を容易にするために、彼らは、振動周波数を増加させるいくつかの空間ゆがみを創成しました。最初の空間ゆがみは全体的なもので、三つのトンネルすべてに存在し、旅する人の身体の振動周波数を上げて地球内部の旅に備えさせます。あなたが通過したばかりのものは、あなた自身をエーテル界の振動周波数に近づけ、ジャンプのようなもので次元間を飛び越えさせるのです」

それは興味をそそる言い方でした。

「ジャンプ！　どんな種類のジャンプですか？」

セザールが言いました。

「ポケットから鍵を取り出して〝二重区域〟経由で投げ返してください」

私は鍵をトンネルの入り口付近に投げ戻しましたが、それらが垂直スクリーンの表面を通過するとすぐに消失したことに驚きました。

「それらは私たちが戻り次第トンネル内で見つかりますが、ここからは見えません。トンネル内の空間は、見たところ相対的に連続しているようですが、実際にはかなり大きく空間を飛び越えているのです」

このトンネルを通るのに必ずしも電気自動車が必要ではない理由が分かってきました。しかし、私の右側にある神秘的な空間ゆがみに目を向けると、それは藍色と紫の不連続体によって遮断されていることが分かりました。その不連続体は、いくつかの箇所で目まぐるしく動く短い波によって交差しているように見えたのです。セザールが言いました。

「あれは私たちが次に行くところです。さらに特別なトンネルで、地球の中心に直接至っています。しかし、まずあなたは、この分岐トンネルを通してあなた自身を調整し、それに備えねばなりません」

私たち二人は、ゆっくりと下っていく左側の通路に入りました。トンネルはどんどん暗く狭くなっていくようでしたが、20mほど進むと、壁に明るい黄色の反射光が見えました。黄色が濃くなるにつれて、トンネル内の光はより強くなり、私たちの目の前で輝いているかのように見えました。私は躊躇して再び立ち止まりました。すると、セザールは私を促して前に進ませ、私たちが〝最初の停留所〟に到着したことを告げました。私は率直に言いました。

「私たちは探索の旅に出たばかりです。道程が短すぎるように思います！」

「あなたは、自分が熟知している物理法則について考えているようですね。現実には、私たちは次元間を飛び越えています。今度は2番目のジャンプをします。エーテル界での物事や現象は、物質界における事象と同じ特性を持ってはいません。この点を覚えておくことが重要です」

わずかなためらいがあったのですが、それさえも忘れ、私は明るい光の前で叫びました。

「つまり、シエン博士が正しかったわけですね！　地球内部では、精妙な次元世界に入ることさえもできます！」

これは私にとって驚くほどまれな瞬間だったため、セザールも思わず笑い声をあげました。

彼は私に聞きました。

「あなたはシエン博士を疑っていたのですか？　私たちのエーテル界への移行は、厚さのあるマントルと地殻を通って進むのではなく、それを非常に効率的にするためにより実用的な目的を持つことなのです。これがこの場合の真実です。この分岐トンネルと一続きの空間ゆがみは、極めて精密に設計・計画されています。これらが発見されたとき、それらの先に一体何があるのか、正確には分かりませんでした。しかし今あなたは、そこにあるものが何であるかを自分自身に納得させることができます」

そう言って、彼は私の肩に腕を回しました。そして私たち二人は、分岐トンネル入り口のまばゆいばかりに強烈な光を通り抜けて、出口が地表に存在しない通路に入って行きました。

賢者ドゥリン

2本の通路の交差点は緩やかであり、周囲の光は目がくらむほどではありませんでした。私は反対側に足を踏み入れたとき、私は何か馴染みのある場所に戻ったように感じました。私たちは半球形状の大きな部屋にいましたが、そこは天井が高く輪郭のはっきりした洞窟に似ていました。部屋の長さは30~35mと思われました。振り返ると、もはや強烈な光はなく、表面がやや明るくて金属反射のある楕円形の輪郭だけが見えました。部屋に戻ると、中背の男が二人、私たちに向かって歩いて来るのが見えました。彼らの肌は薄いオリーブ色で、黒い髪をしていました。そのうちの一人が手の平を前に向けて手を挙げ、私たちがその場所に留まるように合図をしました。彼は右のこめかみに取り付けられた小さな長方形の装置を介して、誰かの声を注意深く聞いているようでした。それを通して様々な伝達と指令がなされているように思われました。その男は、何らかの命令を説明つきで受けたようでした。彼が短い返事をした後、二人は揃って私たちの前に立ち止まり、私たちに待つように合図をしました。

気楽に待ちながら、セザールと私は約30分間そこに留まりました。私はこの機会を利用して、その場所をさらによく調べることにしました。それは人工的に広げられた天然の洞窟のように見えました。山の一部である岩壁はある程度研磨されてつや出しされていたものの、改造された痕《あと》がまだ残っていました。他の部分の岩は磨かれておらず、完全に滑らかではありませんでした。私たちは貯蔵庫としても機能する通路にいるように思われました。後ろには、いくつかの非常に大きな木箱や他の種類の箱が上下に積まれていました。包みのようなものもありましたが、それらが一体何なのかは分かりませんでしたし、乗り物等もありませんでした。

その場所には飾り気がなく、どちらかというと質素な外観を呈していました。実のところ、それが軍事的な場所であるという印象が、二人の男性の制服によって醸し出されていたのです。さらに加えて、三人の男が同じ種類の制服を着て部屋の中を動き回り、異なる動作をしているのに気づきました。やや軍事的な様式は、とりわけ足首周りに二重の革紐のある長靴に見受けられました。彼らの服は私たちの世界の軍服のように複雑ではなく、暗褐色縞模様のあるベージュ色の軽い素材からできているようでした。私たちの目前にいる二人の男は黒帯を着用し、胸のあたりにいくつかのポケットが付いたチュニック(注)を着ていました。

その部屋の中、あるいはそこにあった装備の中にも、武器のようなものは見当たりませんでした。また、そこには、一群の木枠つきの箱が上下に積み重ねられていました。私はこれがこの世界の通常のやり方であるかどうかをセザールに尋ねました。すると、彼が答える前に、もう一人別の人物が近づいて来るのに気づきました。私たちの前にいる二人の兵士よりも背が高く、灰白色のコートに似た服を着ており、腰のあたりにベルトが付いていました。その男の威厳ある態度と彼の服の際立った特徴から、つい私は、彼が修道士、おそらくその場所の霊性面の指導者、あるいはその地域社会の聖職者階層に属する人物である、と考えてしまったのです。

しかし、実際に彼を見て、彼が数日前に数秒間だけ、ホログラフィー投影室の制御盤の画像として現れた人物であることを認識しました。私はすでにセザールから、彼の名前がドゥリンであることを聞いていました。私は彼の着ている式服がフード(頭巾)付きであることに気づきましたが、それは彼の頭の上にはありませんでした。彼の髪は白みがかっ

注：筒型のゆったりした長めのブラウスなど、古代ローマのチュニックを連想させる衣服を指す。軍服としてのチュニックは詰襟で裾がフラットな腰丈の上着を指す。

た金髪で、私たちの前にいる他の二人の男性よりも長く伸びていました。50歳以下に見えるこの人物の目は黒く、肌は白色でしたが、それは淡い白ではなくむしろ輝いていて、つややかでさえありました。

彼が近づいて来ると私は、彼自身が醸し出す優しさと叡知の雰囲気に突如共感を覚えました。私が驚いたのはこれらの資質ではなく、むしろそれらが極めて明確かつ直接的な方法で知覚されたことです。それは地上の世界で使われるやり方よりもずっと容易な方法です。私たちの前に来ると、彼は歓迎のしるしとしてセザールに軽くお辞儀をしました。そして私の方を向いて、あたかも私の心の内の質問に答えるかのように私に話しかけました。

「あなたのすべての感覚や力量はこの世界でいくらか増幅されます。ここでの物質の振動周波数は、地球表面の物質の振動周波数よりもわずかながら高くなっています。依然として物質ではありますが、より精緻化されており、あなた方が『エーテル界』と呼ぶ世界の周波数に非常に近く、密度が低いため、様々の作用や働きがより容易になされるのです」

私は、自分が知らない言語を彼が話すのを見ていました。そして聞いていました。それは部分的に古代ギリシャ語とラテン語に近く、それゆえいくらか馴染みがあるように思えました。私が最も驚いたのは、その言語を知らなくても彼の言っていることを完全に理解することができた、という事実です。彼は言葉の意味をテレパシー的に私に伝えたのですが、私のために便宜を図り、外交的な体裁を保つという目的で、話し言葉をも使ったのです。とはいえ、彼がテレパシーだけで意思疎通ができることを私は理解していました。彼がまだ自己紹介をしていないと反射的に思ったところ、即刻彼はそれに答えました。

「あなたはすでに私の名前を知っています」

彼は非常に直接的な方法を取るタイプの人間でした。そして私は、支配的ではないものの、穏やかでたゆまぬ堅固さを生み出す並外れた意志力が彼に内在しているのを感じ取りました。ドゥリンは手を使う仕草で、部屋の左側の壁にあるプラットフォームのようなものを指さしましたが、そこにはガラスのように見える構造物がありました。

次元間エレベーター

プラットフォームに向かって進んでいるとき、私にはある種の精神的混乱がありました。私は彼が使った言語については何も知らなかったのですが、それにもかかわらず私は彼の言葉の意味を理解したのです。どのようにしてそれが可能になったのか――この点が分かりませんでした。これについてドゥリンにその説明を求める準備をしていたところ、彼は〝私をびっくりさせる贈り物〟をまだ全部使い尽くしていないことを私に気づかせました。

なぜなら、即刻彼は、ほとんど訛《なま》りなしでルーマニア語を話したからです。

「分かりました。これからは、あなたの言語で直接コミュニケーションをとります。私たちはその言葉を知っていますし、ある意味で、それは私たちを象徴しているのです」

ちょうど傾斜台の端に着いて、その上にあるプラットフォームに上ったとき、私はまさに彼の話に応えようとしていました。しかし私の注意は、壁が透明なキャビン（小屋）のようなものに向けられました。明らかにそれは岩に埋め込まれていました。それはかなり大きなエレベーターのように見え、半円のような丸い入り口がありました。私たちがドアの前に立つと、それは滑るように開きました。セザールと私がその中に入ると、ドゥリンと二人の兵士が続いて入りました。キャビンの幅は約２・５ｍ、奥行は約２ｍで、かなりの広さがありました。私はすぐに気づきました。それはガラスではなく完全に透明で耐久性のある素材からできていたのです。


コントロールパネル、ボタン等、ドアを駆動する装置は何も見受けられませんでしたが、ドアは自動的に閉じました。その数秒後に、エレベーターは比較的遅い速度で降下し始めました。しかし、その後、通過している区域の詳細を識別できなくなるぐらいに速度が増加したのです。キャビンの外は、様々な色の層のフィルムが高速で動いているような光景でした。明らかな高速移動によって生み出されたわずかなざわめき、あるいはつぶやきのようなもの、それだけが唯一感じられた騒音でしたが、そのような高速移動にありがちな強い加速は、全く感じられなかったのです。

いくつかの質問が自然発生的に私の頭に浮かびました。まず、地球に入り込んでいるように思われるこのエレベーターは一体どんな種類なのか？　このエレベーターが下降・上昇できる深いシャフトが地球内部に存在するのか？　それはどのくらい深いのか？　このシャフトはどのようにして掘削されたのか？　摩擦なしでエレベーターをこのように高速移動させるテクノロジーは、一体どのようなものなのか？　そのエネルギー源は何なのか？　エレベーターは、シャフトの中でどのように支えられ保持されているのか？

このような一連の質問を頭に浮かべながら、私はキャビンの透明な壁を通して外の光景を興味深く見ていました。岩石からなる地層が高速で順番に移動しているのを見ました。溶岩流を2回通りすぎたとき、わずかに温度が上がったようでしたが、むしろ心地よい感じでした。確かに、エレベーターが溶岩層に触れずに通過できるということは、後でなされるはずの議論において、ぜひとも理解したい別の話題です。私は溶岩からの輻射の効果を本当に楽しみました。おそらくそれは、そのような高速で通過する際に特別輝きを増した強烈なオレンジ色のためだったと思われます。溶岩層が発する熱は、ラジエーター、ストーブ、あるいは通常の火からの熱とは違っていました。理由は分かりません。すでに述べたように、溶岩の層と交差した状況が二つありました。交差は各々わずか数秒でしたが、それらは私に深い感銘を与えました。エレベーターでの移動はほぼ30秒間でした。わずかに目が眩《くら》んだように思いましたが、すぐにエレベーターが減速するのを感じました。それは非常に短い時間であり、不快な感じは何もありませんでした。降下の最後の部分は１・５ｍ以下の距離でしたが、停止する直前、私たちの世界のエレベーターと同じぐらい遅い速度でエレベーターが動いていたように思います。

その後、ドアが滑るように左側に開き、私たちはキャビンから外に出ました。一瞬、驚きと喜びで心臓が止まりそうになりました。私たちは山の中腹の高原におり、広い谷が私たちの眼前に広がっていたのです。その谷には、遠くに見える穏やかな海の岸辺まで延びている都市がありました。見ている光景の素晴らしさだけではありません。それが地球内部にあることを私たちが知っていた、という事実に、私は深い感慨を覚えたのです。

想像を超える地下空洞とその特殊性

私は、この世界で見たり感じたりしていることを地球表面の大自然に関連づけたかったのですが、奇妙に見える一連の非常にたくさんの要素が、それと同じほどありました。さらに、この環境の振動面の特質を含め、一般的に物事が違っているという紛れもない感覚がありました。表面的には、私が見ている光景はごく普通でしたが、それでも、それらはすべて独特の何かに包まれているように思われたのです。また、高度に進化したきれいな生態系を見ているという印象もありました。

エレベーターを降りたとき、私たちは岩壁の延長であるプラットフォームの上にいました。私たちが見ていたものは人間が設計した景観でしたが、人工的な材料は見当たりませんでした。たとえば、土壌は砂と細かい小石の混合物だったのです。そして、エレベーター入り口の岩だらけの側面はわずかに弧を描いていました。岩は磨かれていませんでしたが、注意深く切り分けられているようでした。目の前に開けた谷間には、人の住む都市が左右に広がっていました。見上げると、曇りながらも、赤みがかった黄色の落ち着いた光で輝く空が見えました。光はそれほど明るくもなく、強くもありませんでした。

遠くの地平線近くの空が、とりわけ横方向に、分かりにくく説明しにくい形に曲がっているように見えました。海がどこで終わり、奇妙な大気の層がどこから始まっているのか、はっきりとは分かりませんでした。風景全体がどういうわけか遠くのどこかで〝閉じている〟という感覚を生み出していたのです。たとえば、岩山には地平線に向かって閉じる傾向があり、それが曲線を形作っているのが見えました。私はすでに、これは地球内部の空

地球内部の都市“トマシス”全体の景観

洞としてはそれほど大きくない、という印象を持っていました、そして私はやや失望し、これが地球の中心に存在する空洞の内部であるかどうかを疑問に思い始めていたのです。

ドゥリンが私の方を向くのが見えました。そのとき私は初めて、彼が気品ある顔に微笑を浮かべているのに気づきました。以前と同様に、それらの観察や印象は私の心の中にだけあったのですが、それにもかかわらず、ドゥリンは私に大きな声で答えました。

「いいえ、これは地球の中心にある空洞の内部ではありません。あなたはおそらく最後にはそこに行き着くことでしょう。そしてそれは特別な旅になるでしょう。ここに見えるのは、地球の密で硬い地層の中の大きな空間です。あなたは地球内部のこの層をマントルと呼んでいますが、あなた方の科学はその構造も機能も理解していません。ご覧のとおり、生命がここで発展するのに何も問題はありません。あなたはまだ、より高い次元を経験していませんが、ここは精妙な顕現の世界ではないのです。依然としてあなたは物質世界にいるのですが、それは地上の世界よりも高められており、その振動周波数は、あなたがエーテル界と呼ぶ世界の周波数に非常に近くなっています」

私はあえて彼に尋ねました。

「マントル内のこの種の空洞は他にもありますか？」

「もちろん、それらのいくつかはこれよりもさらに広大です。それらの多くは居住されていて、それらなりの特殊性を持っています。この世界特有の状況に馴染めば、他の世界のことがさらによく分かるでしょう」

セザールは黙って見つめていて、私とドゥリンの会話には加わりませんでした。そして二人の兵士はうやうやしく待機していました。ドゥリンの話し方から、私がここに来ることが事前に協議されていた、ということが分かりました。私が惑星内部の謎を少しずつ解明できるように、セザールがこのような会合への協力を呼びかけてくれたのです。その過程でドゥリンがガイドの役割を引き受けてくれました。十中八九セザールには将来の計画があると思われますが、彼はまだそれを明らかにしませんでした。

私の観点から言えば、私がゼロ局で積んだ他の素晴らしい経験と同様に、今回私に格別のチャンスが与えられたこと——私にできることは、それに深く感謝することだけです。可能な限り現実に近い〝夢〟の感動を経験していた、と言っても大げさではありません。そして、この場合、感動や感覚が、経験の種類やそれにかかわる要素によって著しく増幅されました。とりわけ私は〝一つの次元から別の次元への移行の繰り返し〟および〝空間ゆがみの通り抜け〟に言及しています。通常の意識やその振動の度合いが、それらによって影響される可能性があります。適切な訓練がなく、各々の周波数を熟知していない場合、このような空間ゆがみの通り抜けは、最初の段階で一種の〝快いめまい〟あるいは〝ちょっとした高揚感〟さえも引き起こす可能性があります。思考が乱れがちになり、論理的なつながりが失われる傾向が出ます。しかし、個々のシステムが、新たな要求を受け入れるためにそれ自体を何とか規定値に戻せば、この状態は終わります。手早く学び、充分に意識のレベルを上げれば、容易かつ速やかに正常状態に戻るのです。

そこで私は、新たな現実に対処するためにドゥリンが手配してくれた短い休息を活用することにしました。多くの疑問や質問を抱えていたのですが、時間に余裕がないと直感的に感じたため、それらを整理してまとめることにしたのです。このような探索の旅は、休日における滞在や山でくつろぎながら過ごす週末とは異なります。とりわけ私は二つの要素に好奇心をそそられました。一つは上にある〝空〟であり、もう一つは地上の植生です。たとえば、太陽は見えず、大気は空を覆う比較的厚い〝明るい雲〟からなっていました。光は均一で、空にある〝何か〟から来ているのではなく、ぎっしり詰まった雲の塊に均等に分布しており、わずかにオレンジの色調を与えていました。それは、専用の強力な光源からの放射とは対照的であり、晴れやかな光の拡散のようなものでした。

実際、よく見てみると、〝雲〟という言葉はやや不適切であることに気づきました。私が空に見たのは、特定の高さにある霧の塊が拡散し均一に照らされて生じる連続した〝もや〟のようなものでした。それでも、その霧の密集体は静止しておらず、特定の大気の流れによって目に見えるほどに活動していて、弱い反射光を伴って外側に移動している〝編隊〟さえも見ることができたのです。雲のような霧がかかっているという印象であり、私たちの大気の中の異なる高さに異なった層の〝雲〟があるように、その背後には、空気の流れの影響を受けて動いている〝雲〟の群れがありました。

私の注意を最初に引いたものの一つは、空洞内の光が全般的に低強度なため、私たちのいる時間帯が日没あるいは日の出の直後であるように感じたことです。私はその明るさの性質を、私たちの太陽が曇りの日に昇ってから1時間ほど後に発する光と関連づけ、比較的強度の低い光であると考えました。私を驚かせた2番目の要素は植生でした。それは左

トマシスで最もよく見受けられる植物

右の山のあたりには見当たりませんでした。そこにあるのは生物的要素のない崖と岩だけだったのです。大気は比較的湿っていましたが、そよ風のような風もいくらかあることに気づきました。たとえ植物相や動物相が地表で見られるものと違っていたとしても、この空洞内の温度は亜熱帯地域に対応している、と推定することができました。

どういうわけか、地球内部のこの空洞の生態系は、与えられた条件の下で最も有利な適合性を確保していたのです。植生は下の谷から始まり都市にまで延びていましたが、その中にも広がっていました。すぐに私は、植物の色が緑色あるいは茶色がかった緑色であることに気づきました。影のある光と相まって、色はくすんでいて輝きがないように見えましたが、これは植物や大気に活気がないことを意味しません。その空洞のすべての微細孔から生命エネルギーが発せられており、私はそれを清浄で純粋かつ理解しがたいエネルギーとして感じました。

しかし、植生の色は私たちの世界ほど鮮やかではなく、その点ではあまり微妙な差異が見られなかったのです。海水でさえ濃い色をしていました。それは青ではなく濃い青緑色であり、水平線近くの遠い海では灰色でした。植生は繁茂しておらず、高さもありませんでした。むしろジュニパー（セイヨウネズ）のように並外れて小さかった、と言えます。最も高い木でさえも低木のようでした。また私は、植物がより水平方向に発達し、アロエの葉のような強い繊維を持つ大きくて広い多肉質の葉を持っていることに気づきました。おそらくその特殊性として、光合成を行うためにできるだけ多くの光を吸収することが必要であり、したがって葉にはより広い表面が必要なのです。

それらの植物、低木、花、そしてそこにある生態系全体が、本質的には単純な力でありながら純粋なある種の〝生命のパワー〟を生み出していました。時間が経つにつれて、地上でこれまでに感じたことのない有益なエネルギーが私の存在すべてに注入されていることを、私はますますはっきりと感じました。おそらくこの現象は、私の霊性面およびエネルギー面の構造を調和させるのに大きく貢献したと思います。なぜなら、私は自分の人生に対し強い確信を得ると同時に、この世界についての知識に焦点を当て、それを習得することができたからです。たとえ内なる高揚感を感じたとしても、おそらくそれはここの環境のもつ豊富な生命エネルギーに起因すると思われます。

私は、ありのままに自分の状態が制御され、この大いなるエネルギーが私の内で意識的に配分されていることに気づきました。それでもなお、私の良好な心的状態は効果的に保持されて導かれ、私の能力すべてがそれから恩恵を受けました。この一連の過程がドゥリンによって制御され指示されているかどうかはわからなかったものの、私としては〝それはこの場所の特殊性であり、この空間に特有のものである〟と考えました。

目立った特徴がいくつかありました。その一つは動物がいないことでしたが、中型の鳥が低高度で飛んでいるのは見ることができました。この世界に豊かで充実した動物相（動物群）が存在するかどうかは分かりませんでしたが、たとえあったとしても、それはわずかだったと思います。この世界の人々の生活と植生の特異性から考えると、何はともあれ、地球内部のこの空洞においては、動物種の繁殖は抑えられてしまったようです。

さまざまの疑問に対する答えを何としても見つけたかったのですが、まずはこの世界全体の光源、すなわち低高度の空全域にわたる均一な光の源が一体何であるかを知りたいと思いました。それは最初から私に強烈な印象を与えたものの一つだったのです。私の推定では、形成された霧は典型的な嵐雲の高さ（２００〜３００ｍ以下）にありました。ドゥリンが説明しました。

「地上で光を放つ太陽は私たちの空にはありません。ここでの光は、この空洞の上に存在する大規模な溶岩層からの強力な輻射《ふくしゃ》に由来します。温度と光の放射は岩石を通して伝達され、物質世界に属さない生きたエネルギーとフォース（力）によってその均衡が保たれます。光は隔絶された光源に由来しないため、雲の密集体を通して均一に拡散します。一連の岩石層を通って来る強力な溶岩輻射とイオン化した大気中の粒子の間で特別な相互作用がなされ、たそがれ時のような光が創り出されます」

ドゥリンの説明の仕方が非常に明瞭・簡潔・直接的かつ正確であることに気づき、私は思わず微笑みを漏らしました。彼の知力はまさに卓越しています。それでも私は、このような考えに固執したくはありませんでした。言葉で話す話さないにかかわらず、彼が問題なくそれらの点を理解できることが充分すぎるぐらいによく分かっていたからです。次の質問をするべく準備していたとき、とても興味深いことに気づきました。

地下にも空がある！　トマシス上空の飛行

私たちの前には、小さなプラットフォームのような四つの物体が空中に浮かんでいました。最初に私の注意を引いたのはそれらの色でした。それらは空洞内において唯一輝いていた物体のように思われたのです。誰が呼び出したのか、どのように誘導されたのかは分かりませんが、それらが市街から浮かび出てきて、私たちの方に向かって飛んできました。私にはそれが、特別なエレベーター経由で到着して都市に向かう人々を迎える、ごく普通のプロトコル（手順）のように思われました。しかし、私が見たものは、地上世界のテクノロジーをはるかに凌駕するレベルのものだったのです。この世界の人々は、反重力の秘密を習得し、そのテクノロジーに基づいて機能する装置をすでに実用化しているようでした。

すぐ目の前にその飛行物体がやって来て静止したとき、私はそれらをよく観察することができました。地上わずか５㎝ほどの高さに浮かんでいて、エジプト・ギザ平原地下の神秘の部屋で見た反重力飛行ボードに非常によく似ていましたが、それよりも幾分小さく、楕円形で、長径約１・５ｍ、短径約１ｍでした。可動部品あるいは付属品はまったく見受けられませんでした。

しかし、神秘の部屋で見た飛行ボードと違う点もありました。最も明白な違いは使われている材料でした。それが非常に特別だったのです。金属のように見えましたが、透明のような印象でした。それはその興味深い色に起因していることに気づきました。黄金色と銀色っぽい黄色の組み合わせでしたが、黄金色自体も赤みがかった色合いだったのです。

その素材と色の特異性により、あたかも視界が金属の最初の層の中に入り込んだため奇妙な視覚効果が生み出されたかのようでした。しかし実際には、そのようなことは起こり得ません。それは、その材料の特性によって引き起こされた目の錯覚のようなものだったのです。

私がすぐ横の飛行ボードに乗ると、ドゥリンは私の後ろの飛行ボードに、セザールと二人の兵士はそれぞれ別々の飛行ボードに乗りました。おそらくドゥリンは、最初の反重力装置による飛行が、私にとって問題ないことを確認したかったのでしょう。ここで告白しますが、私はそれに乗る前の最初の数秒間、少しだけ自分の気持ちを抑えていたのです。しかし、すぐに気づきました。その飛行ボードは非常に安定していて、さらに、安全性を感じさせるのに充分なスペースがあったのです。最悪の場合はバランスを保ち安全を確保するためにその上に座ることになる、と思っていましたが、その方法に頼る必要がないことが分かりました。

私たち全員が反重力飛行ボードに乗ると、即刻それらは静かに動き始め、空中を飛んで行きました。多分その速度は時速約30~40㎞だったと思います。一度その自由飛行の感覚を体験したら、あなたはそれを決して忘れることはできないでしょう。それは、自由で開放的かつ安らぎの気持ちであり、幸福感さえもあったのです。私は都市全体の上空をこれに乗って飛行できたらいいなあ、と思いました。すると、すぐにドゥリンから返事があったことが分かりました。それはテレパシーで送られてきたのですが、彼は、今回それはできないことを知らせてくれたのです。

私たちは地上30ｍぐらいの上空を10分ほど飛行しました。バランスの崩れやめまいは感じませんでしたし、その速度では空気の流れはまったく気になりませんでした。おそらく、ドゥリンが一緒だったことが助けになったのでしょう。もしかすると、反重力飛行ボードの材料にも精神を安定させる何らかの特性があるのかもしれません。私のすべてが大いなる喜びと前向きかつ積極的な感情で満たされ、親愛の情およびそれを他の人々と分かち合いたいという気持ちが増幅されたことは確かです。近づいてくる街並みを高所から眺めていると、市が開かれる大きな広場、街を行き交う人々、等が目に留まりました。トマシスは大都市ではなく、最も高い建物でも２階までしかなかったのです。形が違うものの、広場や公園がたくさんありました。主たる色は白または白が混ざったベージュあるいは灰色でした。微妙な差異のある青も一部の建物に使用されていました。一般的に言って、けばけばしい色や目立つ色は見受けられませんでした。

いくつかのギリシャの島々で見られる建造物と似た点、すなわち単純な直線形状の白い家との類似性がありました。しかし、それらの配置の仕方、それらが醸し出す雰囲気と形により、このコミュニティ（地域社会）が、安定性・信頼・穏やかな感謝の気持ちに立脚した調和の状態を伝えるある種の情報の波を生み出している、と感じました。

古代ダキア人を祖とするトマシスの歴史

この都市の〝鼓動〟をこのように感じ、理解しつつあったとき、これまでなかった考えが頭に浮かびました。このコミュニティが何を意味していて、ここの人々がどのようにして地球内部のこの場所に住むようになったのか、この点についてあれこれ思いを巡らしていたのです。脱出あるいは必死の探索を行うときのように、人々が列になり、火のついた松明を掲げながらさまざまに彩られた地殻を通り抜けて、地球内部を進んでいく光景を思い浮かべていました。すると、ドゥリンからの返事によって私の思考が中断されました。

「それは難しすぎてできなかったと思います。地球の皮に相当する地殻を、無限に続く地下鉄のトンネルのように通り抜けて進むことはできません。これまであなたが利用しているような近道から、私たちも恩恵を受けてきました。私たちは何千年もの間この場所に居住しており、古代に遡《さかのぼ》る豊かな歴史を持っています。そのすべては記録されています。もしも私たちの記録保管所にある文書を見れば、あなた方の歴史家や科学者はびっくりすることでしょう」

　私は少しばかり驚いて尋ねました。

「しかし、なぜここがルーマニアに関係しているのですか？」

　そのときまで私は、彼らの移住を第一トンネル経由のエジプトへの探索に関連づけ、この都市が無作為に選ばれた地球内部の場所ではないか、というような漠然とした考えを持っていたのです。すると、ドゥリンが私に聞きました。「あなたが今見ているこの都市は、地球表面との関係では一体どのあたりに位置していると思いますか？」

　私はためらいがちに答えました。

「分かりません。おそらく赤道近くではないでしょうか？」

　私は自分の推定に何ら根拠を持っていませんでした。それは私が次元間エレベーターから降りた直後に頭に浮かんだ考えだったのです。

「いいえ。しかし、もしも私たちが地下数百マイルの深さについて話しているのであれば、実際にはあなたの母国にかなり近いことになります。もっと正確に言えば、そこは古代トミス（注）があった場所に相当します」

　それはうれしい驚きでした。すぐに私はそれを、以前セザールが言及した集落の名前と関連づけ、ドゥリンに尋ねました。

注：トミスとはルーマニアのドブルジャ地域にある港湾都市コンスタンツァのこと。国内で４番目に大きな都市であり、黒海沿岸の主要港かつコンスタンツァ郡の首都で、紀元前600年頃に建設された。継続的に居住されているこの地域で最も古い都市であり、ヨーロッパ最古の都市の１つでもある。

「トマシスは地上にあった古い集落と関係があるのですか？」

ドゥリンは頷きました。

「はい、トマシスは地球内部にあるのですが、それは地上にあった古い都市とほぼ垂直に対応しています。しかし、この空洞はトミスが存在するずっと以前の古代から居住されていました。私たちは古代ダキア人の直系かつ正真正銘の子孫であり、ある意味では、あなた方の先祖なのです。あなたがこの街で見る人々は2500〜3500年前のダキア人の血脈を直接引き継いでいます」

私は数秒間、頭上の霧と雲を見ながら考えました。頭上わずか数百㎞のところに、今日のコンスタンツァ市の広場があるのです。歴史的には途方もない違いがありますが、私が今理解したように、トマシスの祖先はさらに深く有史以前の昔に繋がっているのです。ドゥリンが話を続けました。

「私たちの先祖は地殻を突破してこの場所にやって来たのですが、ローマ人とダキア人の間の戦争（注1）の間に秘伝を受けた幾人かの修道士がその秘密を知っていました。これらの戦争以前は、太古の偉大な聖人である祭司だけがこの空洞を訪れていたのです。あの時代に由来する極めて古い要塞の遺跡がまだ残っています（注2）。当時ここに住んでいた人々は非常に小柄で、地上で起きた大変動に続く、いわゆる〝最初の世

注1：この戦争は紀元101–102年および紀元105–106年に起きた。
注2：おそらく著者はドナウ川の河口の都市集落であり旧植民地だったヒストリア（Histria）に言及していると思われる。“Hister”という言葉はラテン語の「ドナウ」を意味し、皮肉なことに“history”の語源は、本質的にこの古代都市の場所の名前に関係している。

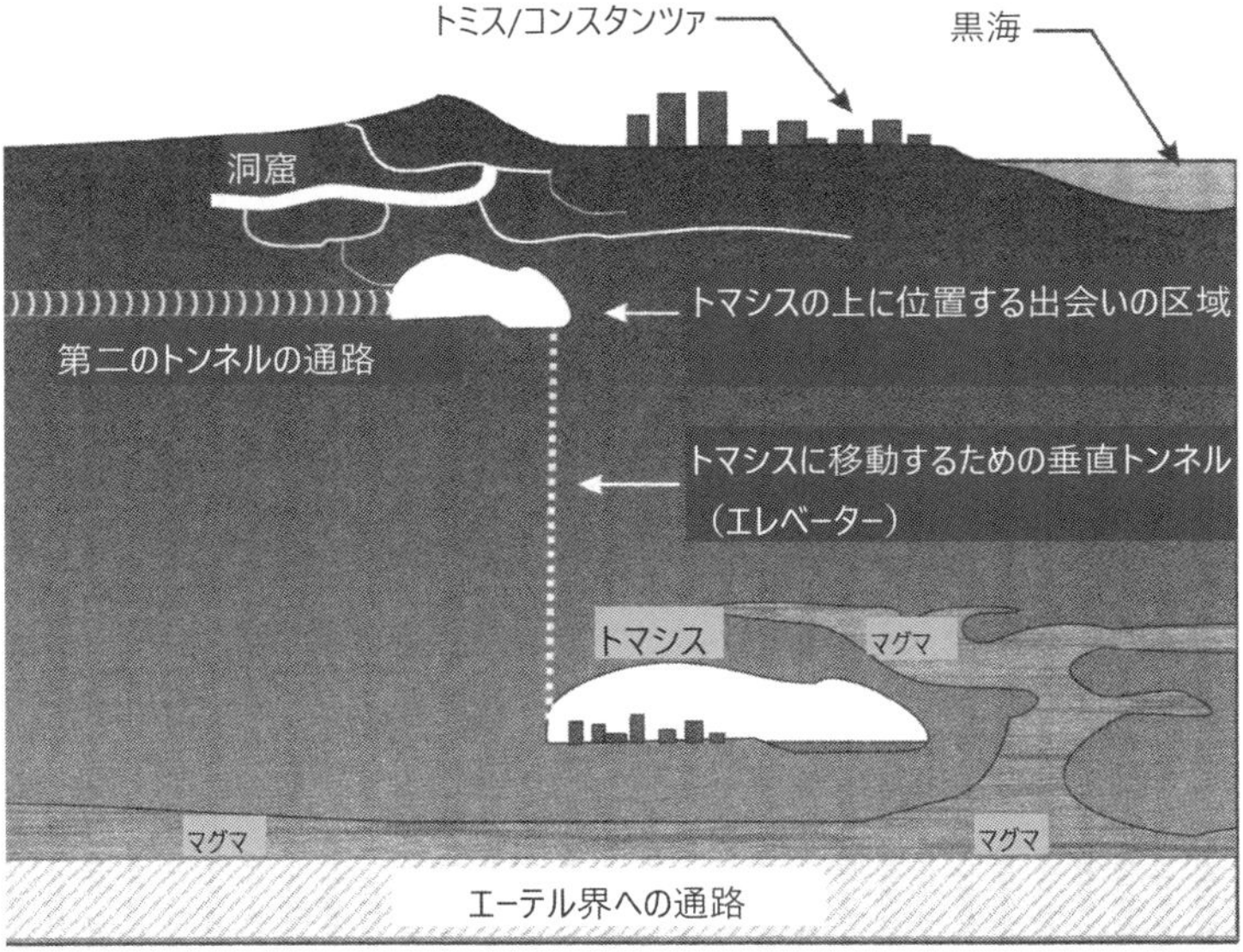

トマシスが存在する地球内部の区域および地表との位置関係

界〟からやって来ました（注３）。

しかし、それ以前でさえも、この場所には他の人々が住んでいたのです。彼らは高度に進化した存在であり、地上からやって来たのではなかったのです。その時点までこの空洞内の大気条件は現在の状態と異なっていて、人間にとって適切ではありませんでした。しかし、地球内部のこの区域にいくつかの変動が生じて大気の組成にも変化がもたらされ、その結果、当時住んでいた人々の生活が保証されなくなったのです。そのため、その人々はある時点でこの場所、もっと言えば地球から去ったので

注３：おそらくこれは、専門家が紀元前１万1500年と推定するアトランティスの沈没のことと思われる。

す。新たな生態系が急速に構築され、地上の人々にとっても身近な場所になりました。すでにお話ししたように、この場所のいわゆる〝植民地化〟が徐々に始まりました。しかし、ほんの少数の人々しかこの場所に来られなかったのです」

私は言いました。

「ここには完全な文明があります」

私はこのコミュニティがどのように確立され進化してきたのかを知りたいと思ったのです。

「戦争に負けた結果、ローマ人がダキアに侵入してきました。そのため、私たちはこの場所に来ざるを得なかったのです。ルーマニアの国土の地下には、同じように居住されている他の都市もあります。このような区域への移住は秘伝的で奥義に基づくのですが、祭司たちは特別な条件の下で、特定のダキア人がここに移り、以前の価値を大切に守りながら生き続けられるように取り計らいました。彼らはそれらを失ってしまうにはあまりにも重要であり貴重である、と考えたのです。時が経つにつれて、住民の数は増加していきました」

「今の人口はどのくらいですか？」

「約20万人です。遺伝的に言えば、２０００年前のダキア人とあなたが今見ている人々の間に違いはありません。それは避難と保存・維持が結果したものです。それにより外界とのコミュニケーションについては多くの窓が閉じられたものの、あらゆる面で独自の進化がなされたのです」

トマシスの人々

ここのテクノロジーのレベルについて聞きたかったのですが、そのとき飛行ボードが海辺に向かって下降し始めたことに気づきました。高度が下がるにつれて、都市の構造がさらにはっきりと分かるようになりました。それは地上にある私たちの都市に非常によく似ていました。街路、交差点、さまざまな雑事を抱えて忙しそうに動き回っている人々。しかし、彼らは仕事に集中しているようであり、苛立ちのようなものは感じられませんでした。ここの人々はラテン民族のモットーである"festina lente"（ゆっくり急げ）を地でいっているようでした。しかしながら、少なくとも空中から見た限り、乗り物は何一つ見受けられませんでした。男性も女性もすべて徒歩で移動していたのです。

現代社会の視点から見ると、ここはまったく独自の社会のようでした。たとえば、工業用施設、工場、煙突、作業場等は何もなかったのです。おそらく研究や技術開発に当てられた施設は存在するけれども、製造・生産は他の場所で行われていたのでしょう。あるいは、私たちが使用している面倒で複雑な機械装置や在来型燃料を使わない、より高い文明のレベルに、すでに到達しているのかもしれません。彼らの反重力飛行ボードはその優れた一例です。

全般的に言えば、トマシスは古代ギリシャのような印象でした。主として建物や建造物を観察したのですが、それらは、イラスト・本・雑誌の記事等で見たものと非常によく似た様式であり、すべてが、近代的なシステムや機器とうまく統合されていました。このやや逆説的な状況は、都市自体の景観および人々の振る舞いの両方に当てはまります。例を挙げると、幅が広くない街路はアスファルトで舗装されておらず、すべて合成物質を含まない石畳になっていました。コンクリートやガラスの建物はなく、建物の輪郭もキラキラ輝いていませんでした。また、高層ビル、高速道路の複雑な交差、クローバー型の立体交差路等も見受けられなかったのです。すべてが安定していて理にかなっており、固有の簡素さとある種の優雅さを伴っていて、どういうわけか古代の様式に溶け込んでいたのです。

最後の建物を通りすぎて右側の海岸に向かったとき、私たちの飛行ボードは地面に非常に接近して停止しました。誰が私たちの移動を手助けしたのか、また、それがどのように機能したのか、全く分からなかったのですが、私はそれについては尋ねませんでした。おそらくそれはあらかじめ定められたプログラムであり、飛行ボードは到着地点と出発地点を中心に展開する飛行計画に従っていた、と思われます。私はその浜辺の砂に足を踏み入れました。それは細かくきれいで黄色でした。波は高くありませんでした。後で分かったのですが、いまだかつて、嵐や旋風そして私たちが地上で慣れっこになっている他の破壊的な気象状態が起きたことはないそうです。海面はいつも穏やかであり、私が立っている浜辺の近くに小さな岩がいくつかあって、それらの間から植物が生育していました。

浜に続く街を見ると、男性一人・女性二人からなるグループに気づきました。彼らは私たちが来たことを知っているようでした。彼らの振る舞いや態度を観察したところ、彼らがあくせくすることなく非常になごやかな気分で歩いていることが分かりました。彼らがハイテク機器を身に着けていることも見て取れました。彼ら各々の右のこめかみには小さな三角形状の装置があり、それは何らかの方法で頭に装着されていたのですが、それを支える器具は何も見当たりませんでした。男は、最上部が開き、胸の上の部分も少し開いた緑色のシャツを着ていました。それにはボタンが付いておらず、その代わりに、マジックテープの付いた垂直方向のベルトで留められていました。また、そのシャツの襟には小さな装置が付いていて、それには点滅する2本の明るい線がありました。一つが青、もう一つが緑色で、点滅時間が異なっていました。男はシャツと同じ色でより濃い色調のズボンをはいていました。そして彼は茶色の鹿皮製の靴を履いていました。すべてが完璧の印象を与えており、不調和なものは何一つ見受けられませんでした。

上記のハイテク機器を考慮し、〝彼らの衣服はスタイルの面で未来的であり、未来のファッションである〟と考えたとしても、それは論理的であるように思います。しかし、それでもなお、彼らの服は簡素で伝統として確立されていて、細部にまで注意が行き届いていました。もしも私がトマシスとその住民に見たものを簡潔に言い表すとしたら〝古いように見えるけれども斬新な資材・素材を使ってつくられているようだ〟ということになります。これらの面すべては、少しばかり時代錯誤的な感覚を生み出してはいますが、決して気にはなりませんでした。

三人の衣服にはそれぞれ品があり、均衡と調和および細部の優雅さの知識に基づいていました。女性たちは長い黒髪で、ルーマニアでieと呼ばれている伝統的なブラウスのようなものを着ており、二人のうちの一人は美しく編まれたネクタイをしていました。それは2本の細い小鎖で飾られていて、1本は金、もう1本は赤い色の材料でできていました。三人が近づいてきて軽く会釈をしました。ドゥリンが未知の言語で彼らと話し始めました。それは私が彼に初めて会ったときに彼が話した言葉だったのですが、今回は理解することができなかったのです。しかし、しばしばそれらの言葉は古代ギリシャ語に類似するes

あるいはisosという音で終わる、ということに気づきました。

そのときセザールが言いました。

「トマシスとの協力のいくつかの面について、ドゥリンや他の代表者と話をしなければなりません」

それは、彼が別の場所に行かなければならないことを意味しています。すぐに戻ってくるので心配しないように、と彼は私に言いました。セザールはドゥリンたちとの会合を非常に重要視していました。なぜならそれは、テクノロジー分野の協力の可能性を切り開くことにかかわっていたからです。後で分かったのですが、トマシス文明の上級代表を務めるドゥリンは、反重力テクノロジーに関する説明資料を提供してくれたそうです。当面の問題は、必ずしも概念的なものではなく、主として使用する材料や合金に関連していたようです。

ドゥリンはセザールの方を向いて手招きしました。そして、飛行ボードの一つに乗り、市街に向かって飛び立ちました。それに続いて、男性および貴金属の小鎖で飾られた美しい髪の持ち主である女性が2番目の飛行ボードに乗り、市街に向かって同じ方向に飛び立ちました。たぶん、それは都市の中心部だと思われます。

“30歳”に見える女性

セザールとドゥリン、および、三人グループの男性と女性一人が市街に向かって飛び立ってしまったため、二人目の女性と私だけが残りました。二人の兵士は私たちから少し離れた海辺に立ち、ゆったりと会話を楽しんでいました。そのときどうしていいのか分からず、私は30歳以下に見えるその女性に視線を向けました。目が大きく髪は焦げ茶色、優美な顔立ちであり、細身でスポーツ選手のような体つきをしていたため、おそらく彼女は安全を確保する警備員のような仕事をしているのではないか、と私は推測しました。彼女が着ていた淡い色のブラウスには袖がなく、赤みがかった素材でらせん形状をした腕輪が、右腕の上の部分に装着されていました。また、彼女の黒い眉毛は優雅な曲線を描いていて、近くで見ると、力強さを内に秘めた果断な性格の持ち主であるように見受けられました。そして、ぎゅっと束ねられた髪は後ろに長く垂れ、耳には非常に手の込んだ上品で長いイヤリングがつけられていました。また、右のこめかみには、二人の兵士と同様、三角形の装置が取り付けられていることに気づきました。

どういうわけか私は、彼女が私の方に一歩踏み出すことを期待していたのですが、彼女はそうしませんでした。その代わり彼女は私の母国語で話しかけてきたのです。それはドゥリンと同じく奇妙なアクセントのルーマニア語でした。

「彼らが戻ってくるまで少し歩きましょう」

私は同意し、浜に沿ってゆっくりと歩き始めました。私は目まぐるしく変わる状況に少しばかり圧倒され、これからどうするべきか、あるいは何を言うべきかが分からなかったのですが、彼女は極めて自然な感じで私に説明を始めました。ここに住んでいる人々の何人かは、異なる任務に基づき、異なる間隔で地上の世界に赴いているのだそうです。会話が進むにつれて私は、彼女がドゥリンのようなテレパシー能力者ではないことに気づいたため、よりくつろいだ気持ちになりました。彼女が地上の世界に行ったことがあるかどうかを尋ねたところ、彼女は、私たちの国や他の国の地域をよく知っていると答えました。

「前回はスコットランド北部に3年間滞在しました。任務の一回りの周期は確立していて、10年から15年に一度、私の番が来ます。私はちょうど今、新たな出発の準備をしているところなのです」

何かがしっくりきませんでした。

「私はあなたが若いと感じている」と彼女に告げたのですが、一体どうやったら彼女が青年期に任務を帯びて外の国に行くことができるのかが理解できなかったのです。すると彼女が答えました。

「私たち自身のエネルギー容量はあなた方と異なります。そのため私たちの寿命は長いのです。あなたは私の年齢を30歳と推測しましたが、実際は54歳なのです」

それを聞いて内心びっくりしたものの、この世界の特別なエネルギーが私自身に注入しているのを感じていたので、驚きを外に表すことはありませんでした。それは私を活性化して良い気分にしてくれたのです。彼女がそれらの任務の詳細についての会話を望んでいないと思われたため、私は話題を変えました。

すべてが鏡像のようになっている

より詳しいことが知りたくなったため、彼女に尋ねました。

「遠くの海岸にいる子どもたちが上空から見えましたが、市街には姿が見受けられませんでした。彼らのための場所が別にあるのですか？」

「生活全体のバランスが取れるように、この世界の人口は特定の数に制限されており、私たちはこの点に注意を払っています。私たちの階層の子どもたちの大多数は地上で生まれました。彼らは3歳になるとこの世界に連れて来られるのです。この世界で生まれた人々はさらに特別な存在です」

率直に言って私は驚きました。そして、その理由は一体何だろう、と思いました。すると、彼女は穏やかにその訳を説明してくれました。

「子どもたちは、出生時に星々の影響から恩恵を受けなければなりません。彼または彼女の身体組織と星々からのエネルギー的影響との間の関係を確立することが、非常に重要なのです。これは、彼らの人生に必要な足跡のようなものであり、その後ずっとその影響を受けることになります。あなた方の科学では、まだこれらの面が理解されていません。しかし、ここで生を受ける人々は、霊性面の変容によって星々の影響の必要性を超えてしまうのです。そのような存在がドゥリンです」

私は尋ねました。

「分かりました。しかし、誰が地上で生まれ誰がここで生まれるべきなのかを、一体どうやって知るのですか？」

彼女は微笑みつつ、それはここの共同体の賢者たちによって決定される、と言いました。

これはまさに驚きでした。まるで時代遅れの社会についてのドキュメンタリー映画を見ているような印象を受け、私の心は、今分かったことに不信の目を向け始めていたのです。おそらく私の不信感を感じたのでしょう。彼女は即刻それに応じました。

「何千年にもわたる私たちの歴史のすべてにおいて、賢者たちが正しくなかった場合は一度もありませんでした。すべてが彼らの言った通りに実現しました。しかし、地上におけるあなた方は、ほとんどすべてをテクノロジーと物質の産物と見なす傾向があり、そのため、あなた方の持つ宇宙の概念では、その謎を理解することができずにしばしば失敗するのです」

私は彼女の言ったことを認めざるを得ませんでした。それゆえ、地上の人類とこの世界の間で適切なコミュニケーションをとることにより、私たちの進化が加速し促進されること——これを切に願ったのです。しかし私はすぐ、この点に関しては物事が非常に複雑であることに気づきました。そのため、このような認可されていないテーマに基づく話をするのは断念せざるを得ませんでした。与えられた機会を利用して、私は次の質問をしました。

「過去2000年間、この閉鎖された世界において、実際にあなた方だけですべての進歩を遂げたのですか?」

彼女が答えました。

「私たちの世界は閉鎖されていません。地上および地球内部双方と繋がりを持っています。地球内部にいるのは私たちだけではありません。また、地上には見いだされない、あるいは鉱山から採取できない特別な材料を使える、という利点もあるのです。それは長い間伝えられてきた私たち固有の知識です」

「あなた方はダキア人の子孫であるとドゥリンは言いました」

彼女は品のある決然とした仕草でうなずきました。

「私たちは彼らの直系の子孫ですが、進化に向かうらせん軌道に乗っています。すべてが鏡像のようになっているのです。あなた方の海に面してトミスがあり、その地下深くにある私たちの海に面してトマシスがあります。私たちの先祖と帝国の精神は維持され、保たれているのです」

彼女がどの帝国を指しているのかは分かりませんでしたが、そのまま聞き流してしまうと意味をなさないので、それはローマ帝国ではなく、ブレビスタ（ダキアを初めて統一した王）の時代のトラキア帝国ではないかと考えました。念のため、私はその点について彼女に聞きました。

「それは古代の帝国であり、そのすべてが、当時のタブレット・金属板、さらにはそれ以前の時代の記録媒体に文書化されて残っています。また、それに続く時代の痕跡さえもあるのです。すべてが文書化されて記録が保管されており、それには数千年にわたる歴史のすべてが含まれています。私たちは生存を続けてきましたが、それは地球内のこの場所においてのみです。私たちの社会の組織構造は昔と同じなのです」

「どういう組織構造ですか？」

「指揮系統、すなわち決定が下される方法です。私たちには階層がありますが、その概念は私たちの先祖のものと同じであり、うまくいかないことはありません」

私は彼女に反論することができませんでした。自分のすぐ目の前に証拠があるためです。完璧に機能し、テクノロジーの面で大いなる進化を遂げ、平和と落ち着きが行き渡り、理性と叡知の波動が放たれている地球内部の大きな都市。その住民は美しく、穏やかでゆったりとしていて、知性に溢れています。私が見たものを、現在の地上世界の悲しい現実と比較しないわけにはいきませんでした。それは、いわゆる価値・信念体系の面で〝進歩〟し、既存の政治体制の愚かな〝民主主義〟に基づく社会です。極めて複雑で役に立たず、絶え間のない紛争と問題を生み出しています。もしも、何百もの法律に縛られた政治・支配の仕組みが本当に有益で効果的であるならば、一連の意思決定においてあらゆる種類の問題を抱えて継続的にもがき苦しんでいる今日の社会を、一体どのようにして説明できるでしょうか？　まして、明らかにまずいものが見つかったのであれば、その修正を望むのは正常なことではないでしょうか？　残念ながら、とりわけ経済・財政面における国家間の相互依存・相互義務の関係とその連鎖は、非常に困難で操作されやすいため、たとえまったく合理的かつ常識的であるように思われたとしても、そのような大きな変更を加えることは非常に困難なのです。

彼らの指導体制は〝叡知の原則〟に基づいている、と彼女は説明してくれました。それは〝最も賢い人々がこの世界を導く〟という仕組みです。最も賢い人々を決める方法について尋ねると、彼女は、一般的に言えば、通常は高齢者であるいわゆる〝賢者のグループ〟から選ばれる、と言いました。それは、私たちの伝統だけでなく、他の伝統においても太古の時代からよく知られている〝高齢者の諮問グループ〟であり、この世界の人々はこの伝統を厳格に維持し、驚くべき結果をもたらしているようなのです。それから彼女は、賢者の下位には私たちの政治組織における大臣とみなされる人々が置かれている、と説明しました。彼ら各々には担当責任がありますが、それは活動の分野を意味します。建設、科学、研究等の分野です。これら各分野の責任者たちが必要に応じて部下を雇用できるように策定がなされ、適用されているのです。彼女は言いました。

「もちろん、この世界にも非常に効果的な防御システムがあります。特別な警備隊および分析グループがあるのです。警備隊の人々は、よく訓練されていて、非常に高度なテクノロジーを使うことのできる戦闘員です。分析グループの人々は、あなた方の世界の分析専門家に相当します。彼らは、地上の通信システム、アクセス方式、および、万が一あなた方の世界から侵入・攻撃がなされた場合に備えて、私たちがずっと前に設定した防御システムを常に点検し確認しています。幸いなことに、私たちがここにいることを知っている、あるいは信じている人は、ほとんどいません。主としてそれは、科学の面におけるあなた方の世界の無能・無力さに起因します。あなた方の科学者たちは、現実を本来あるべき姿として理解していません」

私はそっと、ほとんど自分自身に対して、シエン博士が言った言葉を繰り返していました。

「その通り。過度の思い上がりと傲慢です」

その後私は、苦い錠剤をもう少し甘くしたいと思い、彼女に言いました。

「それでも私たちは、かなり進んだテクノロジーを持っています」

彼女が言いました。

「私たちのテクノロジーの基盤はあなた方のものとはまったく異なりますが、その概念は、少なくとも今までは、あなた方が知っていることに類似しています。まず初めに、どこで自分が自身の邪魔立てをしたり行き詰まっているのかを理解し、さらにその先を調べる必要があるのです。私たちはあなた方を助け、あなた方からの要請に応える準備ができていますが、これは細心の注意を払って行われねばなりません。なぜなら、あなた方が現実を見る方法に、過去数百年にわたって非常に危険な何かが滑り込んでいるからです」

それとなく私は、セザールとオバデラ将軍が始めたトマシス文明との外交的接触に関係がある、と推測し、セザールが今出席している会議は、これらの議論・交渉の一つの重要な局面を表している可能性が高いと考えました。しかし、その時点ではそれ以上の情報を持っていませんでしたし、そのようなことは非常に慎重に扱うべきであり、いかなる状況においても議論してはならない、と理解していたのです。彼女はしばらく黙っていましたが、その後、こめかみに付けられた装置に手で軽く触れました。後ろを見ると、反重力飛行ボードが一つ私たちに近づいていて、それに続いて、別の飛行ボードに乗った二人の兵士がやって来るのに気づきました。彼らは彼女の前でしばらく静止し、丁寧な言葉で彼女と話していましたが、その後、丁重にお辞儀をしてから立ち去りました。そのとき私は、彼女が階層上で特定の地位を占めており、二人の兵士よりも上位の立場にあることが分かりました。彼女が私の方を向いて言いました。

「この種の生活環境を自分たちのために構築したのは、私たちだけではありません。あなたの国の地下には、さまざまな深さの場所にさらに多くの都市があります。〝脱出〟が起きたとき、私たちの多くは地上の国土の事実上すべての地域から撤退し、地球内部のこのような秘密の区域に来たのです」

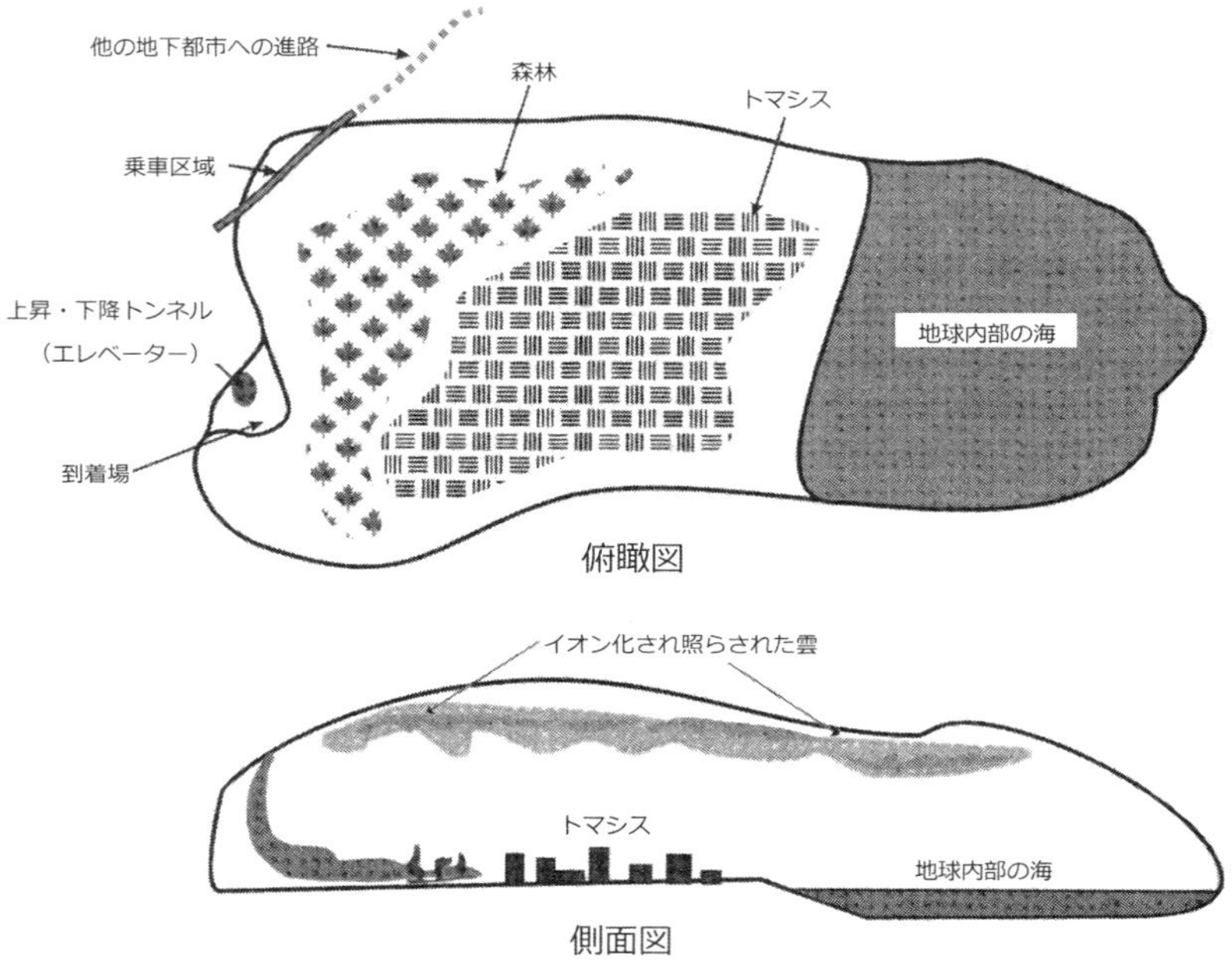

トマシス主要部の俯瞰図と側面図

「地上ではほとんど誰もあなた方の存在を知りませんし、あなた方は地上の世界と何の関係も持っていません」

「戦争の前は、地球内部と外部の間に繋がりがありました。多くの人々が、地球内部のさまざまな空洞と、それらにアクセスする方法を知っていました。当時は別のレベルの思考があり、それに基づいて行動がなされたのです。ローマ人がやって来た後、私たちは故国から撤退してアクセスを遮断することを余儀なくされました。私たちは地球内部の都市への入り口を封鎖しましたが、特にローマによる征服以降、知られていない多くの証拠書類や文書・文献もここに預けました。あなた方が当時の歴史として知っていることのほんの一部だけが真実であり、その他のほとんどは知られていません。あなた方は単に、実際に物事がどのように生じたのかが分からないだけです。時が来れば、私たちが持っているすべての記録が明らかにされるでしょう」

付き添いの女性と私は、二人とも飛行ボードに乗って市街の方向に飛んでいました。より正確に言えば、この都市のはずれにある駅のような場所に向かっていたのです。そこには山腹に入っていくいくつかのトンネルがあり、そのうちの二つの近くには、乗り物のようなものがいくつか停車していましたが、レールやその他の誘導装置は見受けられませんでした。

私たちはゆっくりと地表に降りました。今回、そこは磨かれた石で敷き詰められていました。一つの乗り物の前で二人の兵士が私たちを待っていましたので、興味津々の面持ちで同伴の女性を見ると、彼女は、その車のようなものに乗るように私を促したのです。別の場所に移動しようとしていることが分かりました。私は待ちきれない気持ちになり、急いで乗り場に向かいました。

第4章

シャンバラをのぞむ水晶都市アペロス

その乗り物に近づくと、デザインは非常に現代的であり、ここの共同体を全体として特徴づける〝簡素で古風な様式〟とは異なることが分かりました。まさにそれは、真にテクノロジーの宝石と言えるものです。一見して、有名な日本の新幹線の列車に似ていましたが、異なる点は、そのカプセルのような形状とより複雑な構造でした。付き添いの女性は〝これは地球内部の各都市を結んでいる一種の通勤者交通システム、あるいはシャトル交通システムであり、その網羅する地域がほぼルーマニアの国土に対応している〟と説明してくれました。この交通システムは、私たちが今いる場所よりもずっと遠い場所あるいは深い区域に位置している地球内部の他の共同体でも使われているのでしょうか？　残念ながら彼女は、この点については教えてくれませんでしたが、論理的に考えると、もしもこのような交通システムがすでに特定の地域に広がっているのであれば、それは、地球内部の他の地域でも使われているはずです。

空間と時間をゆがめる先進テクノロジー

出発駅は、私が次元間エレベーターで到着した駅に非常によく似ていました。それは半円の形をしていて扇のように広がり、山の垂直の壁に守られていました。シャトルは反重

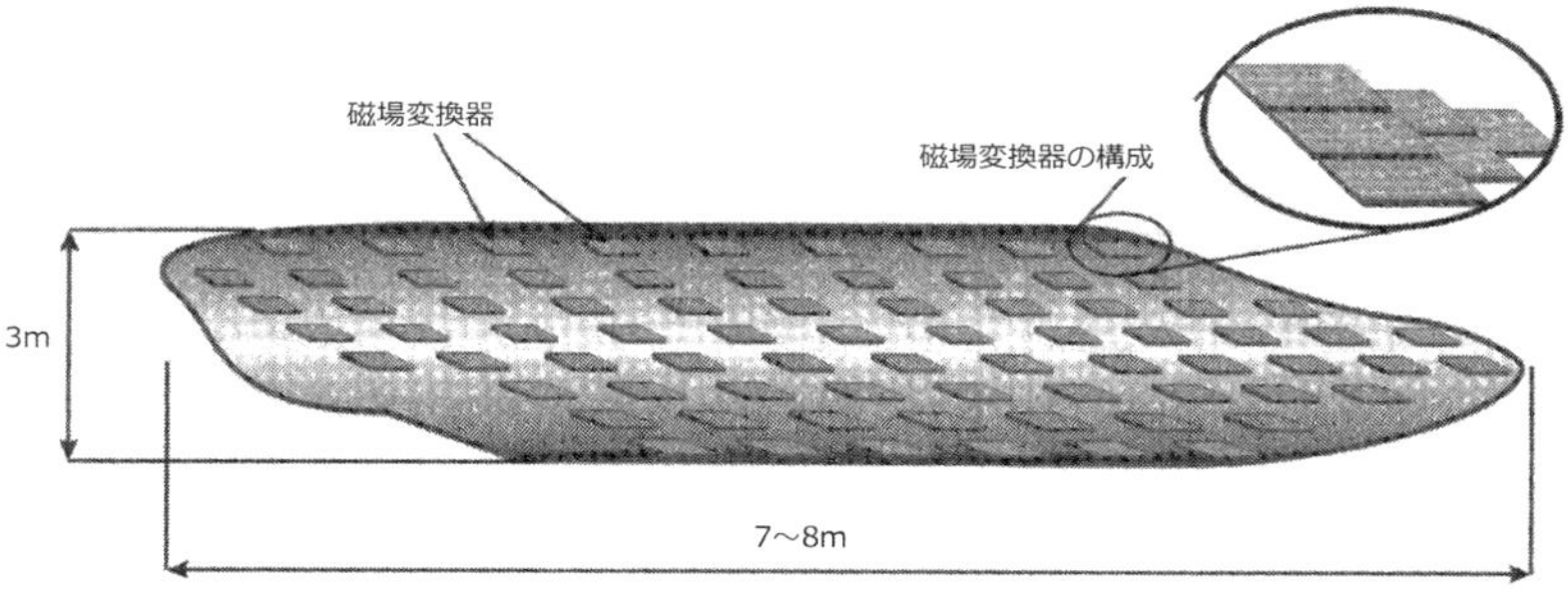

地球内部の移動のためにトマシスの住民が使う乗り物

力効果のために地上約10〜15㎝の高さに浮かんでいました。私は、とりわけこのシャトルに興味をそそられました。私がそれを注意深く分析した理由がまさにそれです。それは全体的には楕円に似ていましたが、端の部分が特定の直線形状になっていました。長さは7〜8m、高さは3mぐらいと推測しました。引き締まった感じでとても大きく、完璧に磨かれていて、その空気力学的形状のゆえに、ある種の力強さを表していました。白い素材で造られていましたが、いくつかの部分は白いクリーム色で特徴づけられていました。

　私はそもそもの最初から、その車両の製造にかかわる独特の構造に注目していました。車両の外殻は、家の屋根のタイルのように、同一の〝パッケージ（プレート）〟で覆われていました。それは継ぎ手形状の薄片がまとめられた部品です。これは、このシャトルのエネルギー源にかかわる特定のテクノロジーに関係しているようです。最初は、このシャトルの建造にかかわるテクノロジーは、日本で開発中のマグレブ・システム（磁気浮上による超電導リニアシステム）に類似していると考えたのですが、それは間違いでした。彼女によると、それは異なる物理学に基づく別のタイプのテクノロジーだそうです。「あなた方の科学はまだそれを理解していません。それは空間と時間をゆがめる力です」と彼女は言いました。

彼女の言ったことが何を意味するのかを理解しようとして、私はシャトルの外殻を覆っている特別なプレートを観察しました。それは質が密であり、表面は完璧に滑らか、長方形で、それが貼られている外殻の曲率に適合していました。その各々の厚さは２㎝以下でした。シャトルには窓や天窓はなく、その他の開口部も皆無でした。それは、広げられた一体成形のように見える紡錘体《ぼうすいたい》のようなものでした。山腹に巨大な暗い開口部が見えましたので、私は最初、それがトンネルの入り口ではないかと思いました。シャトルは、そのすぐ外側に、山に対して直角に位置していたのです。しかし、その開口部にさらに近づくと、山腹の表面が磨かれた円盤状になっていて、その中に直径約５ｍの円があり、それが周囲の岩よりもさらに色の濃い赤褐色であることに気づきました。

実際のところ、山腹にトンネルは掘られておらず、円盤の表面には凹凸がまったくありませんでした。その代わり〝トンネル開口部〟のように描かれた円盤の円周上に、同一の装置が対称的に設置されていました。これらはシャトル外殻に貼られているプレートと共鳴関係にあるのではないかと思われました。このような乗り物が一体どのように機能して地球の固体部分の中を走行するのか、私には分かりませんでした。そこで私は同伴者に尋ねました。

「当然のことながら、マントルや地殻を通り抜けるトンネルの掘削はさまざまな問題を伴いますので、それは考慮されませんでした。ここで、私が先ほどお話しした概念やテクノロジーの面の飛躍がかかわってくるのです。私たちは重力場を利用しています。もっと正確に言えば、〝帯電した物体と磁場の間の相互作用〟と同様の〝重力場と電磁場の間の相互作用〟です。このような相互作用においては、電磁場に一種の渦が発生します。この原理を適用するのですが、この場合は重力場が使われるのです。私たちは、物体が重力場を横切ると、ある種の磁場が生じることに気づきました」

この時点で、私の無知の溝がさらに深くなったようでした。私は戸惑いつつ彼女に尋ねました。

「それはどういう意味ですか？　その相互作用から磁場が簡単に生まれるのですか？」

「自動的に生じるのではなく、これらによって変換が促進されるのです」

彼女はそう言って、シャトルの外面に設置されたプレートを指さしました。

「あなた方は磁場を電場に変換しますが、私たちは重力場を磁場に変換する方法を考え出しました。それは、あなた方の文化が精通している単純な電磁誘導よりもずっと奥が深いのです。なぜなら、それによって空間と時間を曲げることができるからです」

彼女が話している間、私はそのカプセルのような乗り物のそばをゆっくりと歩き、その構造の持つ比類のない特性を注意深く観察しました。それはまさに細長い紡錘体のような形状で一体となっており、開口部がなく完全に密閉されていました。前部は戦闘機のノーズコーン（円錐形の構造物）に似ていましたが、より丸みを帯びていました。車体と並行に進んでその周りを一周し、外側の並外れて優れた表面仕上げを綿密に観察しました。プレートを構成する薄板同士は完全に結合され、順に隙間なくシャトル本体の外面を覆うように設置されていましたが、どのようにして重力エネルギーが磁気エネルギーに変換されるのか、それを正確に理解することはできませんでした。

同伴者にそれを聞いてみたかったのですが、そのとき〝私の関心が疑惑の目で見られて、間違って解釈される可能性がある〟という考えが頭をよぎりました。しかし、そのような危惧は必要なかったのです。明らかに彼女は私の懸念を読み取り、非常にゆったりとした態度で微笑みつつ説明し始めました。

「たとえ〝そのような相互作用が重力を取り込む可能性〟をあなた方の科学がほとんど受

け入れなくても、私はあなたにその原理を説明することができます。出発の前、シャトルは変動する磁場をそれ自身の周りに発生させますが、それは高周波の超音波によって増強されます。これにより、固体である地殻に〝入る〟ことができるのです」

　彼女の説明を非常に注意深く聞いていた私は、即刻質問しました。

「それはどんな種類の変動磁場ですか？」

「それは二つの磁場の組み合わせによって形成される複雑な磁場です。一つは回転渦巻き運動の磁場です。もう一つの磁場は単極として現れる特性を持っていて、シャトルの外側では常にN極、内側では常にS極になります。これら二つの磁場の組み合わせは、特定の割合と特定の強度で助長され、シャトルの輪郭を描く〝時空の気泡〟を創成します」

　私はその効果が何であるかをうすうす感じ取りましたので、それを彼女に話しました。

「シャトルが物質と相互作用することなくその物質を横切れるように、振動周波数が変化するのですか？」

「そうです、これがその際に起きる現象です。まず、振動周波数を上げることによって、局所的な時空のゆがみが助長されます」

「２種類の磁場は何によって創成されるのですか？　シャトル外面に設置されている小さなプレートですか？」

「いいえ、違います。シャトルの壁は厚く、三つの異なる層から構成されています。内側の層は断熱構造に基づいています。中央の層は非常に厚く、ゆがみを引き起こす磁場発生器を含んでいますが、シャトル壁と一体化しその構造の一部になっているため、ここからは見ることができません。外側の層にはシャトル外殻のプレートが含まれていて、走行中に重力場を磁場に変換することができるのです」

彼女の説明と私が後で見たホログラフィー投影に基づき、シャトルの垂直断面を描きました。それには構造・機能の面のさまざまな特色が付記されています。私はシャトルの走行中にどんなことが起きるのかを知りたいと思いました。彼女が説明しました。

「時空のゆがみを生み出してからシャトルは出発し、重力場の中を移動して重力線と交差することにより、それ自身を充電します。それから、シャトル外側に設置された小さなプレートが重力場を磁場に変換します」

「どういうことですか?」

「シャトルは時空の気泡に包まれた状態で走行しますが、プレートはその気泡生成のプロセスを維持するために使われます。このためのエネルギーの要求条件は非常に高く、プロセスの初期化だけがプレート自身の機能に基づいて可能です。次に、重力を磁場に変換することによりエネルギーの要求条件が満たされます。シャトルの絶え間のない動きによっ

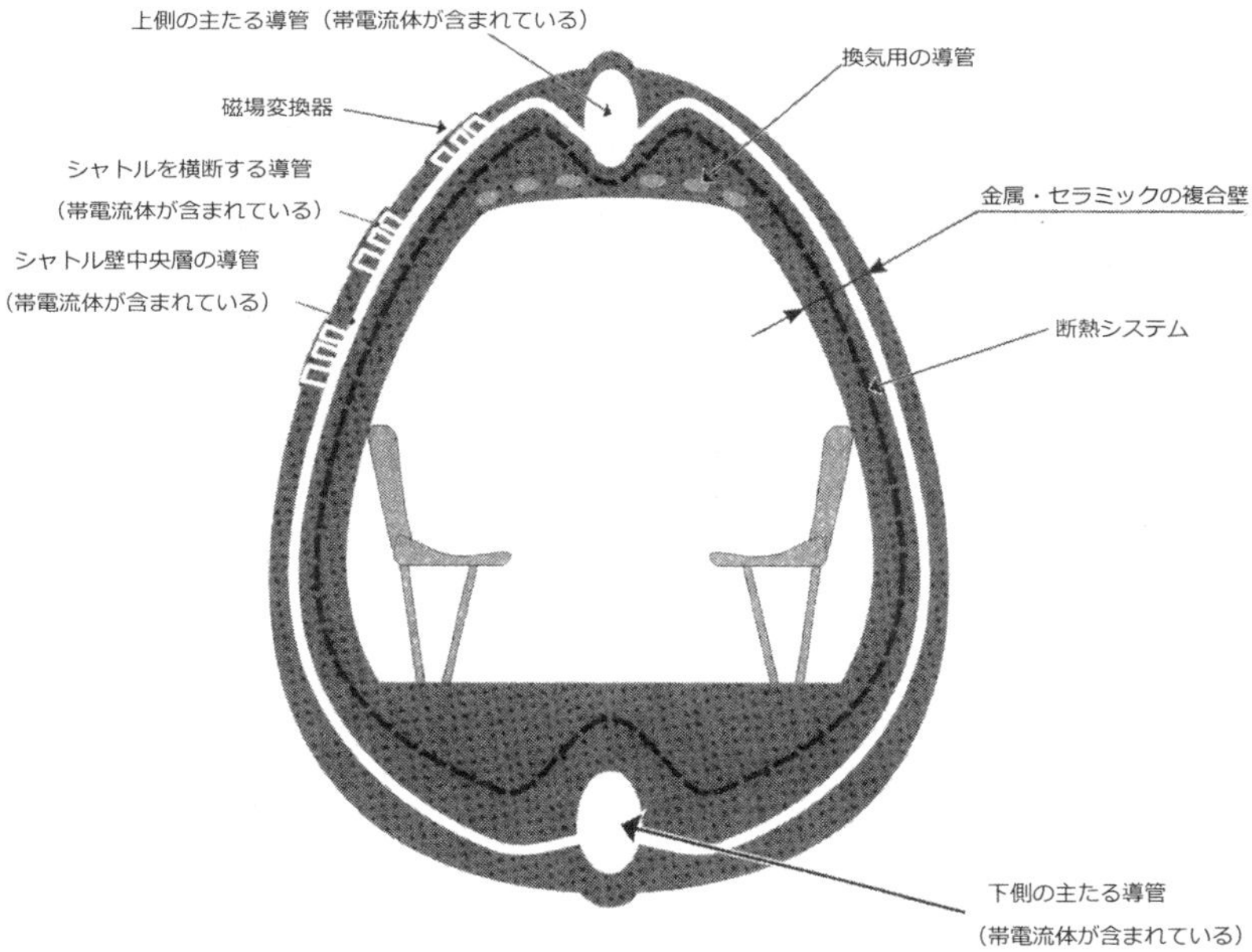

シャトル本体の垂直断面図

て、一種の仮想トンネルあるいは媒体が創成され、その中をシャトルが高速で走行します。それゆえ、必要なときはいつでも簡単に地下の各都市の間を結ぶことができるのです」

まさに驚きでした。彼女は一体どのようにしてこれらの詳細情報のすべてを得たのか、これを知りたいと思いました。基本原理だけにかかわる説明ではあったものの、彼女はシャトルの構想・構造・走行について確たる知識を披露したので

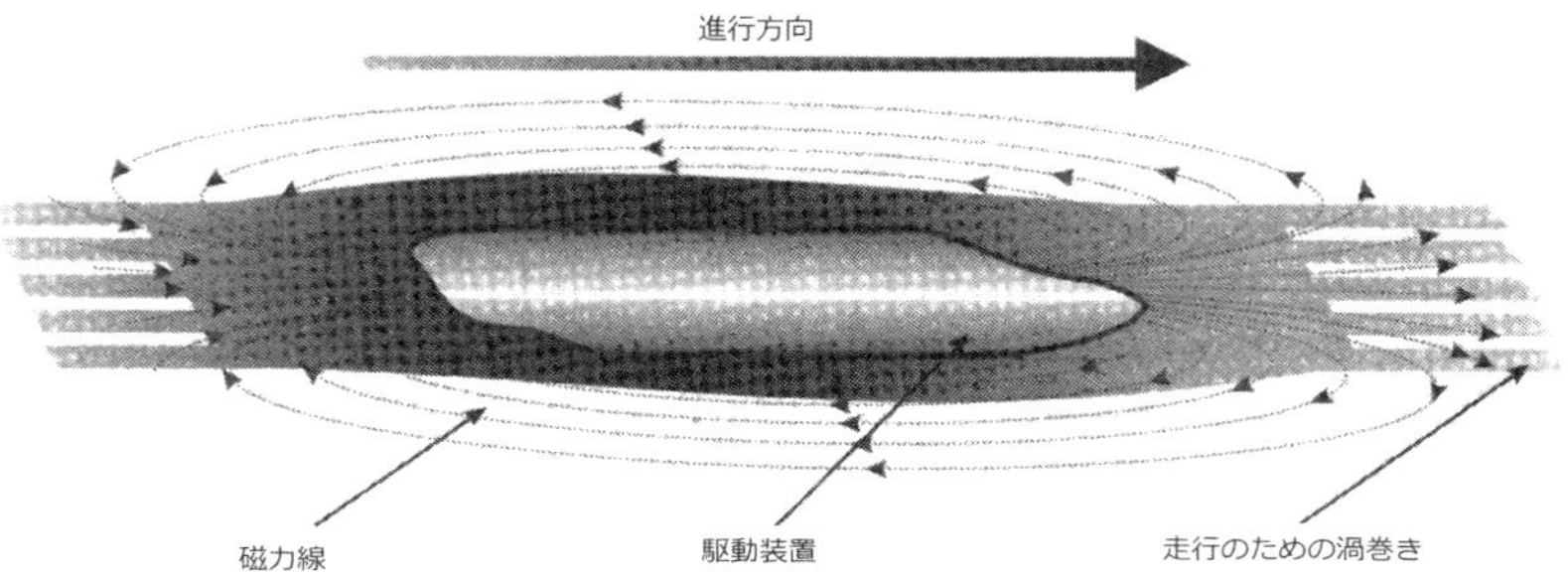

シャトル走行の原理

す。もしもこの分野の仕事に何らかの形でかかわっていないのであれば、そのような説明をすることはできません。これまでの会話により親近感が生まれていましたので、それを当てにし、あえて私は彼女にその点を尋ねました。すると、彼女はごく自然な口調で言いました。

「私の仕事は、安全保障と防衛の分野の研究活動を調整しまとめることです」

　防衛とのつながりについてはあまりよく理解していないものの、私は次のようにコメントしました。

「しかし、これは民間の乗り物のように見えます」

　彼女は言いました。

「これは他の目的にも使えるのです。基本的には輸送車両なので、私たちはしばしばこのようなシャトルを使って貨物を輸送します。その内部空間のほんの一部だけが旅行者に割り当てられているのです」

そう言った後、女性はシャトルの車体に置かれた左手をそっと胸の高さに持ち上げました。すると、車体の壁が滑るように左に動き、車内に入るための開口部が生まれました。

マントル内の様子を見ながら移動するシャトル

もしもシャトルを外側から見たとしたら、それに乗り込むためのドアが実際にあることに、ほとんど気づかなかったと思います。それは事実上不可能です。ドアはシャトルの外殻と重なっておらず、まず外殻の内部に数センチ引っ込んでから、何の音も出さずその中に収まりました。シャトルの内部には充分な照明がありました。特別な光源は見当たらず、車内のすべてが均一に照らされていました。私が最初に気づいたのはシャトルの内装であり、それは何百もの小さくて非常に明るい水晶から構成されているように見えました。光は強くなく、乗客を包み込むと共に、くつろがせてくれるような感覚だったのです。冷たい白色ではあったものの、それが気になることはありませんでした。シャトルの内壁からの反射光は心地よい輝きであり、すぐに心を落ち着かせるような雰囲気を醸し出していました。このような快適な効果を生み出すテクノロジーは、ブセギ山脈地下の大広間の内部やホログラフィー投影室から続くトンネルの中で経験したものとは異なっていましたが、その効果は極めて類似していました。

　車内中央部の両側に、人間工学に基づいた3組のラウンジチェア（背もたれがあり、座面が広く、ゆったりとした座り心地の椅子）が左右対称に配置されていました。一見して、その椅子は固くて頑丈な印象でしたが、その一つに座ったところ、使われている素材が変化し、あたかも弾力あるゼラチンであるかのように柔らかくなったのです。さらに、椅子の表面を軽くたたいても固い状態は変わらないのですが、強い力で押すとまるで溶けるがごとく軟化しました。それに気づいたときには本当に驚きました。座ればすぐに身体の形状に適合し、とても快適な感覚が生まれるのです。体を動かすと、知性あるその素材が新たな形状に即刻適合し、椅子から立ち上がるとすぐに元の滑らかな状態に戻ります。オフィスで何時間もデスクワークをする人は間違いなくこのような知性ある柔軟性を欲するだろう、と私は確信しました。なぜなら、座る人間の体の形状と椅子の素材が非常によく相関しているからです。

　シャトルの前部と後部はそれぞれ半透明の材料でできた壁で塞がれており、その後ろ側にいくつかの箱が重なり合って配置されていました。それらは完全に密閉されていましたが、おそらく中は商品でいっぱいなのでしょう。少々驚きましたが、少なくとも私が見た限り、客室乗務員や操縦士はいませんでした。車内の構造は非常に単純であり、中央部に人間工学に立脚したアームチェアが6脚あるだけで、残りのスペースは収納に使われていました。実際のところ、シャトルの楕円形状とぶ厚い外殻のゆえに、内部空間はそれほど広くなかったのです。

ドアは自動的に閉まりましたが、そうなる前に、同伴の女性が話してくれた外殻の三つの境界が見えました。多分その厚さは30～40㎝ぐらいでしょう。ドアが内側から出てきて横方向にスライドし、さらに外側に押し出されました。それにより、ドア部分のスペースが完全に密閉されたのです。同伴の女性と私だけがシャトルに乗り込み、二人の兵士はプラットホームに残りました。女性は、この交通システムの管理センターと思われるところに、彼女の母国語で何かを伝えました。すると、即刻私は、強い加速が起きた場合のように、胃に奇妙な感覚を覚えたのですが、それは束の間のことでした。その後、激しい加速を受けるときのように身体が水平に後ろに押されるのではなく、内臓が持ち上がってくる感覚がありました。これに対する一つの説明は、振動周波数が上がるような変更がなされ、その結果、身体が上昇するような特別な感覚が生み出された、というものです。

数秒後、すべてが正常に戻りました。そして、走行開始の直後、シャトルの左右の内壁には鮮やかな色彩で情報が表示されました。大型ビデオモニターのように内壁の分割に基づくものであり、それには、まるで目の当たりにするかのような生き生きとした映像が含まれていました。たとえば、一つの大きな画面には、私たちがどこにいて旅がどのように始まったのかが示されました。しかし、電車の窓の外の風景が流れていくようには見えなかったのです。映像の動きはゆっくりで、どういうわけか合成的に企画・考案されており、極めて几帳面に表示されていたものの、シャトルの速度は図示されたものに合致していない、ということに気づきました。

すべてが地図のような形式で表示されましたが、それは、地表の自然的な要素および私たちが通過した地球内部の要素の両方に当てはまります。カルパティア山脈とルーマニアの北西部、そして私たちがどの地域の地下を走行しているのかが分かりました。そして、その映像には、地表における一般的な景観が生き生きと描写されていましたが、同時に、私たちが走行しているマントル内の起伏の主たる形状や構造をも見ることができました。鮮やかで正確な映像が双方向的であることは非常に興味深いことでした。地表と地球内部の環境の実際の映像が、図式的のみならず写実的にも示されていたのです。また、それらの上部に、進行方向・湾曲部・集中的に照明された地域・さまざまな色で点滅するドット（点）等を含む図形情報やデジタル情報も、すべて見事に設計された構成で表示されているることに気づきました。これらは他の地下都市や定住地への道順を示しているように思われましたが、それらのほとんどがアプセニ山脈の地域であることにも気がつきました。二つの明るく照らされた地域がモルドバを指していることも分かりました。

彼らの書くものは私たちが書くものとは違っていました。ほぼ継続的に変化している図や記号・符号は、映像のさまざまな部分に現れており、主として右上に表示されていました。ルーン文字に似ているものの、それらの形は古典的で謎めいていました。内壁に投影された映像を注意深くたどったところ、私たちはトランシルバニア南部地域の地下に位置する都市に向かっていることが分かりました。そこはトマシスよりもずっと地表に近いところです。トマシスの地表からの深度とその都市の深度の間の差は非常に大きいと思われます。たぶん１５００㎞ぐらいでしょう。実際のところ、私たちの目的地は地球表面に非常に近かったので、少なくとも私たちが見た鮮明な映像から考えると、このシャトルで移動するよりも、地表からその都市に降下する方が容易ではないかと思われました。もちろん、これは現在の状況から見ると冗談めいた考えです。なぜなら、私たちの旅は2分以上かからなかったからですが、さらに、私の同伴者は「トマシスよりもはるかに地表に近いとはいっても、その都市は地表から数十㎞の深さにある」と私に告げたのです。そして彼女は言いました。

「アペロスはその歴史と体制・機構の観点から見て極めて特別な都市です。非常に古く、トマシスとはさまざまな点で異なります。そこの住民もダキア出身ですが、歴史のある時

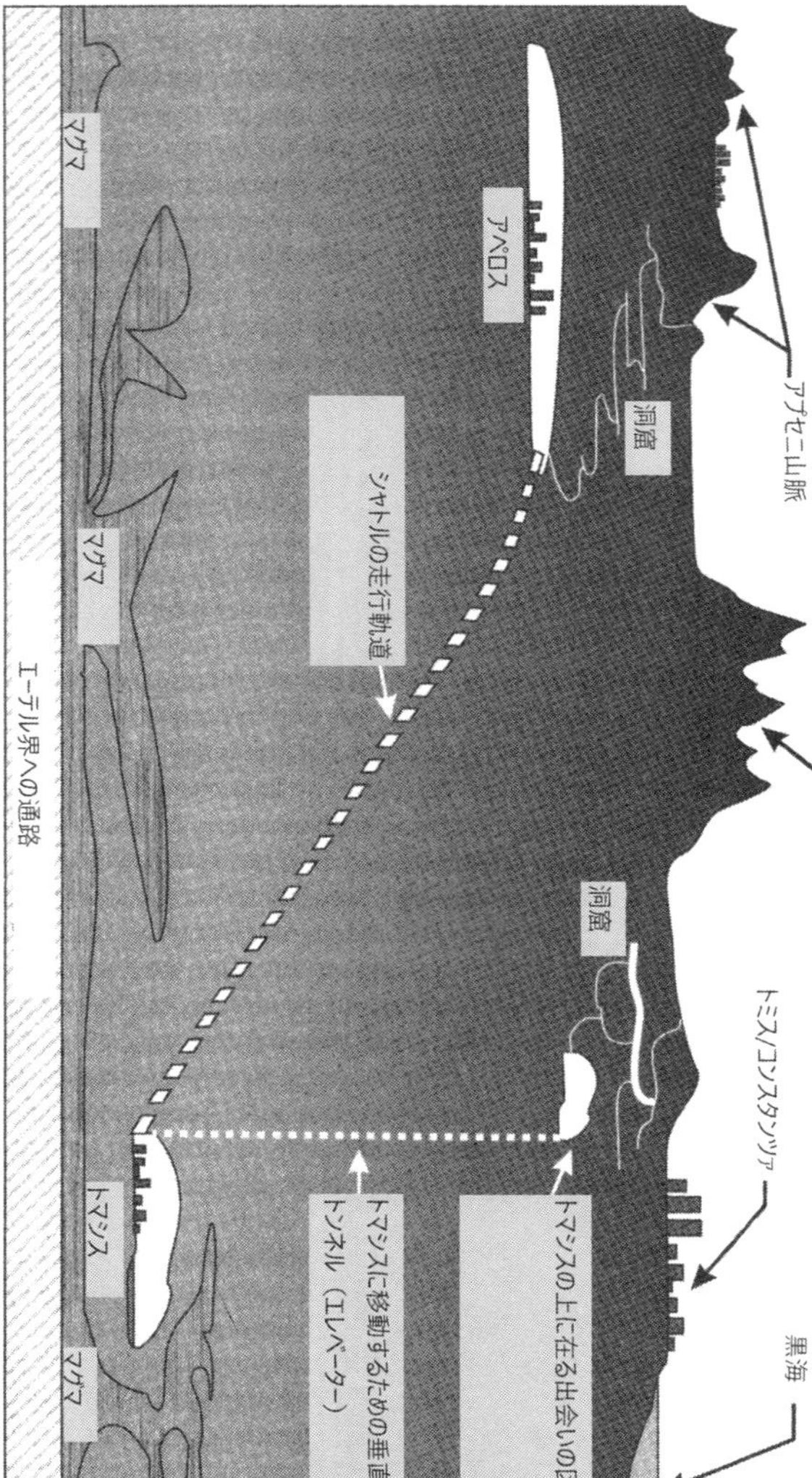

シャトルの走行軌道およびその周辺の概要

点で、別の人種との交配が起きました」

彼女が話している間に気づきました。どうやら目的地に到着したようです。シャトルが止まると、内壁の大部分に投影されていた複合映像が突如としてすべて消失し、ドアが静かに横にスライドして開きました。暖かく心地よい光がシャトルの内部に入ってきましたが、シャトル内部よりもずっと明るい、というほどではありませんでした。

虹色とびかう巨大空洞内部の都市

シャトルから出ると、地面から約15ｍの高さの中心柱に支持されて吊り下げられたプラットホームの上に私たちがいることが分かりました。プラットホームは岩壁の近くに位置していましたが、トマシスの場合のように岩壁に接触してはいませんでした。左側の眼下に、少しだけ小さなプラットホームが三つ、互いに一定の距離をおいて位置しているのが見えました。同伴者が言いました。

「私たちが今立っているところは外交プラットホームです。私たちの到着が告げられました」

数メートル離れたところに、いかにも私たちを待っていたと思われる二人の男が立っていました。彼らは私たちに向かって数歩歩いてから立ち止まり、歓迎のしるしとして少し頭を下げました。彼らは上品な白い衣装を身につけていましたが、その仕立てから類推すると、彼らの仕事は保安警備に関連しているように思われました。彼らの上着を特徴づけるものとして、ベルトの代わりと考えられる〝フラップ〟があり、前腕には肘パッドが見えました。また、ズボンの側面には特定の縞模様があり、上部にいくつかの革紐のついた長靴を履いていました。二人の身長はほぼ同じで1・8mぐらい、一人は金髪で、もう一人は暗褐色の髪をしていました。彼らは私の同伴者と言葉を交わしましたが、私は、それがトマシスの住民と同じ言語であることに気づきました。

彼らが話している間、私は注意深く辺りを見回しました。トマシスとは違って、ここはもっと開放的で広大な空間であるように感じました。眼下の全景は数kmにも及んでいて、その至る所に市街が広がっていました。それはまるでSF（空想科学小説）から取り出されたような景観だったため、私は本当に驚きました。すべての建物・建造物は透明な素材から造られており、まるで水晶が使われているかのようでした。しかし、透明度は私たちが常日頃見ているガラス瓶とは異なり、半透明というのがより正確でしょう。ある角度から見ると、プリズムのように光が虹の色に反射して、素晴らしい景色が創り出されるのです。市街の彼方には、植生に覆われた丘がいくつか見え、私たちが降りたプラットホーム

地球内部の都市アペロスの概観

の真下には、オークによく似た木が植えられていました。草ではなく苔《こけ》や地衣類のようなもので地面が覆われているのが分かりましたが、その稠度《ちょうど》はよりザラザラしているように思われました。

遠くから見ると、街の建物のほとんどは球状あるいは曲面を呈していました。高い建物は見当たらず、先端が丸みを帯びた小さな塔がいくつかあるだけでした。また、かなり広い通りと非常に美しく配置されたトンネル、アーチ、およびドーム型の建物が見えました。都市の建築はトマシスのそれとは全く違っていて、建設資材は驚異的なものであり、未来都市のような感覚を生み出していました。都市を照らす光も特別で、これも全体の印象に寄与しています。トマシスのように、明確な光源から発せられてはいませんでしたが、朝10時頃の明るさとほぼ同じで、白色の光が中程度の強度で均一に広がっていたのです。

三人の会話が終わると、金髪の男性が私の方を向き、ほぼ完璧なルーマニア語で親しげに話しかけてきました。

「街を訪れるには時間が短かすぎますが、ここから見ることができるものに加えて、将来の協力関係樹立のため、それに役立つ〝私たちについての情報〟を要約して提供することができます」

私は彼の申し出を喜んで受け入れました。彼らからの強い助言に従い、私たちは皆、プラットホーム上にある小さな台座に向かいました。それは指令に基づいて操作されるパネルだそうです。その正確な機能は分かりませんでしたが、その男性によると、これは都市の情報センターに繋がっている周辺機器だそうです。高さ1ｍほどの平行六面体形状の台座に近づくと、それが作動し始め、パネル表面にさまざまな図表や画像が表示されました。この装置は一種の切り替えシステムである、というのが私の受けた印象でした。まさにその通り、金髪の男性は、遠くから片手を動かすだけでパネルの特定の部分にアクセスすることができました。そして、私たちの前には、大きなホログラフィーのスクリーンが即刻台座から上向きに投影されました。台座よりも幅が広くておそらく2ｍ以上、高さはそれよりも少し低いように感じました。

アペロスの歴史

ホログラフィーのスクリーンが作動し始めるとすぐに、この都市とその住民の映像が迅速かつ非常に鮮明に映し出されました。それらが必ずしも時系列に沿っていないことに気づきましたが、それは問題にはなりませんでした。私はこの場所の詳細に興味があったため、ぜひともそれを知りたいと思ったからです。この映像がブセギ山脈地下のホログラフィー投影室のものと非常によく似ていたので、なおさらそうでした。

最初は、先ほど見た丘、二つの小さな湖、そして遠くの小さな氷河のようなものを含むこの場所の周辺の地域が見えました。その後、突然、山に登るための山道の入口のようなものが映し出されました。それは非常に手際よく開発されたように見えました。山の入口が強調され、まるで観光洞窟であるかのように、さまざまな角度と距離に基づいて描写されました。山がどのように構築されているか、この点に気づいたのはこれが初めてでした。まるで山が私たちのいる空間を取り囲むと同時にその上に曲線を描いているかのようだったのです。

唖然《あぜん》とした私は、投影された映像を見るために上を向きました。そして気づきました。私がホログラフィー映像から目を離すとそれが停止し、再度映像に目を向けるとすぐに投影が再開されるのです。しかしそのときは、私がスクリーンを見上げると映像の流れが止まり、あたかも映写機で止められた映画のフィルムの一つのコマであるかのように、1枚の画像だけが見えました。明らかにこの映像の再生は、本質的に私の視線の方向に繋がっていて、まさにそれを参照していたのです。

私が市街を見たとき、空には特別に注意を払いませんでした。光が拡散していたからです。しかし今私は、私たちがいた所、すなわち山の岩壁に隣接した場所を一層詳しく見ることができました。壁が頭上にそびえ立っているのが分かったとき、壁がわずかに湾曲して上空からの光を遮り、何か乳白色のものに岩が浸っているように見える、ということに気づきました。それでも、その映像が上空の光の中に消失したとき、私たちの上の崖の特定の輪郭と、頭上の雲を突き刺しているいくつかの頂きを見ることができました。そのとき初めて、私は心の中で明確な絵を描くことができたのです。そして、実際のところ、この場所が一種の巨大な空洞であり、私たちが今見ている居住環境が何とかしてそれからもたらされた、ということを理解することができました。

しかし、その巨大空洞の天井はそれほど高くありませんでした。私が観察した崖の頂上の高さと比較することにより、空洞の天井の高さを、最も高いところでおよそ70ｍと推定することができました。しかし、それは天井の位置によって変わり、都市の上空ではより高くなっているように思われました。

私の目はスクリーン上の映像に戻りました。すると、直ちにホログラフィー投影が再開されました。この場所の構造、山々、そしてそれらのアーチ形の部分がより明確に描写され、私がトマシスで見たものよりもはるかに巨大な地下空洞を形成していました。山は空洞の規模に合うほどに高さが〝成長〟していませんでしたが、尾根が遠くまで連なっていました。

それらの映像を見ているうちに、私は山の洞窟の入口に興味が引かれました。その入口は、下車したプラットホームからは見えなかったのです。そのとき私は理解しました。スクリーン上に現れる映像は、何らかの形で私が示す興味に関連していて、すべての映像が私の見たいと思うものによって決まるのです。このことから私は、これは私の心に直結している別の種類の相互作用であることに気づきましたが、実際のところそれはさらに奥深く、おそらくは、私が理解していないテクノロジーから結果するものだったのです。

洞窟の入口の映像が徐々に拡大されると、これは実際には、都市が存在する巨大空洞への山からの出口であることがすぐにわかりました。それは大きなトンネルの開口部のようであり、相当に高くて広く、縁《ふち》が人工的に磨かれていました。人間が介入した痕跡は、そのすぐ前の場所にも見られました。明らかにそれは到着点・出発点であり、その場所の片側に数多くの箱が置かれていることにも気づきました。すると突然、その同じ山の入口が映し出されました。しかし、今回はその元の自然なままの状態だったのです。解像度の高い先ほどの映像と比較すると、その入口は、かつてはもっと小さくて縁は天然の岩であり、地面には凹凸があって水平とはほど遠いものだったことが分かりました。すぐに私は気づきました。私はこの場所の歴史を、その始まりから現在に至るまで通しで見ていたのです。

スクリーンには、クシュメ（注）を頭にかぶり長いあごひげを生やした二人の男性が、

注：古代ダキア人が頭にかぶっていたもので、そのルーマニア語名。

それぞれ火のついた松明《たいまつ》を手に持って洞窟の開口部に足を踏み入れ、さらに現在アペロスが存在する空洞に慎重に足を踏み出している様子が映し出されていました。

松明の光は洞窟の壁の上側にわずかに反射し、地球内部の巨大な空洞の非常に堅固な岩石の構造を示しています。二人の後方、洞窟の入口で、他の何人かの人々が、いくつかの圧縮梱包した大型荷物を抱えながら、彼らを待っていました。映像の提示のされ方から見て、それらが、地球内部のこの場所における居住がどのようにして始まったのか、という歴史的な面を示していることが分かりました。おそらく彼らは、この居住地の継続的発展がいかにしてなされたのか――この点を私が考えることができるように、この巨大な空洞の発見の瞬間を見る機会を私に与えてくれたのでしょう。

興味深いことに、最初にこの洞窟を発見した人々は、白く厚い素材で作られた粗末なズボン、スキンヘッド用のクシュメ、そして黒いベルトで腰につながれた幅広のシャツを着ていました。彼らは〝穴居人〟ではなかったのです。彼らは古代ダキア人よりもさらにずっと昔に地上に住んでいた超古代の人々であった、と私は考え、この巨大な洞窟における居住は何万年も前に始まった、と推測しました。しかし、それはトマシスについての物語とは全く別であり、このように途方もない速さでテクノロジー面の進歩がなされたことは、まさに驚きでした。

次の一連の映像から、たとえ詳細が充分分からなくても、物事すべてがいかにしてこの場所で発展したのか――この点は理解することができました。わずか数人だけが、山の洞窟を通り抜けて最初にこの広大な空洞に入ったのですが、そのときは真っ暗闇で、洞窟の出口付近で彼らが最初に目にしたものが大規模に広がっていた岩層だったため、間もなく彼らは去りました。しかし、その後、おそらくある期間が経ってからでしょう。別の一団の人々が小型の球体を携えてこの空洞に立ち入った映像が見えました。その球体は、非常に強力かつ心地良い黄白色の光を絶えることなく放っていました。同様の光源がさらにいくつか持ち込まれました。それほど大きくはなく、直径は1m以下だったと思われます。するると、谷を含む空洞全体がくまなく照らされましたが、そのほとんどは乾燥していて人《ひと》気《け》がなく、岩だらけでした。

空の高さは平均で70～80m以下でしたので、私の最初の推定が極めて正しかったことが示されました。空洞内の空間は水平に数㎞のびていて、洞窟出口の反対側でわずかに高くなっていました。実質的にそれは、地面がほとんど平坦でほぼ楕円形をした巨大で空っぽの気泡のようであり、トランシルバニア地域地下の広い区域に広がっている極めて広大な空洞だったのです。その球体の光源を持ち込んだ人々は、古代ダキア人とは別の同胞団あるいはそのような階級の人々でした。彼らが長い式服を身につけていたことから、彼らは司祭のような人々だったと思われます。彼らは少人数の非常に美しい金髪の男性と女性に付き添われていました。これらの男女の振る舞いと彼らが纏《まと》っていた光り輝く衣服は、彼らが地上の先住民ではなかったことを示唆しています。直感的に私は、彼らがその時代の人々を支援して地球内部のこの空洞に定住させた、と考えました。そこは現在アペロスとして知られているところであり、この共同体の驚くべき発展とテクノロジーの進化が、それを明確に示しています。

空洞内の光源

当初、これらの球体から放出された黄白色の光は、さらにずっと強力であり異なる波長を持っていました。しかし現在は、空洞内の光の強度が弱まって、より一層快適になっています。そして、おそらくその周波数が変わったためでしょう。今は普通の白色光です。〝その光が特定の方法で私の内に非常に心地よい状態を生じさせて、私を楽しませている〟というのが、私がシャトルから降りて巨大な空洞の全体像を見たときの第一印象でした。光は無味乾燥ではなく実質があるように感じられました。トマシスの光は、自然のままの大気のイオン化に起因しますが、アペロスでは光が人工的に生成されます。流れるようなホログラフィー映像は、この都市の住民がこの問題を解決した独創的な方法を私に示してくれました。

彼らの照明システムは、私たちのテクノロジーに基づくＬＥＤシステムとほとんど同じですが、ＬＥＤ内部のセラミック材料の代わりに水晶振動子を使用しています。アペロスで製造されたこれらの水晶振動子は特別な複合材料と一体化しているため、空洞内部の照明は補助エネルギーを必要としません。これは非常に独創的なアイデアであり、テクノロジー開発における並外れた成果です。これらの水晶振動子は、光として現れる光子が少量だけ放出されるように、圧力がかかるように製造されます。岩のような空洞の天井は、数十億個の小さな水晶振動子で覆われています。その巨大な天井に生じる重力差によって圧力がかかるのですが、これらの振動子はその圧力に反応するのです。主たる重力は地球の中心へ向かうものです。しかし、それだけでなく、空洞の上に存在する膨大な量の岩石によってもある種の引力が生み出されていることを、ホログラフィー映像は示唆しています。個々の水晶にはそれを支える装置が取り付けられていますが、この重力差がそれに作用し、その内部に特定の電圧を生じさせます。それが水晶によって吸収されて光に変換されるのです。

目の前のホログラフィーに目を凝らすと、映像が連続的に拡大しました。それによって

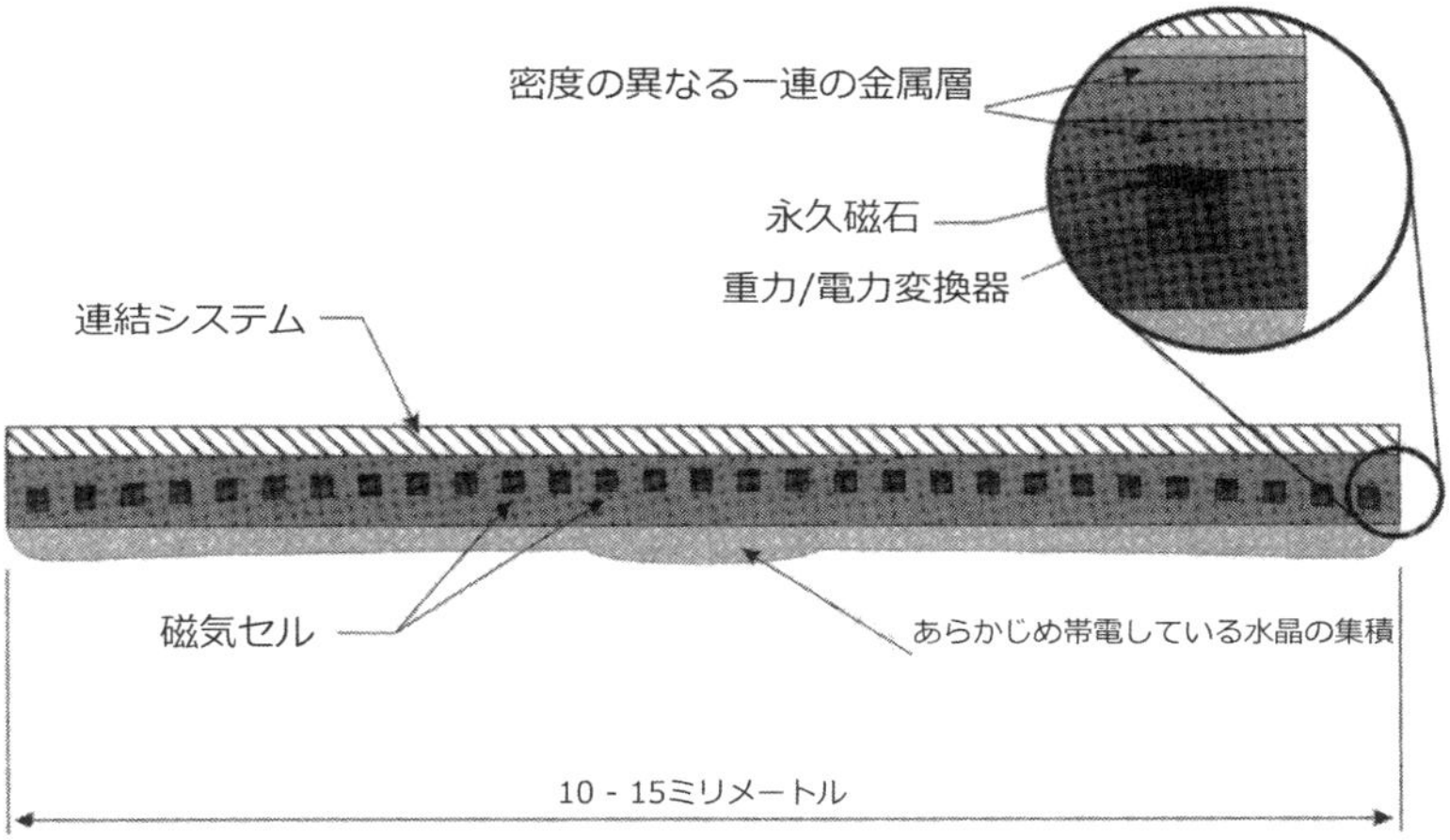

“水晶振動子を使う先進テクノロジーに基づく照明システム”の複雑で入り組んだ構造

よく分かりました。たとえ一つの小さな水晶が特定の周波数しか出さないとしても、〝地下の空洞全体にそのような小さな結晶が数十億個ある〟という事実のゆえに、放出される周波数は膨大な数量になるのです。この水晶に関わるテクノロジーへの関心がとても強かったため、それを支える装置の構造を見せてもらうことができました。これらの装置は丸みを帯びた小さなプレート（平板）のようなもので、直径は10～15㎜、厚さは1㎜でした。それらは私たちが日常使っているＬＥＤテクノロジーに非常によく似ています。このプレートの各々はいくつかの連続した金属の層から構成されており、これらの層を通過する毎に密度が段階的に増加します。

まさにこれは先進テクノロジーです。多分、これらの金属はナノテクノロジーに立脚しているのでしょう。上記の重力差に基づいて起電力が生み出されるのです。小さな磁石と特殊な変換器がその上に取り付けられています。これはかなり複雑な層状のシステムであり、変換器は重力差を電場に変換して、それを水晶に向かわせています。水晶振動子の上には強力な磁石があり、磁場の渦の中に弱い電流を通すことによって新たな可変磁場を創出します。静磁場と可変磁場の組み合わせは、光を発している水晶振動子に恒久的な励起を生み出します。この物理現象の最も興味深い部分は、このプロセスが恒久的であり、重力のゆがみによって生成されるもの以外には、別の電源を必要としないことです。

構造的に考えると、水晶が発する光は可視スペクトル全体を網羅するように計算されています。これらすべての水晶が一体となり、異なる周波数に満ちた水晶振動子の無限の発光に基づいて、均衡のとれた白色光の雰囲気を創出していました。アペロスに到着してこの光に触れたとき、私は幸せな気持ちになり〝精神的に充足した〟という感じを得たのですが、その理由がこれによって説明されます。アペロスにおける生命活動のこの微妙な課題を解決することにより、植生の豊かな生息地が確保され、その成長・繁栄が可能になったのです。

トランシルバニア地域の下に存在する五つの地下台地と複雑な空洞群

地球内部で人々が定着し、適切な環境を確立して運命をも切り開く――そのやり方を見ると本当に感動します。短時間の映像で、すべてがどのように始まったのか、そして、圧縮梱包された大型貨物や樽のようなものだけでなく、山の入口の前に保管した他のさまざまな物資を最初の段階でどのように持ち込んだのかが示されました。さらに、最初の照明球が到着した後、彼らがどのようにして空洞内部をさらに深く探索したのかが明らかになったのです。人々がこの場所に持ってきたかなり大きな物体を見たのですが、これにより私は、空洞に至る洞窟の入口は相当に大きいのではないかと考えました。しかし、トマシスの場合と同様、運搬の助けとなったかもしれない動物は何も見当たらなかったのです。

巨大空洞に至る洞窟の開口部に注意を集中すると、すぐにその断面の映像が表示され、さらに右側・下側などから見た映像が現れました。入口から洞窟内部に延びている通路が見えたのですが、その後それはいくつかの通路に分岐していました。それらのいくつかはかなり短く、途中で閉鎖されていましたが、他のものはより大きく、あたかも乱平面的な効果を及ぼすかのように、地表からの異なる深さに位置していました。上から下まで途切れずに続く斜め方向のアクセス経路は見ませんでしたが、アペロスに至る地球の内部は、どういうわけか比較的水平な台地に断片化されており、その間に通路が作られていたのです。

これらの台地各々に異なる分岐トンネルが存在していたので、それらの下に位置する巨大な空洞に通じる主要な通路がどれなのかを、正しく知っていることが必要でした。さもないと、小さな洞窟に通じる二次分岐をたどることになるか、あるいは、途中で通路が塞がれてしまうのです。これらの小さな空洞のどれかが居住されているかどうか、この点は分かりませんが、これらの空洞のいくつかは繋がっていましたので、答えはイエスだと思います。しかし、これは私の個人的な意見です。この点に関しては何の情報も示されませんでした。

アペロスに通じている台地は、各々地表から異なる深さに位置しています。それらは5つありました。それらの断面の映像を見て、改めて気づきました。地表にかなり近くても、地球内部の構造は極めて複雑で込み入っています。アペロスは地殻からマントルに移行する区域にあり、地表からの深さはそれほど大きくありません。アプセニ山脈（注）の特定の場所にかなり大きな亀裂に似たものがあり、アペロスへはそこから直接行くことができる――私はこれを確認しました。

注：ルーマニア語のApuseni（アプセニ）はapusの派生語であり〝日没〟を意味します。接尾辞eniは複数であることを示し、信念等の特定の属性を持つ人々や物の集団を指します。それゆえ、アプセニは〝たそがれの人々〟を意味するということもできます。

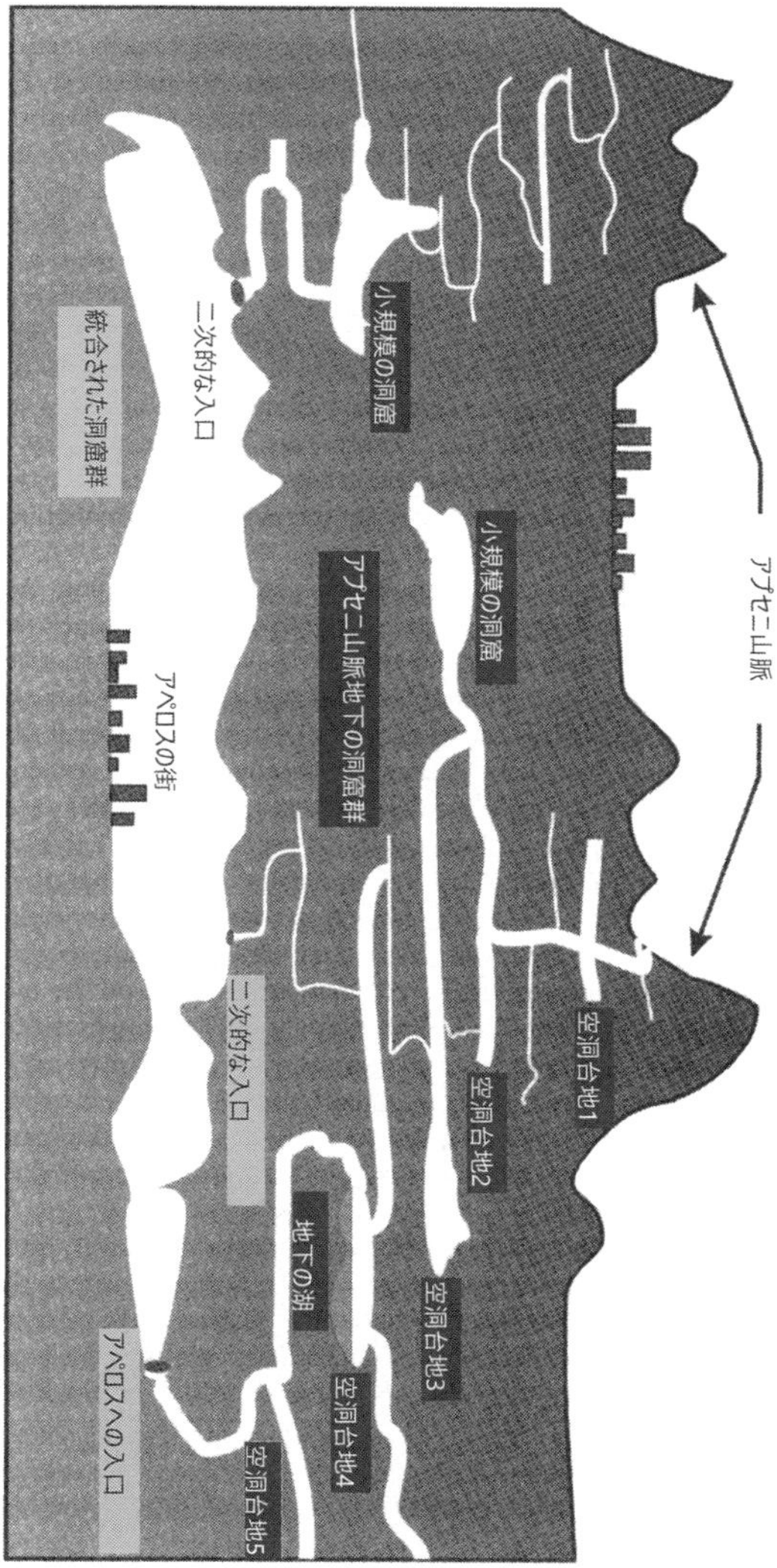

地表から出発してアペロスに至る5つの繋がった空洞台地

アペロスと比べると、トマシスはマントルの下限区域にあります。つまり、アペロスよりもはるかに深く、そのため、このダキアの都市は〝エーテル界への移行区域との境界〟に非常に近い場所に位置しているのです。これが、トマシスに存在する物質および生命体の物理的性質が振動周波数の面で地球表面に見られるものよりも高くなっている理由です。さらに言えば、正しい道順を知っていれば、歩いてアペロスに行くことも可能です。トマシスの場合、同じ方法は使えません。特定のよく知られた区域に存在するゆがんだ空間を通過することによってのみ、トマシスを訪ねることができます。ゆがんだ空間は自然の状態で存在しているものもありますが、私がセザールと一緒に入った第二のトンネルのように、人工的に創られたものもあります。

私は、アペロスに通じている通路のうち、地表に最も近いレベルのものを見ることができました。地表にある入口から入ると、最初の台地への通路は相当急激に降下しています。2番目の台地に行き着くと急な降下ではなくなり、すべての台地の中で最も大きな4番目の台地に至るまで、比較的一定の下向きの角度が維持されます。そのレベルには大きな洞窟が存在し、さらにそこにはかなり広大な地下湖があって、それを渡ることにより別の洞窟に行くことができます。そして、この最後の洞窟を通過すれば、最終的にアペロスが存在する巨大な空洞に到達します。

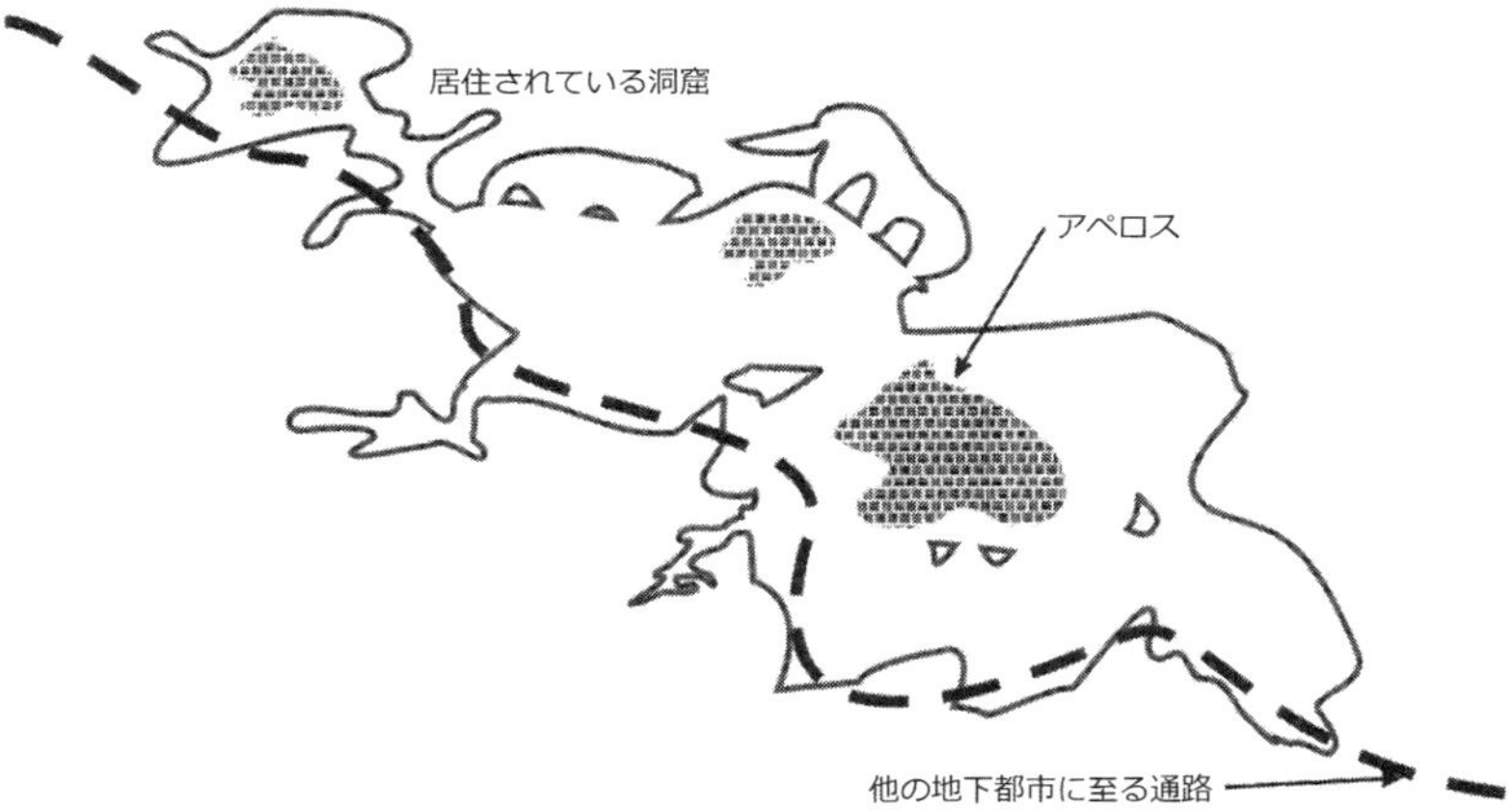

アプセニ山脈の地下に存在する巨大空洞とフィヨルド洞窟群

それから私は、アプセニ地域の概要を見ることができました。それは地球内部に巨大な空洞があることを示唆するものでした。アペロス自体は三角形が引き伸ばされたような形をしており、地球内部のその境界は、ルーマニアの都市オラデア、シビウ、アルバ・ユリアにあると思われます。さらにこの空洞は、いくつかのフィヨルド（深く入り込んだ峡湾）のような他の小さな洞窟に繋がっていることが分かりました。それらはすべてアプセニ山脈の地下で、非常に複雑に入り組んだ構造になっています。

アペロスやそこから延びているフィヨルド洞窟も、私たちの三次元物質世界と同じ物質世界である、ということは重要な事実だと思います。さらに、これらの世界は、地表からの通路を通じて文化の面でも繋がっています。これはホログラフィー映像でもって私に示されましたし、私からも今説明しました。金髪の男性から受けたさらなる説明に基づき、彼らがかなり頻繁に私たちの世界を訪れ、そこから数多くの製品を持ち帰っていることが分かりました。ただし、どうしても必要な場合を除き、私たちがアペロスを訪ねることは許可されていません。地球内部の空洞の最も広い部分は、ロシア・モンタナと隣接するカンペニの町の真下で、南に向いています。極めて明らかなことですが、特にいわゆる経済的性質の非常に多くの問題・議論・対立がロシア・モンタナから金鉱石を抽出するという一件から生まれたことは、全くと言っていいほど偶然ではないのです。私たちはこの問題の根底にある微妙な点をよく知っていますが、ここで提示するのはその真相でもそれがなされた時でもありません。これらは国家機密を伴う国際問題であり、慎重に扱うべき事柄ですが、注意深い読者は、これについて適切な関係づけを行うことができるでしょう。

地下都市を結ぶ輸送ネットワーク

空洞はオラデアに向かって非常に狭くなり、底辺が長い三角形を形成します。私が見ていた映像は、アペロスの内部だけでなく、さまざまなフィヨルドまたはその分岐の間を結ぶ一種の流通ネットワークを映し出しました。画像が拡大されると、それらの間の接続と移動が、トマシスからアペロスへの移動の際に私が乗ったシャトルのようなものによることとが分かりました。しかし、私はその他に別のシャトルが2種類使われていることに気づきました。そのうちの一つは長さ50m以上のモジュール式輸送車両でした。私がいたプラットホームからアペロスの街並みが見えました。それはトマシスと同じように非常に静穏でしたが、地下を走行するシャトルは極めて動的で、空洞の中でもかなり活発に動いていました。ほとんどの走行軌道が、巨大な空洞の境界線に比較的近い山の壁のそばを走っており、放射状に走行して市内中心部を通るシャトルはほんの数えるほどしかないことに気づきました。

トマシスの場合、シャトル・トンネルが空洞の境界である山の外周に沿っていますが、アペロスの場合も、基本的には同じ構造の配置でした。私は、アペロスのさまざまな区域と枝分かれした郊外地区を結ぶ大小のシャトルに気づきました。地下の比較的浅い場所に主要な駅がいくつかあり、それらは外部からの物資の移動と輸送が行われる〝受け入れ場所〟として機能しているため、輸送車両はその地表近くの区域を走行します。これらの駅と地表は短い通路で結ばれており、もちろんそれは秘密になっています。

それでも、それらの一続きの映像を見ている間に、私は輸送シャトルが〝受け入れ駅〟に預けられた貨物のほんの一部しか引き取っていないことに気づきました。そのとき、私は個人的に二者択一の板挟みになっていました。これら一連の映像の最初から、私は、外の世界とのコミュニケーションがどのように行われているのか、また、アペロスの住民がどのようにして地表に達し、どのようにしてそこから戻るのか、を自問していたのです。また、貨物の輸送がどのように行われているのかにも興味がありました。そして、その量は極めて膨大であることにも気づきました。〝受け入れ駅〟はおそらく地下2～3㎞の場所にあると思われますが、そこで多くのシャトルを見ることはありませんでしたし、そのような輸送車両が到着できる場所は地表にはないのです。

もしもアペロスの人々が、私が画像で見た洞窟や台地を経由する通路を使ったのであれば、そのような経路に基づく移動は多大な労力と時間を必要とするため、それは最初から失敗したことでしょう。たとえ通路が平坦であると仮定しても、アペロスと地表の間の約70㎞の距離を登攀《とうはん》するのに数日かかります。そして、忘れてならないことは、地球内部には、無数の蛇行路、障壁、上がったり下がったり、横断しなければならない海や湖がある、という事実です。さらに言えば、これら以外にどれだけ未知の要素があるのかは誰にも分からないのです。このような状況では、さまざまな種類の荷物、とりわけ大量の製品を輸送し、それらを巨大な格納庫に搬入することは事実上不可能です。私はこの問題にすっかり気を取られてしまいました。まさにそれが、私があえてこの点についての情報を求めた理由です。金髪の男性は誠意を持って答えてくれました。

「そうですね。長い間これは私たちにとって厄介な問題でしたが、何とか解決されました」

そして彼は、一連の新たな映像を暗に示しながら言いました。

「これです。私たちの格納庫は地上にあります。アペロスに輸送する前に、あなた方の都市から得たさまざまな製品をまずここに搬入するのです」

ホログラフィー・スクリーンには、巨大かつ非常に近代的な格納庫の映像が映し出されました。あたかも小売店の倉庫であるかのように、人々がフォークリフトや小型電気自動車を使って忙しそうに働いています。地球内部に住んでいる人々が、地上でも同じように生き生きと活動していることに驚き、極めてもっともな質問をしました。

「これらの保管庫や格納庫は一体どこにあるのですか？　こんなに大量の物資が移送されるとは思っていませんでした」

金髪の男性は微笑みながら答えました。

「それを明らかにすることは許可されていません。それは充分に理解して頂けると思います。この種の情報は別のレベルで議論され、決定する立場にある、より権限のある人々に委ねられます。あなたが現在アクセスできる情報でさえ、あなたに何が明らかにされるべきか、そしてどのように、そしていつ明らかにされるべきかに関して、事前に確認されています。これらは皮相的に扱うことができない重要な事柄なのです」

地球内部の人間は戦いや紛争が無意味であると理解している

彼の説明は充分に納得できることです。私にはそれがよく分かっていました。

「地上の人々の気質・性分と生命に対する彼らの理解のレベルのゆえに、私たちの都市の安全の確保は、常に非常に重要でした。あなたがここに来ることも、ずっと前に策定された計画の一部であり、それは少しずつ着実に実施されてきました。すでにこの段階に達したという事実は、外交において基本的な決定がなされたことを意味します」

彼が言った言葉は、私たちの文明とアペロス、トマシス、そしておそらく地球内部の他の都市との間の将来の交流が準備されていることを示唆していました。しかし私には、これがそう簡単にはできないことが分かっています。哲学面・宗教面の詳細は別として、地球内部にこれらの文明が存在するという事実と地球の内部構造の真実に直面した後、人類は、テクノロジー面、社会面、心理面、経済面においてとてつもない衝撃を受けることでしょう。それが、現代の科学理論とあまりにもかけ離れているからです。

私がこれまでに訪れた地球内部の二つの都市は、まるで別世界の飛び地のようでした。もしも彼らの存在が私たちの地上文明によって知られ、自由な往来が可能になれば、おそらくインカ帝国の征服と類似した侵略を目撃することになるでしょう。私はこの推測が間違っているとは思いません。ある視点から言えば、それが起きた400年前と比べて物事はあまり変わっていないのです。しかし、二つの都市の人々の善意は実に素晴らしいものであり、彼らは本当に私たちを助けたいと思っています。セザールの途方もない努力、彼の地球内部への数え切れないほどの旅、地球内部の人々の真の動機、そしてセザールがこの点において示した思慮深さを、私は今、さらによく理解することができました。

やや小さい都市がいくつかアペロス郊外の小さめの空洞の中にあることに気づき、私は金髪の男性に尋ねました。

「これらの都市は互いに独立して発展したのですか？」

「彼らは私たちの衛星都市のようなものですが、それぞれが独自の立場と規則を持っています。私たちはこれらの都市とコミュニケーションを取り、互いに助け合っていますが、発展・開発は個々別々になされています。これらの都市の人口は、征服後、大幅に増加しました」

私は、それ以上尋ねることなく、彼が2000年前のローマによるダキア征服に言及していることを理解しました。金髪の男性は説明を続けました。

「あなたが言うように、地球の内部は完全に詰まった状態ではありません。まだ何も知られていない空洞や洞窟がたくさんあるのです。それらのいくつかは地上の世界とは何の関係も持っておらず、それらの間でのみコミュニケーションをしています。しかし、地球内部の都市の多くは、往来の経路を通じて、あるいはその他の手段に基づき、あなた方の世界と繋がっています。あなたが知っているのは、そのうちのわずかです。観光や探索に使われている洞窟はほんの少しであり、氷山の一角にすぎません。地球内部の空洞はそれらよりもずっと大きく複雑であり、はるかに多く存在しています」

私は好奇心にかられて尋ねました。

「それらの空洞はすべて居住されていますか？」

「いいえ。たとえ生命活動を支えて維持することができるとしても、それらのいくつかは空っぽです。あなた方の世界で力のある政府機関は、地表に近い空洞をいくつか発見し、実質的に都市と言えるような軍事基地をそこに建設し、何千人もの人々を住まわせています。それらは、地上で大きな災害や大変動が起きた場合の避難所として考えられており、それゆえそれらの存在は秘密になっています。他の空洞は巨大ですが、人類社会を発展させる目的には役に立ちません。実際のところ、それらの多くはガスの入った袋のようなものです。

しかし、他の空洞には広大な淡水湖を抱えている空洞もあり、そのうちのいくつかには堆積物や油等があります。あなた方の世界の特定の勢力は、さまざまな手段を駆使して私たちの世界を搾取したいと考えています。彼らが私たちの世界に通じる通路の1つに危険なほど近づくときは、何が起こっているのかが分からないように事前の対策をとり、彼らがそうしないようにします。彼らの意図はほとんど常に破壊的であるため、当分の間、彼らと交流することはできません」

彼の説明に対し、私は次のようにコメントしました。

「いずれにせよ、彼らが地球内部に及ぼす影響はわずかであり、実質的に意味のないものです。その一方、おそらく地球内部には、他にも多くの人々や都市、そしておそらく私が何も知らない文明さえもあると思います。しかし、多分あなたは、それらに精通しておられることでしょう。これらの異なる居住地間で、何か対立のようなことは起きないのですか？」

「地下世界における争いは無益です。双方が最初から失敗するように運命づけられているからです。勝者も敗者もありません。環境条件がそれを決定づけるため、すべての人が敗者になるのです。地球内部の居住地は閉じられていて比較的限られた空間であるため、やみくもに扱うことができません。均衡を保つことが最も重要であり、それには細心の注意が必要です。強力な破壊兵器、爆発物、そしてあなたが大量破壊兵器と呼ぶもの等は、全く問題外です。実のところ、これらはかなり粗野なものです。たとえあなた方の中世に存在したような単純で初歩的な兵器を使用したとしても、死体が多くなりすぎると生態系が不安定になります。空洞の多くはアペロスほど大きくはないため、そこでの生活は慎重に計画し準備する必要があるのです。

私たち地球内部の人間は、戦いや紛争が無意味であることを最初から理解しています。人間の進化に伴ってその認知力と遺伝情報が少しずつ変化したため、数千年を経た後、地上の人間と地球内部の人間の間に、かなり大きな違いが生じました。これはほとんどすべての分野に当てはまります。もしも遺伝情報が最初から健全であれば、地球内部における進化は極めて急速に起き得るのです」

物資の〝テレポーテーション〟

まだ明確になっていない事柄がいくつかありました。そこで、まずそれらを重要度の面で順序立ててから、次のようにコメントしました。

「地球内部のすべての共同体が同一モデルに立脚しているとは、ちょっと信じがたいですね。あなた方とトマシスの人々との間でさえも、大きな違いがあるように思われますが、すべての事柄を考慮に入れれば、それは理解可能です。しかし、私がまだ理解できていないのは、すべての共同体が大体において同じ進化の段階にあるかどうか、という点です。地球内部の人々は皆穏やかで幸福なのですか？」

「同じ遺伝子パターンに基づいて進化し始めた人々について言えば、そうです。それらは同じひな形に基づいて発展してきました。しかし、わずかではありますが、それとは異なる共同体も存在します。そこに住む生命体は、必ずしもすべて人間とは言えませんが、別の生き方をしている存在です。それらのいくつかは地球外に起源を持っています。彼らの世界は暗黒で苦悩に満ちており、孤立しています。それゆえ彼らは、社会が進化している大きな空洞に出入りすることはできません。たとえ彼らがそれを望んだとしても、それは阻止されます。彼らは運命に導かれて地球にやってきました。すべては、彼ら自身が存続させた歴史、およびそれから結果した状況に関連しています」

「それはあまり深くない地下世界における状況である、と私は理解しています」

「地球内部の都市や文明は物質世界に限られていません。中心に近づくにつれて次元が高くなります。私たちは比較的地表に近い空洞の中にいますが、私たちは地上と同じ三次元物質世界に住んでいるので、そこに住む人々との繋がりを維持するのは極めて自然なことです。トマシスも同様です。だからこそ、私たちはあなた方の世界と頻繁に交流し、あなた方の製品の多くを利用しているのです」

私は彼と議論を始めた際のテーマを思い出しました。そして、ホログラフィー・スクリーンを見上げたところ、すぐに投映が始まりました。

「確かにそうですね。あなた方は地上の世界からの製品をたくさん使用しているように思われます」

「それは当然のことです。私たちの世界には農場・農園がありませんし、植林地もないのです。つまり、生存に必要なすべての要素が備わっていないのです」

「分かりました。でも、これらの製品を地表からあなた方の都市にどのように輸送するのですか？」

彼はある種のやり方で、プラットホーム上にある投影パネルの上に手をかざしました。すると、格納庫の小さな断面がスクリーンに現れ、直径約１ｍの円が見えました。その上には、赤みがかった黄色の金属で作られた高さ約５ｍのアーチが見えました。それに円形の部品が取り付けられているので、その装置全体は巨大なシャワー設備のように見えました。私は少々冗談めかし、それについて素朴な意見を述べました。すると金髪の男性は、微笑みながら次のように説明してくれました。

「実のところ、あれは先進テクノロジーに基づく装置であり、物資や人間を格納庫から受け入れ、ステーション（搬入口）に移送します。移送先で輸送業者が物資を引き取るのです」

驚愕した私は彼に尋ねました。

「私たちはテレポーテーション（瞬間移動）について話しているのですか？」

「いいえ、それはあなた方がこの概念に与えている厳密な意味でのテレポーテーションではありません。単に物や人間が消失し、別の場所に再び出現するわけではありません。これは、より簡単な方法であり、テレポーテーションにかかわる困難さを伴いません。私たちは、移送される物資や人間の振動周波数を上げます。そして、あたかもそれがレール上にあるかのようにみなして、それを目的地に〝押し出す〟のです。実際には、〝レール〟

は、一方の場所にある伝送機と他方の場所にある受け取り機の間の力線（電場や磁場の向きと強さを表す仮想の線）なのです。物資や人間を構成する原子はこれらの線に沿って押し出され、目的地に到着すると、振動周波数を減少させることによって〝凝固〟するのです」

「このプロセスは瞬時になされるのですか？」

「いいえ、短い時間で済みますが、瞬時ではありません。古典的な意味の速度の問題ではないのですが、移送される物資の電場と磁場の均衡を取り戻す必要があるためです。実際の移送には数秒しかかかりません。あなた方の現在の科学に基づく理解と比較して考えると、それはまるで物資がいったん並行宇宙に移動してから私たちの宇宙に戻ってくるかのようです。これは、私たちのシャトルに使われているものよりも少しだけ進んだテクノロジーです」

重力磁気変換器

金髪の男性による説明に基づき、私は輸送シャトルの稼働および運行の原理を理解することができました。それは〝局所的〟物理学の問題であり、開かれた空間においては、隣接するいくつかの構造要素によって促進される現象なのです。シャトルはレールの上を走っていませんでしたが、開かれた空間の中をグルグル回るときにいくつかの〝アーチ〟の下を通過していました。私が見た映像には、シャトルが、空洞内部の空間だけでなく、空洞と空洞の間の固体物質をも通り抜けて高速で移動している様子が映し出されていました。それにより私は理解しました。地球内部の二つの都市の住民が移動に使っているテクノロジーは互いにそれほど違わない、ということです。

この観点に基づいて状況を考えたところ、即刻、トマシスからアペロスに移動した際に使われたものと非常によく似たシャトルの映像が映し出され、それに続いて非常に迅速に、使われている変換器の種類とそれが生み出す力を示すいくつかの映像が現れたのです。私はすでにこのことを知っていたので、アペロスで使われている輸送のテクノロジーは、トマシスの女性が説明してくれたものと似ていることに気づきました。しかし、それらは必ずしも同じではありません。また、シャトルが振動周波数の変化の原理に立脚して固体物質の中を進んでいく様子も見ることができましたし、このシステムの最前部でどのようにして重力が磁力に変換されるのか――この点についても理解することができました。それは、私がトマシスからアペロスに移動した際に乗ったシャトルの外側に装着されていたものとほとんど同じでした。シャトルそのものも見せてくれましたが、その外面の形状は、

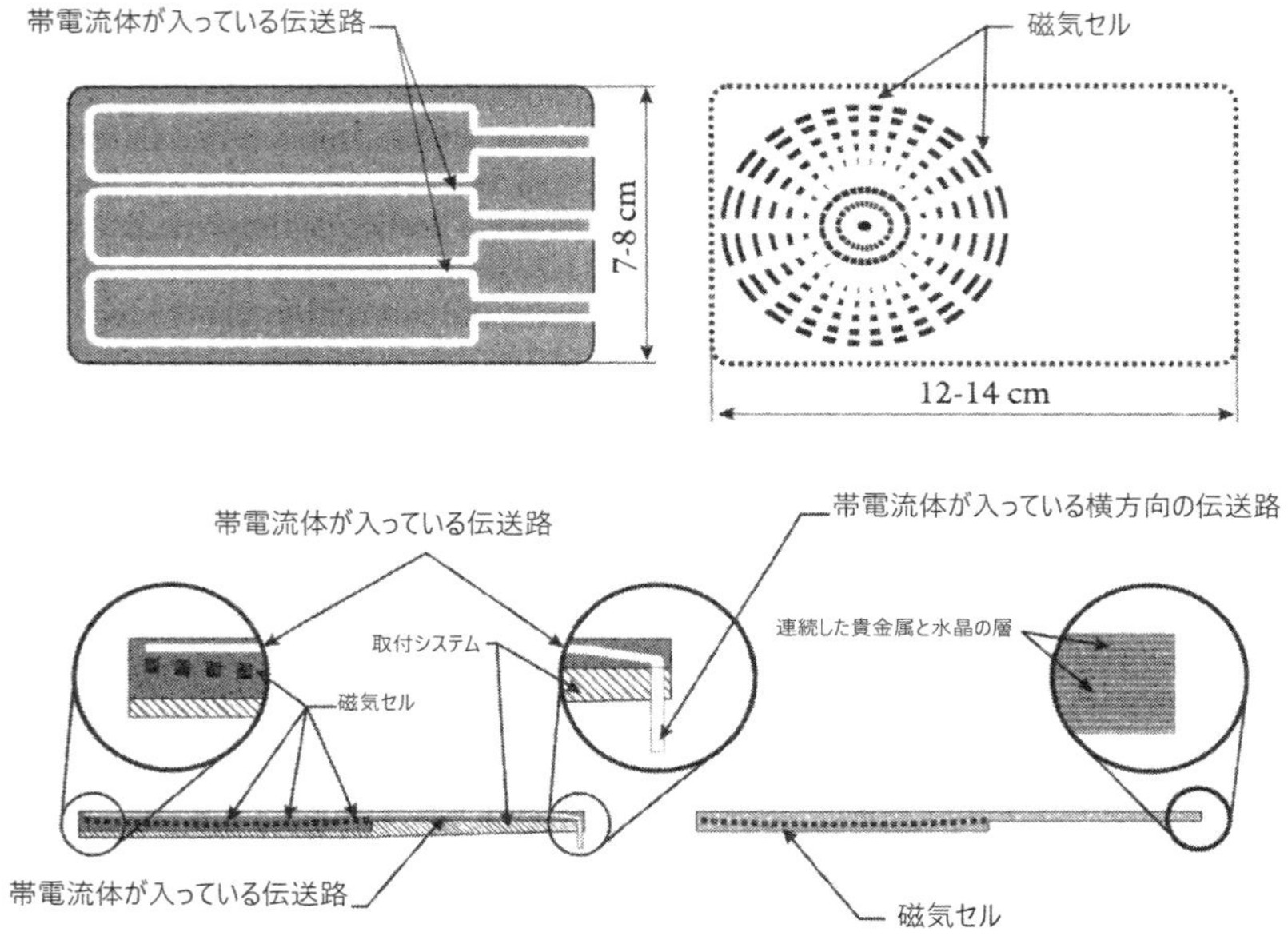

磁場変換器の主たる構造

車体の側面が少し傾斜していて、さらに角がわずかに丸みを帯びている、という点で、トマシスからのものとは少しだけ違っていました。

映像が大きく拡大されたため、変換器の表面を観察することができましたが、そこには重力線によって形成された複雑なネットワークの構造がありました。重力線はシャトルの形状に織り込まれていて、生き生きと描写されていましたので、その主要なネットワークとシャトルの間の基本相互作用を理解することができました。そのとき、そのネットワークが揺らぎ始めた際の映像が映し出され、その揺らぎから生み出された電気が、どのようにしてシステムに取り込まれて磁場に変換されるかが、双方向性に基づく方法で示されていました。変換器は、その物理的な構造としていくつかの区画に区切られていて、その中に特別な光沢のある白い液体が入っていることが、暗に示されました。それは液体酸素に非常によく似ていましたが、実際には異なる何かの物質だったように思います。この特殊な液体が重力線ネットワークとどのように相互作用するのかも見せてくれましたが、私はそれが十中八九、重力エネルギーの磁気エネルギーへの変換に寄与している、と結論づけました。

帰還

この詳細映像を最後に、ホログラフィー・スクリーンは不透明になり、プラットホームに設置されている台座に吸い込まれました。金髪の男性は、私の方に向きを変えて話し始めました。

「トマシスに戻る時間が来ました。あなたの同僚は、すでにトマシスであなたの帰りを待っています」

アペロスの人々の善意と親切な行為、そして、アペロスの歴史と彼らの共同体における生活について学ぶ、という素晴らしい機会を私に与えてくれたことに感謝しました。私は感銘しました。そして、アペロスでのひとときをとても楽しんだので、内心、アペロスに滞在できたらなぁ、と思いました。

別れを告げた後、私はトマシスの女性と一緒にシャトルに乗り込みました。帰りの旅は来たときよりもさらに短かいものでした。移動中、私はとても快適にくつろげる素材でできた椅子に身を任せ、アペロスで見たすべての物事について考えました。その間、私の同伴の女性は、シャトルの内壁に投影された双方向性映像から何かの情報を探し出そうとしていました。

出発から5分後、極めてわずかであり短い時間でしたが、シャトルの減速を感じました。それはシャトルが目的地に到着したことを示すものでした。ドアが開き、私はトマシスの駅のプラットホームに足を踏み出しました。そこにはうれしい驚きがありました。セザールが笑顔で私を待っていたのです。ドゥリンは数メートル離れたところで、二人の軍人と話をしていました。時計を見たところ、往復の移動を含め、アペロスで過ごした時間は約45分だったことが分かりました。

私は地上の世界に戻るときが来たと直感し、セザールは心得顔でそれを確認してくれました。ドゥリンの話では、軍の将校二人が私たちに同行して見送ってくれるそうです。私たちは彼に別れを告げました。とりわけ彼から受けた細やかな配慮と詳細情報に対し、私は謝意を表しました。賢者であるこの人物は〝将来期待される彼らの文明と地上世界の間の協力〟を促進する上で重要な役割を果たすだろう、と感じました。私たちは二人一緒に反重力飛行ボードに乗り、次元間エレベーターのある場所に移動しました。二人の軍人は別の飛行ボードで私たちの後ろに続きました。すべてが非常に速やかに起きていましたが、私には、急いでいるという印象はありませんでした。極めて短時間にたくさんの貴重な情報を得ることができたため、私はその魔力にかかってしまったような状態で、セザールも何かで頭がいっぱいになっているように見えました。それゆえ私は、しばしの沈黙を選択したのです。

エレベーターによる短時間の上昇が非常な高速移動だったため、少々気が遠くなりそうな感じはありましたが、透明な素材を通して見たエレベーターの外側の光景を楽しむことができました。エレベーターの外に出ると、そこは地上からの帰還者を受け入れる所でしたが、今回はもっと多くの人々がそこにいました。二人の将校は私たちを山の壁際の場所に連れて行きました。驚いたことに、私たちがそこに着くとその場所が振動し始め、半透明に変わり始めたのです。そして、非常に不思議なことですが、あたかも私の重心が変わってしまったかのように、私の存在全体の変化が感じられたのです。それはまさに目がくらむような感覚でした。敬意を表して頭を下げたトマシスの将校二人に挨拶し、私はセザールと一緒に、受け入れ区域の向こう側に歩いていきました。

次元の不連続性を可能な限り自然に乗り越えるように心掛けたところ、稲妻のように全身を横切る震えだけで済みました。セザールによると、実際のところこの感覚は、生体電場の振動周波数が細胞レベルで変化した結果だそうです。トンネルを通り抜けて戻る際、ゆくゆくはこれが体を駄目にするのではないか、とセザールに尋ねたところ、彼は次のように答えました——たとえそれがかなり速いペースで起きたとしても、周波数の差異がその都度互いに近接している、という事実のゆえに、体がそのような変化を不快に感じることはないだろう。さらに彼は、身体はそのような新しい情報を素早く〝学習〟し、繰り返しの経験を通してそれを取り入れてくれる、と追加説明してくれました。これにより分かりました。将来の探索調査や探検旅行の際、私が感覚の変化をほとんど感じない可能性が極めて高い、ということです。

そうこうしているうちに、私たちは元の出発地点に戻りました。まだ入ったことのない分岐トンネルを横に見て、私は少しばかり躊躇の気持ちを表したのですが、私の反応に気づいたセザールは、次のように言いました。

「あの分岐トンネル経由の探検旅行は、トマシスやアペロスを訪ねるよりもさらにずっと込み入った複雑な経験になります。まず、二つの都市への訪問でこれまでに分かったことおよび経験したことを自分のものにしてください。後ほど2番目の分岐トンネルを通る探索調査を実施しますが、それによりあなたは、あの分岐トンネルの先は状況がより一層複雑であることが自分で分かります」

ホログラフィー投影室の拡散した光を見て、私は再び魔法にかかったような状態になりましたが、思い切ってそれに身をゆだねました。私は毎回ここを通過するだけでそのようになるのです。これらのテクノロジー・システムは、振動周波数の自然な変化を促進し、非常に短い時間での旅を可能にします。これらが如何に効率的であるか――私はこの点にあらためて気づきました。

時計を見て私は、自分が夢の中で生きているのではないか、と思いました。本日私は午前9時に基地に到着しました。そして今は12時30分です。すでに地球内部世界への旅をすべて経験し、これから基地に戻るのです。1時間半後、自分の部屋に入り、上向きでベッドに横になったものの、すべての物事が起きたその速さに少し頭が混乱していました。本当に今朝出発したのだろうか――私は不思議に思いました。それから6時間も経たないうちに戻ってきたのですが、すでに膨大な量の情報と素晴らしく圧倒的な経験を得ていたのです。私はまだ、さまざまの感情の変化や私に対する期待感に充分慣れていませんでした。少々疲れを覚えた私は、深い眠りに襲われるのを感じました。眠りの世界に滑り込む前に私が見た最後の心象は、水晶の建物があるアペロスの街の素晴らしい景観でした。

第5章

ガーディアン（守護者）

地球内部への旅から帰還後の2週間は、ゼロ局がかなりの動揺を経験する期間となりました。ある特定の時間帯に警戒態勢に入り、局の活動が急激に増加したのです。この期間、セザールはほとんどゼロ局を留守にしていました。出掛ける前に彼は、イラクに至るトンネルを経由する非常に重要な探索調査の準備をする、という任務を私とニコアラ中尉に託しました。テクノロジーにかかわる問題が克服できなかったため、これまでこの遠征が最も困難だったのです。適切な時期が来ましたら、この調査旅行の詳細をあらためてご説明します。

この探索調査は米国と共同でなされることになっており、米国チームは2か月以内にルーマニアに到着する予定でした。エジプトへの探索旅行以来、ゼロ局における手続きは大幅に変更され、米軍の長も変わりました。見通しが常に収束するとは限らないため、これには迅速な意思決定と、さまざまなレベルの連絡先に対する警戒が必要でした。私はすでにこれらの問題の管理・処理に多くの経験を持っていましたが、事態は、単純化するというよりはむしろ、年々ますます複雑になっているようでした。米国側の焦り、緊張、そして彼らから繰り返しなされる要求によって多大の圧力がゼロ局にかかるようになり、とりわけこれはオバデラ将軍の死後、はっきりと感じられるようになりました。

探索調査隊の構成や必要な装備等が決まると、事態がいくらか落ち着きました。シークレット・サービスのような他の部局は、米国国務省との特定のレベルの会議を秘密裏に開催するという仕事で手一杯だったのです。実際のところいくつかの協定が政治的なものであった、というのがその理由です。セザールは、予期せぬ驚きがあることを承知の上で、この比較的穏やかな期間を有効に利用することを決めたようです。

ある朝彼は私に、私たちは再び探索旅行に行くけれども、今回は最初の分岐トンネルを経由する、と言いました。彼がこの話をするやいなや、私は胃が締め付けられるのを感じました。２番目の分岐トンネルを通ってトマシスとアペロスを訪ねて以来、私は、突然襲う感情の高まりを感じてきました。はっきりしないものの、それは紛れもない感情の変化でした。しかし、それが一体どんな働きをするものなのかは理解できなかったのです。それは磁石のように私をその分岐トンネルに引き付けましたが、その一方、私を奇妙な興奮状態に引き込みました。しかし、セザールはすでにその分岐トンネルを通る旅を経験していましたので、私は心配せず、喜んでその探索旅行を受け入れたのです。

三つのトンネルを通る探索調査のうち、地球内部への旅は、必要とする準備が最も少なくて済みました。地球内部の目的地とそこの人々との接触・交流が特別のものであったため、すべてが迅速かつ的確に行われたのです。しかし、私たちの世界の政府代表と一緒に地球内部の都市を訪ねる場合は、ずっと難しくなります。彼らの理解が欠如している面を補うだけでなく、彼らの権力欲・傲慢さ・お金・彼らの隠された意図等にかかわる問題を、事前に解決しておく必要があるためです。それが大変な旅になるとセザールから聞いていたため、私はその日充分な休息を取りました。これまで以上に充分に振動周波数の調整をしなければならない、ということが分かっていたからです。後になってようやく、私は彼の言葉の本当の意味を理解することができました。唯一の驚きは、以前の探索旅行の場合とは異なり、彼は私たちがそれを実施することを誰にも告げなかったことでした。

「その必要はありません。ゼロ局には常に誰かがいますからね。この場合、私たちは特別な状況に対処しているのです」と彼は言いました。

2日目の朝、所定の手続きを経た後、私たちはホログラフィー投影室にいました。セザールがブセギ複合施設に入るための最初のトンネルを遮断すること、必要だったのはこれだけでしたが、彼はそうしてから私を手招きし、私たちは一緒に大広間に入るトンネルを通過しました。これらのトンネルを通り抜けて大広間に来ることによって、徐々に身体が高い振動周波数に順応し、その後それが、より効果的に私の存在すべてに統合される――これが、大きな利点の一つであると思われます。退屈したり無関心になったりすることは決してありません。なぜなら、自分の存在すべてが神秘的なエネルギーによって支えられるからです。

そしてそれは、これらの探索旅行中に〝活性化〟し、意識や感情の高揚を経験させてくれるのです。時間の経過と共に明確な確実性と自信が現れるため、最初の経験では重い試練の石であったものを、そのときは簡単に克服することができます。このパワーの認識力を一種の〝習慣〟と見なすことができますが、むしろそれは〝実現のための習慣〟であるといえます。正しく順応することによって自信が得られ、それによって自分の行動が効率的で的確になるためです。とりわけそれが難解なテーマに関するものである場合は、そのような継続的・実践的経験および理論に基づく経験によって得られる高度の理解と素晴らしい安心感を私自身が享受してきた、というのが、これらについてご説明した理由です。

ブセギ山脈地下の複合施設に到着して大展示場に入るまで、私たちはほとんど話をしませんでした。さらに、第二のトンネルに入り、分岐点の真正面に到着するまで、私たちは二人とも無言の状態でした。周波数偏差のある大きな立方体の近くを通りすぎてまっすぐな通路に入り、２番目の空間ゆがみの前で立ち止まりました。そこでは、キラキラ輝くスミレ色の光が、大きな喜びを与える神秘的な方法で、波のようにうねっていました。

セザールが謎めいた笑みを浮かべて言いました。

「私はいつもトンネルのこの部分を楽しんでいます」

二人とも、空間ゆがみの先を、時間の流れの鈍化を促すようなテンポで歩きました。一瞬、私たちの前進に対するれっきとした抵抗を感じましたが、その直後、あたかも自分が突如軽くなったような解放感がありました。空間ゆがみを横切った際のゾクゾク感は、トマシスへの分岐トンネルを通ったときよりも長く続きましたが、数メートル先で消失しました。空間ゆがみ通過後も、トンネルはゆがみまでの部分と同一であるように見えましたが、すぐにじょうごのように広がり始め、どんどん明るさを増していることに気づきました。これは非常に斬新な体験であり、それは、潮風の知覚と紛れもない海辺の匂いによって、さらに強まりました。私は驚嘆し、何としてもこの興味深い謎を解明したいと思いました。先ほど山の中に入ったばかりなのですが、結局のところ、今は海辺に到着しつつあるのです。

トンネルは左に大きくカーブし、巨大なメガホンの形に壮大なスケールで広がっていました。カモメの鳴き声や穏やかな波の音さえも聞こえました。セザールの前を急いで歩き、カーブに沿ってトンネルの左側に進みました。しかし私は突如として立ち止まってしまったのです。自分が黄色い砂浜に足を踏み入れていることに気づいたためです。眼前には緑豊かな植生のある小さな島が見えました。私は魅力的で素晴らしい体験には充分すぎるほど慣れています。しかし、それでもなお私は驚きました。なぜならトンネルがどこに消えたのか分からなかったからです。私の周りや上、および後ろを見たとき、トンネルは確かにそこにありました。しかし、前方を見るとじょうご状に広がったトンネルは空中に消え去っていくような感じで、その端は見えなかったのです。

空の色でさえじょうごの境界の色と混ざり合っているようでした。上を見るとその色はどんどん薄くなり、空中で消失しました。まるで並外れてよく描かれた絵を見ているかのようでした。あるいは、あたかも自分が、定義する方法が分からない現実世界に、テレビの画面から突如出て来たかのようだったのです。セザールが冗談を言いながら私に近づいてきました。

「たまには少しだけ息抜きしても問題ないでしょう。今私はラウンジチェア（注）を持ってくることを考えています。傘もあったらいいでしょうね」

私たち二人は笑い合いました。しかし真実は、私が何も理解していなかったということなのです。目は非現実的かつ不自然な風景を見つめていたものの、まったくそれを説明することができませんでした。ビーチは人気《ひとけ》がなく乾いており、乾燥した木と藻だけがありました。前方の島は、非常に澄んで穏やかな海から約30ｍのところにあり、砂はその内部にまで広がっていました。空気はかなり冷たく、とてもさわやかで、海辺から始まる植生は青々と茂っていました。ヤシの木や大きなシダさえも見えました。島は無人島に見え、それは一見して直径数百メートルの比較的丸い形をしていることが分かりました。事実、それは

注：背もたれがあって座面が広く、ゆったりとした座り心地のよい椅子のこと。

反対側すなわち緑のジャングルの向こう側に曲がり込んでいたのです。

そのときでもまだ私は何も理解していませんでした。見上げると、非常に澄んだ空が見え、孤立した白い雲が少しだけ浮かんでおり、天頂に明るい太陽が輝いていました。私たちがホログラフィー投影室に入ったのは朝9時少し前だったのですが、それからここに着くまでに5分ぐらいしかかからなかったのです。相互に関係づけるものが何もないように思えたため、私はあきらめるジェスチャーをして、何とかこの謎を解明しようという試みを断念しました。

空気の温度はここの植生の生育条件に合っていないように思われました。そして、太陽は海の真ん中にある島の一区域の真っ直ぐ上に位置していたのですが、そこに加わったのが水から現れた巨大なじょうごであり、空に溶け込んで見分けがつかなくなっていたのです。セザールは広い海を見渡していましたが、私が仰天しているのを見て、からかい半分に言いました。

「私と他の隊員たちが初めてここに来たとき、どんなに驚いたかを想像してみてください。ともかくも私たちはそのとき、まったく違った光景と異なる存在感を期待していたのです。今ここで見えるものはすべて10年前に見たものと同じです。何一つ変わっていません。まるで時間が止まっているかのように、海辺も植生も全く同じなのです。あの当時、私は何をすべきか分かりませんでした。調査隊は四人で構成されていましたが、何を期待すべきかについての情報が何もなかったので、私たちは調査機器を持って来ていたのですが、あのとき機器の制御盤は、空間ゆがみの先に妨害物らしきものがあることを示していたのです」

私は面白半分に叫びました。

「つまり、私たちの調査旅行はこれでおしまい、ということですか？　結局のところ、私たちはどこにいるのですか？　何はともあれ、私たちはまだ地球にいる、と言ってほしいですね」

セザールは目を閉じて両手を首に当て、顔を冷やすのに充分な強さの風が当たるようしました。彼は少し微笑んで言いました。

「もちろん私たちは地球にいますが、そうは言うものの、どんな種類の計測器を使っても、ここでは自分の位置を決定することができません。何も機能せず、すべてが混乱していきます。もしも〝ガーディアン（守護者）〟が来ていなかったとしたら、何が起こったのかを理解することは到底不可能だったことでしょう。調査チームがここに来てからしばらくすると、彼はいつも来てくれるので、間もなく彼に会えるでしょう。しかし、たまたまあなたが一人でここに来るときは、彼が浜辺であなたを待っているのがすぐに分かります。確かにこれは大いなる謎ですが、彼のような存在は、あなたがすでによく知っている他の人々と同じには考えられません。このことを覚えておいてください」

「分かりました。しかし、その人はどこから来るのですか？　あの島は一体何なのですか？」

思考の基準となる点も閃きもそれまで全くなかったため、私は少しばかり不安を感じ始めていました。セザールは、あたかも夢を見ているかのように地平線を見つめ続けました。そして私の方を向かずに答えました。

「それは変則性です。現時点でそれ以上にうまく説明できる言葉を知りません。私が今あなたに言っていることは、ガーディアン自身が語ったことと同じです。かつてトンネルのこの分岐は、地球内部の中心にまで至っていました。しかし、ある時点で、最初の建造者たちが全く予想もしなかったことが起こり、地球のこの区域において時空構造が変化したのです。それはひどい大変動であり、トンネルはいわゆる〝付帯的な影響〟の部類に入れられました。振動周波数が変化しました。しかし、地球内部の人々は、地上とのトンネル経由の繋がりを完全に切りたくなかったのです。

それはあまりにも古くからあったため、完全になくしてしまうには重要すぎる、と彼らは考えました。そこで彼らは、物質界とエーテル界の間の架け橋としてそれらの中間に位置する〝前哨地《ぜんしょうち》〟を創成したのです。現時点では、私たちはもはや三次元物質世界にはいないので、計測のための位置情報を持っていません。しかし、もしもそれがなくて不自由するのであれば、空間ゆがみから変更されてはいますが、いくつかの物質面の痕跡を含むトンネルを探すことができます」

私は呆然《ぼうぜん》としたままでした。初めて私は、自分が三次元物質世界と異なる次元の世界にいることに気づきました。反射的に私は現代の科学理論を考え、これをセザールに話しました。

「これは科学者たちにとって単なる〝魔法〟であり、彼らの原理原則の観点からは冒瀆《ぼうとく》でさえある、ということが分かります。しかし、これらすべてを考えたとしても、私たちが今いるのはここですし、あなたがどこにいるのかが分かる地上の場所でないことは確かです」

彼は少し間を置いて、私に言わなければならないことを熟考していました。私は彼をよく知っていますので、それは、これからする彼の説明が極めて重要であることを意味していたのです。彼は言いました。

「物質世界は、想像を絶するような〝天地創造〟の広大さのほんの一部にすぎない、ということを理解する必要があります。ある意味では、物質界はエーテル界のある特定の側面であるといえるのです。これら二つの世界は、シャム双生児のように幾分か絡み合っているからです。一般的な言い方をすると、エーテル体は肉体を覆っていますが、実際には肉体の内にもあるのです。経絡や精妙なエネルギー経路は、目には見えませんが秘伝によって知られています。それが何よりの証拠です。実際のところ、エーテル界は物質界を包含するものでありその逆ではない、と言っても過言ではありません。だからこそ、私たちは地球の〝内部〟でエーテル界と交わるのですが、またそれは、地球を外側からも包み込んでいるのです。エーテル界と物質界は、基本的に振動周波数が比較的近いため、互いに非常に密接に関係しています」

私は混乱して言いました。

「物質界がエーテル界からどのようにして出現するのか、私にはよく分かりません」

セザールが答えました。

「二つの世界は振動周波数が違います。エーテルの振動周波数が凝縮することによって、物質固有のレベルに周波数が下がります。言ってみれば、物質界は広大な海の水の〝泡〟のようなものなのです」

彼が言ったことに驚き、私は改めて尋ねました。

「それだけですか？　物質界はエーテルの泡のようなものなのですか？」

「そうです。物質界はエーテル界に比べて規模が小さく、振動周波数帯域も狭いのです。両者を比較すると、エーテル界は、振動の波の範囲が物質界よりもずっと広大です。エクトプラズム（注）のような、物質界に非常に近い側面をもったエーテル界から始まり、アストラル界の周波数に近接した高いエーテル周波数にまで至っています。地球の中心にあるいくつかの都市などはアストラル界の存在です」

自分が最近経験したことを考えて、私は言いました。

「私たちは何度かこれら二つの世界の境界を比較的簡単に横切りましたが、あなたの説明によって、その理由がよく理解できます。それは、ある周波数から別の周波数への変換のようなものですね」

セザールが言いました。

「その通りです。簡単な例は水から氷への変換です。水は摂氏零度で氷に変わりますが、氷片は、それらを取り囲んで支える液体、すなわち水の中に浮かんでいます。それはエーテル界と物質界のようなものです。水の振動周波数が低下し、水が氷に〝収縮〟（あるいは〝凝縮〟）しました。しかし、氷は凍結しなかった周囲の水によって〝包まれ〟浸透され続けています。同様に、エーテル界は物質界を囲んでいてそれに浸透しています。なぜなら、氷は水以外の〝何か〟のように見えるのですが、水であることには変わりなく、氷

注：エクトプラズムは霊媒などの体内から出るといわれる流動性物質であり、心霊体とも呼ばれている。

を加熱して振動の周波数を上げれば溶けて水に戻ります。また、物質界で見るものとエーテル界で遭遇するものの間に相関関係がある理由もこれによって説明されます」

私はもう一度注意深く周りを見回しました。一般的に言うと、目に見える〝もの〟や触れる〝もの〟については、すべてが普通であるように思われますし、すでに述べたいくつかの奇妙な点を脇に置けば、少なくともセザールの説明によると、普段私たちがいる物質界と今セザールと私がいるエーテル界の間にはあまり大きな違いは見受けられない、といえます。セザールが説明を続けました。

「厳密に言えば、空間の変異により、私たちはアイスランドの少し北にある北極圏のどこかに連れて来られたのです。どういうわけかこの区域には、地球内部にアクセスできるという伝承があるのですが、それには問題があります。そのような経験をしてそれについて書いた人々は、自分たちが一体何に対処していたのかを完全に理解せず、それを正しく記述していません。これまでと同様、この問題は、〝北極の開口部〟を通って地球の〝内部〟に入ることに関する果てしない議論と誤った論争に結果するのです」

私はこの問題に精通していました。なぜならすでに私は、〝地球の中心に至る空洞〟と呼ばれているものに関するさまざまな記述や叙述に目を通し、公開済みの写真さえも見ているからです。また私は、北極圏での数十年にわたる調査についての米国人同僚の報告も読みました。明らかに、地面には開口部はなく、地球の中心に至る湾曲部のようなものもありませんし、海の水はどこにも漏れ出していません。この地域では一連の異常現象が起きており、それは長い期間にわたって報告されています。これには誘導や制御に使用される装置の奇妙な動作等が含まれています。しかし、地球内部への開かれた経路に関する記述は、本や雑誌・新聞の記事、あるいは海軍の機密資料にも全く見受けられません。

「地球内部へのこの開口部が何であり、どのような形状をしているのか、それがどれほどすごいものなのか、そしてそれがどこにあるのか？　誰もがこれらについて知りたがっています。さらに、極地から地球内部に入るためには地殻に巨大な穴が開いていることが必要であり、そこに到達するためには地殻の湾曲に沿って進まねばならない、と多くの人々は信じています。しかし、実際の状況は違うのです。これについてはすでに説明しました。無知であることが終わりのない論争の元凶であり、地球上の異なる場所における状況をどのように解釈するか、というところからこの論争はスタートするのです」

私はすでにセザールとの議論から得られた見解に基づいて言いました。

「それでも、そのような解釈は心をそそると思われます。なぜなら、私たちが得た経験は、本当のことのように感じられるものであり、私たちの日常の生活とあまり変わらないからです」

「そうです。しかし彼らは問題を誤解しています。たとえば、あなたがアルファ基地にいて、その後、南半球のオーストラリアに移動したとすると、やや幼稚で自発性に欠ける解釈をする場合、あなたの頭は下側になります。しかし、もしもあなたが実際にそこに旅すれば、そうではないことが分かります。基地の訓練施設内で立っていたときと同じように、あなたの頭は依然として上側にあるのです」

セザールが取ったやり方のゆえに、私は少しばかり混乱し動揺しました。なぜなら私が思うに、この物理学の問題は高校初年度向きで、たわいのない種類のものだからです。

「〝地球の表面を歩いているときになぜ地面から離れないのか、地球の反対側に行ったときになぜ頭が下にならないのか？〟という問題に立脚した話を私は知っています。重力があるため地球の表面から離れる可能性はほとんどない、ということは誰もが分かっています。また、私たちの身体の大きさおよび私たちが地球表面で移動する速度に比べて地球の曲率半径があまりにも大きいため、地球の表面は常に平らに見えますし、それゆえ、私たちの頭は常に上側にあるのです」

セザールは忍耐強く答えました。

「誰もがこの事実を知っているわけではありません。しかし、たとえ彼らがそれを知っていたとしても、それは問題を部分的に洞察したにすぎません。〝上〟および〝下〟の概念は私たちの慣習に基づいています。もしも私たちが宇宙空間から地球を見れば、上や下は意味をなさないでしょう」

「〝部分的な洞察〟とはどういう意味ですか？」私は怪訝《けげん》そうに尋ねました。セザールは地面を向いて、指で砂の上に何かを描き始めました。

「重力が作用し、私たちの身体が地球表面に対してなす角度とは無関係に、私たちの身体が地球表面から離れないようしている、という事実は、大宇宙レベルでの総意を明らかにしています。しかし、小宇宙レベル（例えば細胞内部）で起きていることを考察すると、状況はもはや単純ではありません。地球表面で身体の位置を変えると、磁力線は身体を構成する原子や分子に影響し、その影響は細胞の組織と構造に異なる方法で反映されます。地球表面の異なる地点では、磁場の方向が異なるため、私たちの身体の細胞への影響も異なります。しかし、これはゆっくりとしたプロセスであり、構造の変化がそれほど大きくないため、私たちはそれに気づきません。それゆえ、何も起こっていないように思われます。しかし実際には、身体の内でいくつかの磁気的な変化が生じているのです」

私は待ちきれずに尋ねました。

「分かりました。それで、どうなのですか？」

「この問題は、誰かが地球内部に入ったときに極で起こることに似ており、まさにこれが、実際に私が説明しようとしていることなのです。ここでのプロセスはゆっくりです。もしもあなたがそのような区域にいるのなら、あなたはもはや地球表面の磁場の影響下にあるのではなく、実際のところ、二つの異なる磁場の混合である干渉縞《かんしょうじま》にさらされます。別の見方をすると、ねじれたメビウスの帯の表面にいるようなものですが、実際には同じ表面に留まっているのです」

セザールが砂の上に描いた図を注意深く見て、私は言いました。

「私が理解しているのは、惑星内部に移行すればもはや物質界にはいない、ということです」

「その通り。その後、徐々にエーテル界に移ります。地球内部に移行する区域に入ると、そこでの磁場は地表やその近傍の区域でより高い強度を持ち、その方向は地球の表面に対してほぼ垂直になります。重力線と磁力線はほぼ重なっていると言えます。極に向かって進むと、磁場の強度は下がりますが、意識が高次に向かって開いている人々にとっては、エーテル界への入り口が段階的に生じ、地球の内部へ進み続けることができます。磁場の強度が低い円錐形の区域がありますが、地球の自転に関連するものを含む他の力も現れます。地球の極では、磁場が大幅に減少し、それによって先ほど話した〝円錐〟が極圏の内側に形成されます。その磁場は他の区域よりも弱くなっています。あなたはこの円錐の底面から地球内部に入ります。そこでの磁力線の向きは、地球内部への移行のプロセスを促進します。なぜなら、あなたが最初に円錐の内側に下降するときに磁場の強度が減少するならば、その後それは、あなたが下降し続けているという明らかな事実に基づいて増加するからです。しかし実際には、あなたは地球の中心に近づいているのです」

私はそのとき初めて、極を経由した地球内部への移行を真に理解しました。さらによく理解するために、私は尋ねました。

「しかし、この磁場の影響は、まさに私が地球内部に入れるかどうかを決定するものではありませんか？」

「その通り。北極圏で地球の磁場を横切ると、磁力線が重力線と整列し、身体の細胞を構成する原子団がこのプロセスに応答することによって放出されるエネルギーにより、原子団は急速に回転します。これは量子力学に関連する現象です。さまざまな要因の蓄積の真最中に、あなたの細胞のエネルギーはそれらが励起されるにつれて増加します。したがって、それらの振動周波数は増加する、と言うことができます。このエネルギーの〝洪水〟の後、あなたの細胞は励起状態の維持を〝望み〟、重力の向きにかかわる特殊性を維持しつつ、磁場が増大する方向に向かって進むことを〝選択〟します。この〝選択〟は、エーテル界へのゆっくりとした進入に相当し、これにより、惑星の中心に向かって徐々に進むことが可能になります。もちろんこのプロセスは、訓練を受けてある程度の理解を持っている人にのみ起こります。それはまた、いつでもどこでも起きるのではなく、私たちが〝普遍的な必要性〟と呼ぶもの、および、内部世界の賢者たちの意志と相互に関連しています」

セザールの説明を傾聴し、あまりにもそれに熱中してしまったため、自分が一体どこにいるのかを忘れてしまいそうになったのですが、〝どうやって地球磁場の影響から脱してエーテル界の重力場に移行できるのか〟、依然としてこの点が理解できなかったため、セザールに尋ねました。セザールが答えました。

「エーテル界の振動周波数は物質界の振動周波数に比較的近いため、二つの世界がくっついているように思われることが何度もあります。適切なエネルギー条件の下で適切な場所にいる場合、これらの一方から他方に移るのは非常に簡単なのですが、これがその理由です」

そのとき初めて私は、物質界からエーテル界への移行またその逆は、メビウスの帯の反転のようなものであることを、よりよく理解し始めました。私たちはそれを感じませんが、それは実際にあるのです。たとえば、ブカレストからキャンベラまで飛行機で飛ぶとき、異なる方向の磁力線を持つ磁場を横切ることになるのですが、私たちは自分の身体の細胞内で何かが反転したとは感じません。物質界からエーテル界への移行に関し、セザールがさらに次のように説明しました。

「同じことが、極地から地球内部に入る場合にも起こります。北極圏から地球内部に移行しても、私たちはほとんど何も感じませんが、あるべきではない光景が徐々に現れます。最初私たちは混乱し、イライラします。そして、結局はうろたえてしまいます。それでも多くの場合、好奇心と驚きが勝利を収めます。なぜなら、あなたがそこで見るものは本当に並外れたものだからです。全体の経験は思わず呆然《ぼうぜん》となってしまうほど素晴らしく、あなたに与えられた機会がどんなにか得がたいものであったかが分かります。あなたの心の中では、地球の〝内部〟に旅したという考えが形成されますが、主としてこれは、私たちが住んでいる地表が地球の〝外側〟と考えられているためです。私たちが〝地球の内部〟に入る、と言う場合、基本的にそれは間違いではありませんが、三次元幾何学において着想される〝内部〟と〝外部〟の概念はもはや時代遅れなのです。また、地球の内部に入るための方法も、例によって完全に間違ったやり方で考えられ、示されています」

セザールが話していたとき、私の視線は彼の肩越しの彼方の存在に引き寄せられました。それはビーチを歩いて私たちに近づいてきていました。まだ遠いものの、かなり巨大であるように思われたので、私は困惑しました。震えるようなゾクゾク感があったため、私はそれをセザールに伝えました。

「そうです。ガーディアン（守護者）です。彼は物事を急がせることなく、私たちの話が終わったまさにそのときに到着します。注意深く見ると、彼は止まることなく、同じペースで歩き続けていることが分かります。立ち止まったり速度を落としたりすることはありません。私たちが彼を迎える準備ができたとき、まさに彼は私たちのすぐ脇にいるのです」

私は言いました。

「私たちの方から彼に会いに行けるのでは？」

セザールが答えました。

「私たちが10年前にしたように、あなたもそれを試みることができます。しかし、それは無駄です。何も変わりませんし、距離も同じままです。紛らわしいのですが、〝ここでは物質世界の法則が当てはまらない〟と考えれば、この現象は何とか説明可能です。ガーディアンがどのような世界から来たのか、ほとんど分かっていません。それゆえ、この点を理解するのはとても難しいのです。あなたには知的な面の基準点がなく、〝あなたが知っていること〟と〝あなたがこの環境で理解できること〟の間には、ほとんど合致する点がありません。ここは私たちの世界と比較して非常に高いレベルにあるのです」

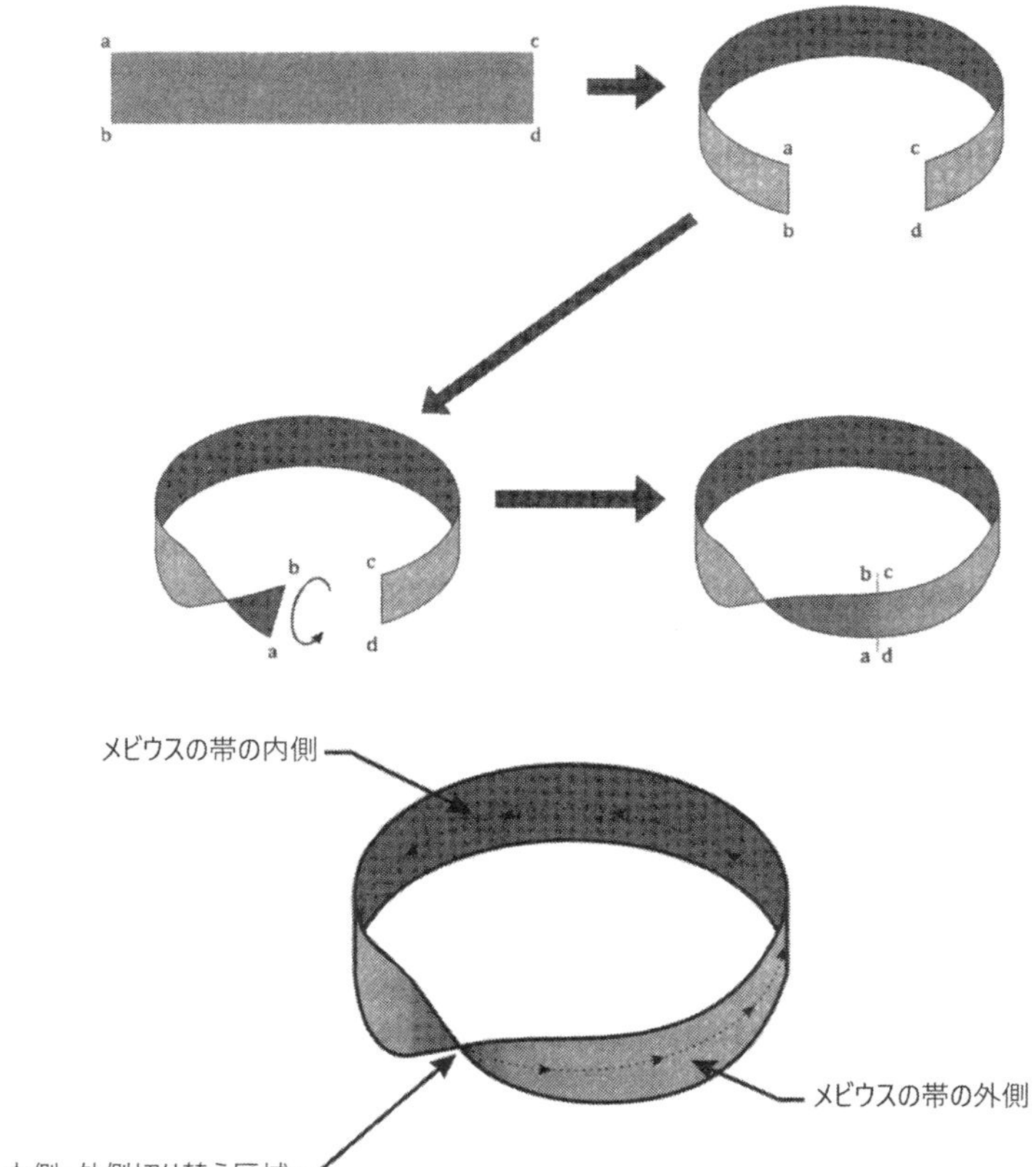

メビウスの帯

しばらくの間、私たち二人はガーディアンが歩いている様子を見ていました。彼の堂々たる彫像のような姿および泰然自若とした落ち着きぶりに、私はすっかり魅了されてしまいました。しかしその一方、セザールが言っていることにも注意を向けるように努力しました。

「地球はメビウスの帯のようなものです。その外側の面と内側の面は実際には分離されておらず、そのまま連続しますが、多くの人々はそのように考えません。分離線が存在するため、もしもあなたがその上または下に立つならばあなたは帯の反対側にいる、と彼らは考えるのです。それゆえそのような場合、あなたは地球の内部にいる、と結論づける人もいるのです。実のところそれは錯覚です。まさにそれらが類似の状況であるためです。この考えに基づき、〝もしもあなたがそれによって物事を厳密に判断するならば〟という条件つきで私はあなたに言いました——仮に私が北極に立っているとしたら南極から見れば私は逆さまになっているはずである、と。しかし、このような考え方をせず、人体の細胞が常に磁力線と重力線に沿って配置されていることを理解するならば、これらの点をよりよく理解することができるのです」

「確かにその通りです。これは量子作用に基づく現象ですが、私自身はこれらの変化に気づくことができず、理解することもできません」

「そうです。それらが、私たちが以前話した反転のような大きな変化（たとえば別の次元世界に移行して地球の内部に入ること）を生じさせない限り、私たちはそれらをリアルタイムで認識しません。しかし、それでも、私たちが今見ているのは、実際には、私たちが今いる環境において五感が新たなものとして認識しているものであり、必ずしも細胞構造の内部の変化ではありません」

私は言いました。

「もしかしたら、それに対する適切な受容器官を私たちが持っていないのかもしれません。あるいは、ひょっとしたら、これらのエネルギーの変化に対する私たちの感受性が弱いのかもしれませんね」

セザールは私の言い分を認めました。

「そうですね。それは説明としては考え得るものです。しかし、一部の動物はこれらの変化を非常に強く感じています。渡り鳥はその一例ですが、他の陸生動物にも言えることなのです。飛行機でオーストラリアに飛ぶとき、私たちの身体の細胞がいつどのようにエネルギー的に再配置されるのかは分かりませんが、これらの動物は磁力線と重力線の非常に微細な変化でさえも感知することができるのです。私たちは幾何学的変化だけを知覚します。振動数の変化を生み出す量子的な要因はより精妙であり、結果としてのみ現れるのです」

再び私はセザールとのこの会話に熱中してしまい、ガーディアンが近づいて来ていることをすっかり忘れてしまいました。私はセザールに言いました。

「これは細胞の再配置や分裂を伴う話であり、かなり抽象的に聞こえます」

「それは問題をどの角度から見るのかによります。人間の視点からのみ考えると、細胞は同じままであり、何も違いはありません。なぜなら、ほとんど何も感じないため、何も起こらなかったと結論づけるからです。しかし、エネルギーの面で考えると、原子を励起する旋回があってそれが別のレベルの存在に移行するため、電子・陽子・原子・分子・細胞(すなわちすべてのもの)は、絶対的により高いエネルギーレベルに急上昇します。そして、ある時点でこの変容は大きくなり、別の世界への移行は地球内部に入るときのようになるのです。しかしこれは、磁場の特定の条件および重力による方向づけにより、凝結して降下します」

「分かりました。しかし、他の場合はどうですか？　地球上の別の地点への旅も細胞の変化を引き起こすはずです。あなたが言うように磁力線の方向が異なる、というのがその理由です」

「その通りですが、エネルギーがはるかに低いため、これらの変化はずっと小さいのです。

しかし、この経験が繰り返されると、磁場の変化は、たとえ小さなものであっても、代謝作用に影響を与えることによって生命体を崩壊させます。人間の特定の精神的特質や他の特性は地域ごとに異なり、主としてこれは、生命を支配する磁場からの精妙な影響によるものです。現代の科学はこれらの研究・調査の初期段階にあり、それを重要視することにあまり乗り気でありません。もちろん、磁場は影響を及ぼす唯一の要因ではないのですが、それはまさに決定要因なのです」

「文化や習慣の違いを脇に置くと、社会には、一般的概念や行動特性の特異的集合があることが分かります」

「その通り。それは、地球磁場の強度が、少なくともかなり長い期間にわたって全地球的に変化しないからです。しかし、より本格的な磁場の変動が存在する場合は、その変化も明らかになります。しばしば突発的で予測不可能な磁気の変動もありますが、興味深いのは、電界の変動については同じことが言えない、という事実です。それは地球表面レベルでは常に一定です。二つの現れ方の間には何らかの相関関係があるはずですが、それは出てきていません」

そのとき私は、地球の中心で生じる現象にこの点を関連づける適切なタイミングを見つけました。

「地球の磁場がどのようにして生じるのか、この点が科学によって明確に説明されない場合、磁場の変動は科学に基づいてどのように説明されますか？〝ダイナモ（熱対流運動による発電作用）〟に立脚し地球の真ん中でこの磁場が創成される、という考えは単なる理論ではあるものの、地球内部や精妙な世界への移行という現象は言うまでもなく、ほとんどすべてを説明することができます。惑星の中心にある特異点について学んではじめて、私は一体何が起きているのかをよりよく理解することができました。さもなければ、〝ダイナモ〟の単純な説明に基づいて一連の現象の全体を明らかにすることはできません」

「そうです。もしもダイナモがあれば、持続する磁場が地球の周りに形成されるはずなのですが、磁場は予測できないほど変動しています。その理由を知っている人は誰もいません。しかも、地球の電場が磁場と調和して変動することはありません。たとえ〝電界が地球表面で継続的な均一性を維持している〟と言われても、磁気揺らぎが発生すれば、特定の変動を電気的に測定することが必要になります。しかし、そのような変動は現れません。これらの問題は考慮されていないのです」

私は言いました。

「おそらく、それは根深い固定観念のせいでしょう。この見地から言うと、私はかなり虚心坦懐であると思いますが、地球内部に関するこの新しい大局観に慣れるのにまだ苦労し

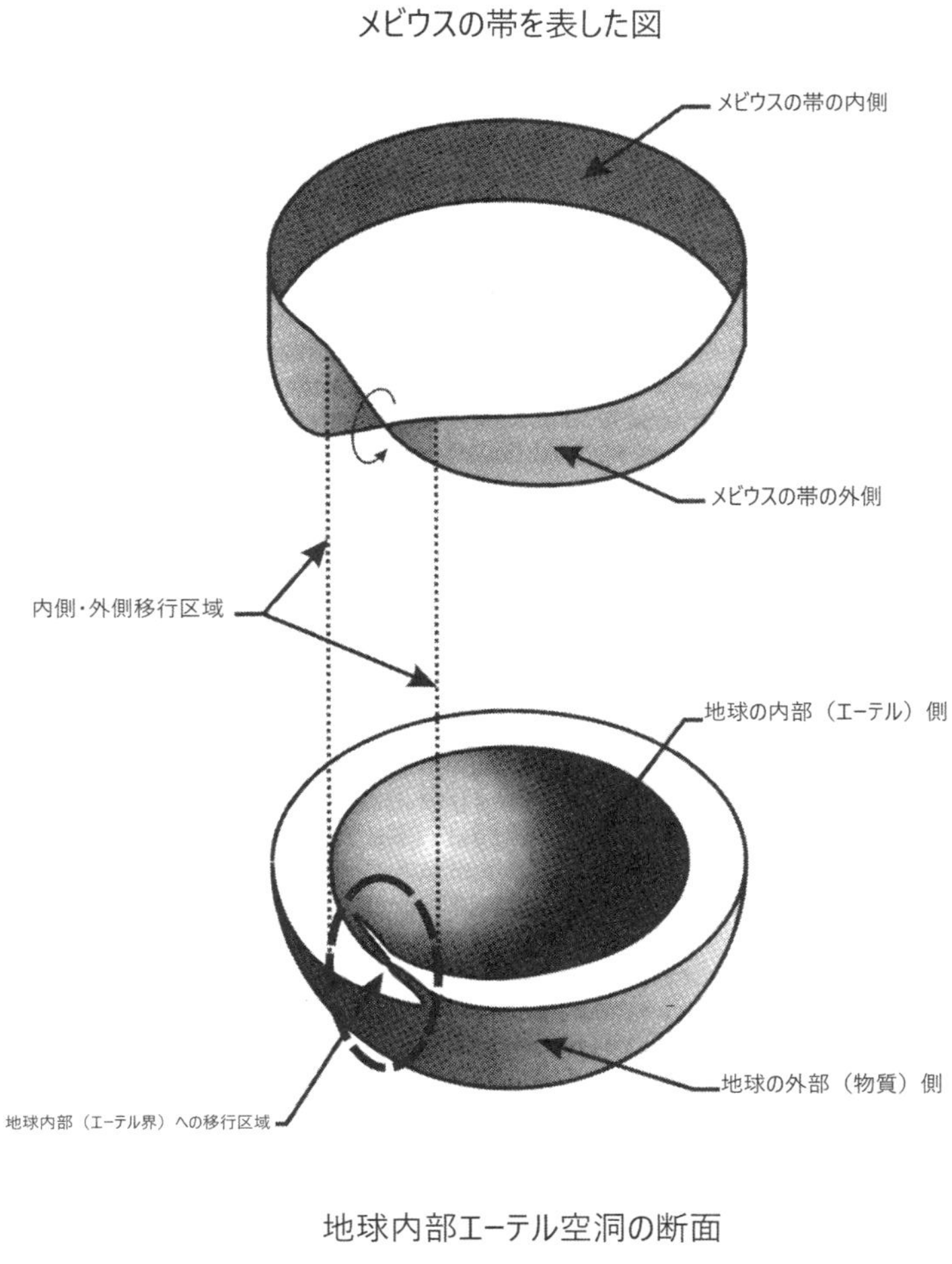

"メビウスの帯"と"地球内部への移行"の間の類似

ています。人々は、地球は固体の球体でありその中に入るためには掘削しなければならない、という考えにあまりにも洗脳され慣らされてしまっているため、他の発想ができないように思います」

「そうですね。彼ら、とりわけ一部の科学者にとっては、周波数の変化、精妙な世界、地球の中心にあるブラックホール、等の考えは夢想家が生み出したもの、ということになっているのです。たとえ彼らが、自分たちは見ていないし経験していないから、と言ったとしても、それが存在しない、ということにはなりません。現在、間違った時代遅れの科学的な考え・原理原則の集合体があり、それは即時的で局所的な適用可能性しか持たないにもかかわらず、普遍的に有効であると考えられているのです」

私は自分の個人的な経験に基づいて強く言いました。

「この教義と原則の輪から抜け出すのは難しいですね」

「人々にとって、地球の内部を理解するのは容易ではありません。なぜなら彼らは、すべて三次元物質世界のレベルでのみ物事を判断したい、と考えているからです。この視点は三次元座標軸に立脚しています。このシステムにおいては、何かが外部にあって他の何かが内部にあると見なされます。しかし、実際には、地球の〝内部〟とりわけその中心の区域は精妙な世界にあるため、〝別の何か〟になってしまうのです。私が話したように、自分が同じ表面を歩くという方法を取らずに下向きの〝凹み〟を見ることなくそこに入った、ということに気づきません。しかし、そこに入ると、地球内部の（巨大な）空洞にあるものとは違う特定の凹みを遠くから見ることができるのです」

「そうですね。それは本当です。ほとんどの人は、地球内部の空洞がどのようにして存在するのか、この点を理解するのに苦労しています。地球内部はエーテル界に存在しますが、外部と内部すなわち地球表面とその内側の間のつながりは、一般的に説明されているようなものではありません。つまり、頭を逆さまにして地殻のカーブに沿って歩いて到着するのではないのです。実際には、別世界に移行しているので、このようなことは起きません。考えてみて下さい。物質界からエーテル界に移るとき、自分が立っているかどうかを見極めるため、何を基準に考えますか？　周囲の状況に対する認識が変わると、基準点がなくなってしまいます。そのときは、すでに物質界からエーテル界に移行しているのです。メビウスの帯のように、地球の外表面と内部はこの〝反転〟によって結びつけられており、別の世界の明確なしるしが見え始めるまでは、この方法で地球の内部に到達したことにさえ気づきません。そのときは、すでに精妙な世界にいるのです」

ガーディアンの堂々とした姿がどんどん近づいてきたため、どうやら彼が私たちのすぐ脇に到着するときがきた、ということが分かりました。セザールに話したいことがさらにあったのかどうかは分かりませんが、ガーディアンは、本来そうあるべきタイミングで私たちのところにやって来たのだ、と思いました。その並外れた存在感のために、最初私は少々気後れしていました。彼の身長は3m以上だったと思います。彼をよく見ることができるように、私は首を少しだけ後ろに反らしました。私たちが今いるエーテル界の精妙な性質によって非現実的な感覚が生じていたのですが、私はまだそれから逃れていませんでした。すでに物質界の境界を超えて自分自身を精一杯拡大していたものの、私自身はまるで巨人の世界を描いた映画の中にいるかのようだったのです。

それでも、その圧倒的な存在感は信じられないほど繊細な動きに基づいていることが分かりましたし、彼の笑顔は優しさと叡知に満ちていたのです。見かけの背丈と大きさは抗し難い印象を与えました。彼の目は非常に深い青色でしたが、その優しい眼差しを見ると、何もせずにただただ心を開いて彼を抱きしめ、彼の庇護《ひご》の下に自分のすべてを委ねたくなるのです。彼の衣服はとても簡素でした。かなり広めの青いズボンを履き、首に大きな開口部がある白いシャツが、腹部で幅の狭いベルトによって結ばれていました。それらが作られている素材は亜麻布（リネン）のようだったと思いますが、それよりもきめ細かいように見えました。履物は暗褐色でサンダルに似ていました。

彼の登場により、たぐいまれな平穏がもたらされました。そして、たとえ望まなくても、これはストレスを受けている人やイライラしている人にとって非常に優れた治療になる、と思いました。彼は素晴らしい笑顔で私たちを見ながら言いました。

「今から行けますよ」

彼の声は温かく思いやりに満ちていました。傾聴していたにもかかわらず、彼が唇を動かしているのが見えませんでした。それゆえ、ここでのコミュニケーションは主としてテレパシーに基づくことが分かったのです。最初はぎこちなく感じられましたが、すぐに、とても簡単かつ便利で納得のいくものであることが分かりました。私たちは彼の後について、彼が来た場所である小さな湾から約１００ｍの所に行きました。その湾の出入り口の所には、木で作られた非常に簡素なボートがありました。それは何にも係留されておらず、波の動きに影響されることなく海岸のすぐそばの水面に浮かんでいたのです。

ガーディアンの合図に基づき、私たちはボートに乗り込みました。その後、ガーディアンが私たちに加わりましたが、驚いたことに、彼がボートに乗り込んだとき、私たちがボートに乗ったときに比べてさらに重くなったり動いたりしなかったのです。彼が乗るとボートが大きく傾くのではないか、と思っていたのですが、ガーディアンの重さは、たとえ彼の身体が私たちの2倍ぐらいであったとしても、実際は私たちよりも重くはないようでした。集中力を切らさない穏やかな身振りで、彼はボートの端に座りました。

私はオールが使われるものと思っていたのですが、ガーディアンは、かがんで長い槍《やり》のような細長い木片を持ち上げ、それを水に沈めてボートを広い水域に押し出しました。槍の長さは3mもありませんでしたので、私は、はたして彼がそれをうまく操れるかどうか、少々疑問に思っていたのです。しかし、湾の外に出ても水深はほぼ同じままであることが分かりました。ここが理論的には北極圏のどこかであったとしても、それはおそらく熱帯地方にあるような浅瀬だったのでしょう。

そんなことを考えていると、奇妙な霧が急に私たちの周りに立ちこめてきました。それは岸の方に視線を向けていたときには存在していなかったものです。数秒もたたないうちに霧は非常に濃くなり、ガーディアンさえも見えなくなってしまったのですが、そのとき突然、ボートが何かにぶつかったような衝撃を感じました。何か岩のようなものに突き当たったようでした。すぐさまボートが浸水するのではないかと思ったのですが、何にしても、それは非常に説明し難い状況だったのです。しかし、実際はボートが岸に乗り上がっただけでした。たった今起きたことが何一つ理解できなかったのですが、私は努めて心の明晰《めいせき》さを保ちました。そのとき私は思い出しました。精妙な世界にあり、ガーディアンが目の前にいるという非常に特別な条件の下では、私たちの周りの現実は大きなゆがみを被るのです。それは、常に三次元的に考えている私たちの頭では論理的に理解できません。

私は静かにボートから降りて砂の上に足を踏み入れ、ガーディアンの後について、豊かな植生に囲まれた狭い散歩道を上り始めました。上り道を50ｍほど歩いたのですが、霧はどんどん拡散し、頂上に着いたときには完全に消失していました。頂上から見える景色に、思わず私は息を呑みました。眼下には谷があり、小さいながらも整然とした都市が見えました。建物・通り・中央広場の形から、私は、街が綿密な計画に沿って建設され、非常によく組織化されている、という印象を受けました。

この街のはるか向こう側、やや高い場所に、まぶしく輝く2番目の都市が見えました。それは驚くほど美しく、ある程度アペロスに似ていますが、振動周波数の面で明らかに別の範疇に属するものでした。建物は高く、より大胆な建築様式に基づいているようでした。建築材料は水晶のようでしたが、私がアペロスで見たものよりも透明度が高く、キラキラと光り輝いていました。自分が今見ているものを受け入れ理解しようとしていたとき、ガーディアンとセザールが見つめ合っていることに気づきました。何も聞こえなかったものの、彼らはテレパシーを使って話していたのです。物質世界とは異なり、エーテル界や精妙な世界における会話は、ほとんどの場合テレパシーに基づきます。心の中で声が聞こえ、心象も投影されるのです。セザールとガーディアンがテレパシー会話をしているのを見ていたちょうどそのとき、ガーディアンの声が聞こえました。

「遠くに見えるのはシャンバラの入り口です。そこに至るのは非常に困難で、セザールにとっても大変なことでした」

私はさらなる説明を待っていましたが、ガーディアンはドゥリンと同じように言葉を無駄にせず、多くを語らないようでした。即刻私は、彼が語るときはそれが絶対に必要な場合だけであり、尋ねられたときにのみ話す、ということを理解しました。私は彼に尋ねました。

「実際のところ、私たちはどこにいるのですか？」

「地球の中心に近いところです。今日はシャンバラには行きませんが、今回ここに来たことには意味があります。しかし、後で行くこともできません。なぜなら、そこに何があるのかを意識の面で理解するまでにしばらく時間がかかるからです」

私は少しばかり落胆しました。しかし、それでもなお、将来的に何かを期待できる、という見通しを得ることができたのです。

私は彼に尋ねました。

「私たちはただ見ているだけですか？」

ガーディアンがうなずいて言いました。

「今からそれまでの間に、さらに多くの出来事が互いに入り組むように生じるでしょうが、それがどのように起きるのかは、後ほど一層明確になるでしょう。忍耐強くかつ注意深くあることが必要です」

奇妙に思ったのは、聞きたかった質問が1000もあるように感じられたことです。それでもなお、私は最初に頭に浮かんだ質問をしました。それは、トンネルを出てビーチに着いたときから心の中にあったものでした。

「あなたはシャンバラの守護者ですか？」

ガーディアンは私のやや子どもじみた聞き方に対して、計り知れない優しさと理解をもって応じました。即座に、彼の温かく穏やかな声が心の中に響きました。

「私はその一人です。人々は今でもこれらすべてが伝説であると信じています」

確かにこれは本当ですが、私は地平線上に見えているもの、すなわちシャンバラに最も興味がありました。私はある程度の高さにいましたので、その壮麗な都市を取り囲む巨大な壁の向こう側を垣間見ることができました。建物は高く、半円形で、ダイヤモンドのように輝いていました。距離が遠いため、その都市の人々の様子を見ることはできませんでしたが、生命力あふれる活動がなされているという印象を受けました。さまざまな飛行物体が建物の上空を飛んでいるのが見え、それらからの光の反射は生命の脈動を示唆していました。

シャンバラが途方もないほど素晴らしく、無知で傲慢な科学界によってふざけ半分で評価されているものの、まさにその存在に関する数え切れないほどの物語に描かれた通り、それは特別の中心が存在する場所であることが私には分かりました。実際のところ、私たちが住む現実世界には常に動揺や不安が付きまといます。しかし、シャンバラの世界からその住民に発せられる崇高で慈悲に満ちたエネルギーは本当に素晴らしいものであり、遠くからそれを眺めているだけでも私の魂は喜びで一杯になりました。またその際、シャンバラについての話が他の人に語られるとき、なぜそれが信じ難いと思われてしまうのか、その理由も理解することができました。というのは、私が見たものを的確に言い表すのは非常に難しいからです。説明のために話す言葉は可能な限り真実に近くなければなりません。シャンバラの世界の特別の振動周波数と、私たちの世界の振動周波数の間には大きな違いがあります。したがって、たとえ全力を尽くして話したとしても、それを聞く人々は、シャンバラの物語をあたかもおとぎ話であるかのように解釈してしまうのです。しかし、これは無知の産物に他ならず、そこにたどり着く可能性がなくなるため、私たちはすべてを失ってしまいます。シャンバラが物質世界の存在でないため、そこからの光は私たちの物質世界に届きません。それゆえ、残念ながら、今日の科学の理論的枠組みは、私たちのためになるようには働かないのです。そのとき、ガーディアンの声が私を夢想状態から目覚めさせました。

「戻る時間が来ました」

現実から離脱した意識の状態でガーディアンを見ると、私が物事を理解する論理的な方法に即して自分の考えを述べられるように、彼は確かな努力をしてくれている、と感じました。私はうなずき、ボートのあるふもとに向かって丘を下り始めました。ボートが出発して間もなく、私たちは再度あの神秘的な霧に囲まれました。そして、それから抜け出たとき、私たちは島の小さな湾に戻っていることに気づいたのです。ガーディアンは軽く会釈して別れを告げ、霧の中に姿を消しました。私はその後しばらくの間、ボートが消えた場所をじっと見ていました。セザールが言いました。

「彼は私に言いました。あなたには、今日の経験に基づいて自分をより深く掘り下げる機会が与えられるそうです」

今回１回だけの訪問でそれが可能になるとは考えていませんでした。ガーディアンがそのように示唆してくれたからには、何らかの理由があるに違いありません。私は心の中で、おそらくそれは、振動数の異なる世界の間を極めて短時間に通り抜けたこと、神秘的な霧、ガーディアンという巨人の存在、あるいは事態が推移した速い速度、等に起因するのではないか、と考えました。しかし、心の奥底では、すべては素晴らしいシャンバラの遠景を見たことによるものだ、ということが分かっていたのです。まさにそれは消えることのない強烈な衝撃でした。分岐トンネルの円錐形の開口部に向かって歩いていたとき、私はこのような自分の感情や印象を率直にセザールに伝えました。

「あなたはシャンバラの入り口を垣間見ただけでそのような感じを受けたのです。この事実について少し考えてみてください。しかし、ついでに言えば、あなたはシャンバラへの入り口をほんの少し見ただけであり、まだシャンバラそのものを見ていません」

それでも自分が活力に満ちあふれている、ということをセザールに伝えたかったのですが、私は何も言いませんでした。魔法にかかったような、半ば変性意識状態でトンネルを通り、ホログラフィー投影室に戻りました。出発してから2時間も経っていませんでした。エーテル界への移行が極めて容易かつ速やかに実施されたため、今回の探索調査は極めて効率的でした。セザールはここ数年の間に数多くの探索調査を行うことができたのですが、今はその理由をよりよく説明できます。しかし、それにもかかわらず、それらを実施している際になぜ彼が数カ月間戻らなかったのか、その理由は依然として謎のままです。彼はそれについて多くを語らなかったのです。また、現時点では、私もさらなる詳細を明らかにする許可を得ていません。

私たちがアルファ基地に戻るとすぐ、ニコアラ中尉から、イラクへのトンネルを経由する探索調査の準備の一環として二人のアメリカ人将校がルーマニアに到着している、という報告を受けました。

第6章

ヨセミテの魔法のポータル

あまり喜ばしくない不意打ちのような出来事が、セザールと私を待ち構えていました。そのとき私たちは、イラクに至るトンネルを経由する探索調査の準備を始めていたのです。米国からクロス少佐がやって来ることは分かっていたのですが、私たちが基地に戻ってはじめて、彼が、明らかにアメリカ政府の高官と思われる別の人物と一緒であることを知ったのです。サミュエル・クロスはセザールの親友です。なぜ、彼がこの人物についてそれまで何も知らせてこなかったのか、これに対する説明は一つしかありません。彼は面識のない米国高官の到着をまったく予期しておらず、それゆえ、これは彼にとっても寝耳に水だったのです。

それは、私たちが基地に戻ったその日に裏づけられました。少佐からセザールに電話があったためです。数分間の短い電話会議をした後、セザールは、ブカレストで彼らと会う必要がある、と私に告げました。クロス少佐によると、これは既成の事実になっているため、彼はそれに従わざるを得ないのだそうです。セザールは私に言いました。

「彼は〝敬うべきマスター〟です。（高位のフリーメイソンに言及して）彼には特別な権限がありますが、彼が何を望んでいるのかはまだ明確でありません。サミュエルは何も知らないのです」

私は自分の心臓が強く鼓動していることに気づきました。このような予期せぬ驚きは、通常ある種の制約を意味します。それゆえ私はまったく好きではありません。その日の午後、私たちはブカレストに向けて出発し、夕方6時頃にマリオットホテルのラウンジに到着しました。私はこのような活動や会議の特徴、そしてゼロ局の仕事の特異性やそれが伴う機密性を完全に認識していたものの、それでもときどき、あたかもこれらすべてが夢であるかのような漠然とした感じや感覚を経験します。

種々の次元・周波数の世界および異なる国々・人々・さまざまな状況――もしもこれらが急激に繋がると、ときとして矛盾が生じます。そして、知っていることとやりたいことに関して自分自身をしっかり支えていない場合、手違いのようなことが起きて足を引っ張られてしまう可能性があるのです。たとえば、前日に経験したような出来事が単純に組み合わさっただけでも、周囲の現実世界に対する疑念の種を生じさせるのに充分でした。

その日の朝早く、セザールと私はブセギ山脈地下の複合施設に入り、そこから空間ゆがみを通り抜けてエーテル界に達しました。そして、その後、身長3mを超える巨人に出会い、地球の中心に案内されて、伝説の国シャンバラを遠くから見ることができたのです。そして、基地に戻った後、私たちは今、ブカレストにあるマリオットホテルの予約されたテーブルで、米国の少佐と彼の同伴者である〝敬うべきマスター〟の到着を待っています。これらどういうわけか私は、〝心配すること〟が私の〝義務〟であると思っていました。これらの経験のすべてがもっともであり妥当であるとは思われない、と私の心が告げていたからです。時計を見て、これら一連の出来事が、ほぼ9時間の経過時間内で起きたことに気づきました。まさにそれが〝夢を見ているのかもしれない〟という漠然とした印象を私に与えたのです。

セザールが静かにレモネードを飲んでいるのを見て、曲がりなりにも私は、状況の変化に呑まれてしまわないところまで、通常の精神状態に戻りました。私の心配と状況の分析結果を手短にセザールに話すと、数秒の間、彼は困惑したように見えましたが、その後笑い始めたため、彼が非常に良い気分であることが分かりました。セザールと出会ってから20年近くになりますが、彼が笑っているのを何回見たのかは、指で数えられると思います。これはそれらのうちの一つであり、私にとって幸先の良いものでした。私が陥った〝ちょっとしたパニック状態〟から私を〝目覚めさせてくれた〟からです。そのとき私は、自分が誰であり何をしているのかに関して絶えず集中して注意を払い続けること、これがいかに重要であるかを改めて理解しました。自分が経験したことを分析・評価し、新たな知識として同化することは、出来事が生じた後や休憩・くつろぎの間に専心して行うことができます。

これがどのように機能するのかをセザールが説明し始めたとき、私たち二人の間の会話は中断されました。二人のアメリカ人が到着したためです。私は数年前からクロス少佐を知っていました。重要な米国・ルーマニア間の会合をいくつかアルファ基地で開催するために、彼と協力しなければならなかったからです。彼とは何度も情報交換をしました。それらには電話での協議や2回の瞬間的な出会いなどが含まれますが、彼に対しては好意的な印象を持ちました。彼は将校として確固たる地位にあり、歳は40を少し越えていたと思います。そして私は、軍における彼の階級よりもはるかに重くより重要な任務が彼に与えられていることを知っていました。私はこの件を話題として持ち出したことは一度たりともありません。しかし、彼がほのめかしたさまざまな参考情報に基づいて、私は気づきました。クロス少佐は、政府の管理下になく軍隊にのみに存在する特定の機密情報にアクセスできるのです。

クロス少佐は国防総省でよく知られています。ロディ将軍は、彼が若くて実力があり率直で偏見のない気質のゆえに、彼を昇進させるべく後押ししていました。その当時はまだ、ロディ将軍が私たちの部門と協力していた米軍の派閥の長であり、彼とオバデラ将軍の間には非常に緊密な友情関係が存在していたため、ブセギ複合施設に関わる細心の注意を要する状況に関し、しばしば良い影響を与えていたのです。オバデラ将軍の死後、ロディ将軍は、おそらくこの不幸な出来事によっていくらか損なわれた彼の立場を強化したかったのでしょう。そのため彼は、サミュエル・クロスを彼の弟分として昇進させました。私たちにとって幸運だったのは、クロス少佐が優れた資質をいくつか持っていたことです。彼は正直かつ知的で、信頼できる人物でした。

〝ゼロ局の問題〟に関する政治・行政・諜報分野の要員に常に一定のバランスを維持することは、常に細心の注意を要する点であり、とりわけ、私たちと協力して仕事をする権限を与えられた人々の気質や人間性次第だったのです。オバデラ将軍の死後、不安定な状況が続きましたが、セザールとロディ将軍の協力によってすぐに均衡が回復し、長い間実施されてきた協力に関わるプロトコル（手順）を損なうある種の傾向がなくなりました。最初からここにいた私たちは、さまざまな種類の介入や圧力が存在したにもかかわらず、この協力関係が双方にとって公平かつ公正であることをよく知っています。

それにもかかわらず、避けることのできない決定がいくつかあり、その影響から逃れることは困難です。それらは政治的決議が及ぶ範囲をはるかに超えています。そのようなパワーと影響力がどこから来るのか誰も知りませんが、私たちはすでにこの領域においていくつかの経験をしています。稲妻のように突如出て来るそのような介入を避けることは、非常に難しいのです。そのような場合、自分の階級や割り当てられた任務はどうでもよく、自らが持っている人間関係と影響力だけが問われます。通常、この種の決定は、誰がなしたかが知られることなく、仲介者を通じて間接的に伝えられます。そのような人物がそのような問題について話し合うために自らやって来る、ということは非常にまれであり、常にこれは、問題が非常に深刻で重大であることを意味します。

私は個人的に、そのようなケースを三つ知っています。1番目はシニョーレ・マシーニ（注1）による最初の訪問を受けたとき、2番目は2010年に外交問題評議会（注2）の上級代表の訪問を受けたとき、そして今、私たちは3番目、すなわち〝敬うべきマスター〟との重要な会議の準備をしています。

この訪問者が権力の門すべてを開け放った、という事実以外に、分かっていることは何もありません。これは良いことのようにはまったく思われませんが、実際のところ、結果はそれよりもずっと単純だったのです。

クロス少佐が全員を紹介した後、私たちは皆テーブルの席につきましたが、それは私たちの警護官が保安確認を実施した後でした。全部で五人が私たちを護衛しており、そのうちの二人は次の階のバルコニ

注1：ヨーロッパの最重要フリーメイソン・ロッジで最高の階位に座する大立者の1人であり、世界最強の影響力をもつフリーメイソン機関「ビルダーバーグ会議」出席者の1人。イタリア王室の家系に属する非常に古い貴族階級の出身。ビルダーバーグ会議とは、世界的影響力を持つ人物や企業、機関の代表が130–150人ほど集まり、世界の重要問題や今後の政治・経済・社会等を主なテーマとして完全非公開で討議する秘密会議。参加者があまりにも世界的影響力のある有力者や著名人ばかりなので、〝影の世界政府〟あるいは〝世界の行く末を決める会議〟ともいわれている。1954年以降毎年1回開かれている。

注2：米国のシンクタンクを含む超党派組織。略称CFR。1921年に設立され、外交問題・世界情勢を分析・研究する非営利の会員制組織であり、アメリカの対外政策決定に対して著しい影響力を持つといわれている。超党派の組織であり、外交誌『フォーリン・アフェアーズ』の刊行などで知られる。本部所在地はニューヨーク。会員はアメリカ政府関係者、公的機関、議会、国際金融機関、大企業、大学、コンサルティング・ファーム等に多数存在する。

ーに、一人は入り口に、二人はホールの中にいました。私たちには、通常使う場所の一つを選ぶことが可能でした。それはゼロ局が自由に使える建物の一つです。しかし、あえてセザールは、定期的な商談のために使われるこの場所の使用を強く主張したのです。万が一圧力をかけられるあるいは要求を突きつけられる場合に、何とか協議の方向を変えるためです。もしも静寂かつ厳粛な場所で協議したのであれば、必要に応じてその方向を変えるのは決して容易ではなかったことでしょう。

〝敬うべきマスター〟は高齢で70歳を超えていたと思います。しかし、彼は堂々とした風《ふう》采《さい》をしており、高齢にもかかわらず、服装・振る舞いは、彼が時代遅れの保守主義ではないことを明示していました。装いはほぼ完璧で、最高級の衣服やアクセサリーを纏《まと》っており、それらが有名なファッションブランドものであることが見て取れました。そして、彼が自分の思うことを述べるその流儀から、彼が間違いなく非常に知的かつダンディーな男であることが分かりました。しかし、このような特徴や持ち味にもかかわらず、彼のような人物には常に何かが付随していて、その顔と魂には一種の〝封印〟がなされています。そして、それは〝厳しさ、苦しみ、そして表に出ない苦悩〟として最もよく説明することができるのです。

ここで行われた議論は、開示が許可されていない数多くの技術的な面が含まれているため、お話しできません。しかし、〝敬うべきマスター〟が私たちに求めたことは、少なくとも最初は、当初予想されたよりも多くはなかったのです。第三のトンネル経由の探索調査は間近に迫っており、それによって回収される可能性のある遺物は国際的な関心事であるものの、彼は、それを研究・調査する権利を放棄してほしい、と私たちに言ったのです。そもそもの最初から、これは問題を抱えたトンネルである、と考えられてきました。彼からのこの要請は、深刻な問題を伴ってはいないものの、一般的な話の筋書きに沿うものではありません。なぜなら、彼ほどの〝敬うべきマスター〟が、このように単純な要請を受け入れさせるためにだけ遠路はるばるやってきた、とは到底考えられないからです。それは仲介者を通して交渉できたはずです。それゆえ、第三のトンネル経由の探索調査に伴う利害・権益は、はるかに重大で長期的なものに違いないのですが、まだ何も情報がないため、それらは容易に認識されないのです。

そのような会議の不愉快な面は、否認することが完全には許されない、という事実です。これは暗黙の了解であり、米国・ルーマニア間の協力に関して確立されたプロトコル（手順）の中で最も強制力のあるものの一つです。ゼロ局による拒否は、ピュロスの勝利（注）のようなものなのです。

〝あの組織〟の信じ難いほど並外れて複雑なつながりを通じて、最初の条件が交渉された

注：〝損害が大きく得るものが少ない勝利〟つまり〝割に合わない〟という意味の慣用句。古代ギリシャのエペイロス王で戦術の天才とうたわれたピュロスの故事に由来する。

場合よりもはるかに悪い結果を引き起こす可能性があるためです。このような無謀な行動は、これまでに築き上げられたすべてのものを崩壊させる、という危険を冒すことになります。だからこそ、適切な外交努力と〝ひらめき〟に触発された交渉を通じて、協力関係の均衡を保たねばならないのです。

この点に関しては、いくつかの確立された制約条件があるので、確かに何も要求することはできませんが、一般的にそのような要求は、大統領への〝過激な内容の電話〟のような役割を果たします。それを無視することはできません。私たちにできることは、何らかの補償を得るために途中である程度の再交渉を試みることです。しかし、拒否によって会議を終わらせることはできないのです。莫大な資金、超高度なテクノロジー、政治・統御に係る利害関係――これらを伴う依存関係の一体的な連鎖がそもそもの始めから存在しているのですが、これらはすべて〝あの組織〟の目に見えない力によって操作されており、駆け引きが賢明になされない場合、それらが及ぼす影響の比重が変わってしまう可能性があります。それはポーカーの難しい手のようなものです。それがこけおどしや、はったりであるかどうかは分かりませんが、こちらも切り札を持っていないため、思い切って賭けをする勇気はないのです。

協議は緊張状態を生じさせることなく上首尾に行われました。結局のところ、〝敬うべきマスター〟は私たちがまだ発見していないものを有効に使うための独占的使用権、これに類似するものを求めただけでしたので、それを拒否する理由はありませんでした。私たちの利害に直接抵触しなかったため、困惑することもあまりなかったのですが、〝敬うべきマスター〟が自ら協議に参加したという事実はそのまま残り、彼が本当に望んでいたものも隠されたままだったのです。彼の見掛けのビジネスの根にあるものを最終的に見いだすために、丸1年の研究と対諜報活動が必要でした。詳細は省きますが、〝敬うべきマスター〟の家族にかかわる個人的な面があったようです。

ホテルを出た後、私はエリノアの別荘に行き、セザールはクロス少佐と行動を共にしました。翌日、私たちがアルファ基地に戻ったとき、セザールは、クロス少佐との非公開の議論について手短に説明してくれました。

「ここしばらくの間、彼らはゼロ局をひな形にして設立された部門を運営してきました。部門全体の指揮・統御はクロスが担いました。そして、彼はいくつかの点について私の意見を求め、それから彼は、私たちが直接興味を持っていることに言及しました。実のところ、彼は私たちを招聘《しょうへい》したのです」

この時点で私は、好奇心に駆られた面持ちでセザールを見ました。なぜなら彼の言っていることがよく分からなかったからです。私は以前リモート・ビューイング（遠隔透視）

の特別訓練コースに参加しました。それゆえ一瞬、他の訓練コースのことかもしれないと考え、セザールに尋ねました。セザールは微笑んで答えました。

「いいえ、それはあなたと私への格別な招待です。そこは特別な場所であり、状況は細心の注意を要します。クロスは、そこにあるものを正しく理解して文書で証明できる人々が今のところいない、と言いました。そして彼は、私たちの経験に基づく協力を要請したのです」

それは確かに異例なことでした。さらにセザールは、少佐が彼に言ったことを手短に説明してくれました。

「彼らはカリフォルニアのヨセミテ国立公園で特別な場所を発見しました。実際のところ、海軍の防諜部門は長い間それについて知っていたのです。問題は、それが北米インディアン居留地内にあり、いくぶんか立ち入りなどが禁止された区域であることです。彼らからの情報によると、そこのシャーマン（注1）は、地球内部に至る通路があることを知っているようです。

しかし、そこを通るためにはある種の儀式が必要なので、通常の手段は使えません。陸軍を介入させようとしたのですが、それでもその特別な入り口に入ることはできませんでした。どうやら彼らは、この状況を自分たちの制御下に置くことができず、困惑している

注1：霊魂との交信や病気の治療ができると信じられている宗教指導者を意味する。

ようです。そこにあるのが一体何なのかを誰も理解できないため、私たちのこの分野の経験を共有したいと言ってきたのです」

その後、第三のトンネル経由の探索調査のための協力活動に関わる協議がなされました。それをすべて終えた後、私たちはクロス少佐と一緒にその場所に行くことになりました。それから2日間のうちにマドリード行きの飛行機に乗り、そこから海の近くのロタ海軍基地に移動しました。少佐はそこで対処すべきいくつかの問題を抱えていたので、アメリカへの移動を段取りするための時間ができました。私は海岸で1日を過ごし、ゆったりとくつろぎながら自分の考えや情報を整理しました。それから、私たち三人は軍用機でバージニア州ノーフォークに飛び、そこで1日滞在した後、コマンドプレーン（注2）でラスベガスに向かいました。

そして、そこから車でヨセミテ国立公園に移動しました。比較的短い距離でしたが、4時間が必要でした。

公園に着くと、別の車で来た四人の軍人が私たちを待っていました。少佐の話では、私たちが通ってきた場所は遠隔の地であるため、間違いなくこれは特殊作戦になるのだそうです。それは本当でした。幹線道路に沿ってしばらく歩いた後、丘に登る周辺道路に入ったのです。私たちは小さな台地のような場所に着きました。左側はかなり高い木製の柵で

注2：司令官が指令を出すのに必要な通信機器が機内に装備されている飛行機、いわば「動く指揮所」を意味する。

囲まれており、それには電気が通っているようでした。柵の向こうには広大な谷があり、晩秋のとても美しく紅葉した森が見えました。また、右側には、澄み切った空を背景に、山頂が雪に覆われた山脈を遠方に望むことができました。私たちは大きなアーチが架けられた古い木道の下を歩いて行きました。その上の部分には居留地の名前とインディアンの村の名前が書かれていました。ここは基本的にアメリカ文化を保護している村です。

しかし、私は最初から、そこの雰囲気には何か違うものがあることに気づいていました。そこが閉鎖的であり人目につかない場所であるように感じたのです。私はクロス少佐に、この場所が訪問者に開放されているかどうかを尋ねました。彼は次のように答えました。

「ここは秘密ではありませんが、人里離れていて、とりわけ神秘主義やシャーマニズムに興味を持つ人々のための場所になっています。シャーマニズムは原始的宗教形態の一つです。ここには驚くべき秘密がありますが、私たちはその情報を入手できません。彼らが言っていることですが、それは地球内部へのある種の入り口のようなものであり、極秘になっている彼らの伝統に即しています」

セザールはちょっとからかうように、微笑みながら少佐に尋ねました。

「あなたはこの秘密をただ放っておいたのですか？」

「当初、その地域とその特定の地点を軍事的に支配するために、入植地を別の場所に移すつもりでしたが、それは不当な術策でしかないことに気づきました。実用に供せず無益であることが判明したためです。何かが欠けているために彼らの知識を活用することができない、と思われます。それに加えて、彼らは南北戦争の時以来、米国政府との協定を数多く結んでおり、それに関連する書類をたくさん持っています。これが物事を複雑にしているのです」

私はクロス少佐に尋ねました。

「何か好ましくない結果がそれから生じましたか？　彼らの知識は隠匿されているのですか？」彼は真摯に答えました。

「いや、彼らは温和で冷静です。それは伝統の維持に関わる問題です。私たちが理解したことは、私たちがプロセスをうまく管理しない限り、彼らの知識を利用することはできないということです。彼らはそれを明らかにしたくないようですし、彼ら自身もそれを知る準備がまだできていない、と私は考えています」

そのとき男性のグループが道路に現れたため、私たちは入り口の右側、アーチ道から少し離れた所で立ち止まりました。少佐によると、私たちの訪問は前もって手配されていたようです。しかし彼は、差し当たりは車の中にとどまるように、と私たちに言いました。彼は車から降りてこれらの人々に挨拶しました。彼らはお互いをよく知っていて良い関係にあることが分かりました。彼らは中肉中背で、彼らの容貌と服装から、彼らがアメリカインディアンの特徴を数多く持っていることが容易に見て取れました。四人の軍人ももう1台の車から降りました。彼らは、そのグループとはあまりなれなれしくしないものの、ゆったりとくつろいだ態度を保っていました。私たちが一時休みをとったため、セザールはそれを利用して、少佐から追加で聞いたことを話してくれました。

「この場所の問題は、それが脅威となるということではありません。正しく言えば、それは強力な時空のゆがみなのです。ここの共同体にとってそこは神聖な場所であり、彼らだけがそれを利用する方法を知っているのです。それが米国国防総省であろうと、ゼロ局であろうと、あるいは他の組織であろうとなかろうと、問題は同じです。すなわち、そこに入るための鍵を持っていないのです。この問題は私たちの側の当局者を困惑させましたが、彼らは、ここの人々に強要せず、協力を目指して友好的な関係を維持することを決めたのです」

私は言いました。

「彼らはまだ誰一人そのゲートを通り抜けさせていないようですが、それはちょっと奇妙ですね。なぜ彼らはちょうどこの時に私たちをゲートの中に入れてくれるのですか？」

「ゲートを越えてさらに先に進んだ人たちが何人かいました。そして彼らからの情報に基づき、それが一体何であるか、この点がより明確になったのです。北米インディアンは、それが地球内部の区域であると彼らに言いましたが、それ以上の情報を出したくないのです。彼らよりもずっと進化した地球内部の人々の指示を、彼らは尊重しています。たとえ何らかの形で秘密を話すように強要されたとしても、それは他の人々にとって役に立つ実用的な結果をもたらしません。ブセギ複合施設や精妙な世界にアクセスする場合も状況は同じであり、鍵になるのは共鳴に基づく選択なのです」

「分かりました。しかし、彼らは一体どうやってそこに入るのですか？」

「私には分かりません。私たちにそれが許されるのかどうかを確認します。そのゲートは南北戦争の前に発見されたようです。そしてその時から、それは大いなる秘密として何世代にもわたって護られてきました」

そのとき、セザールが話を止めました。少佐が車にやって来て〝地元の人々が私たちの訪問に同意した〟と告げたからです。あたかも状況を把握しきれていないかのような面持ちで、少佐が言いました。

「彼らはあなた方が来ることをすでに知っていました。どうしてこのようなことが可能になるのか、私には理解できません。なぜなら、私たちはたった今この件を彼らに伝えたからです。私たちはあなた方が誰であるかを説明するつもりでしたが、彼らはすでに知っていました」

私たちは皆、砂利道を下り、いくつかのかなり大きな木造家屋の脇を通りすぎました。アメリカの国旗を家の前に掲げた人たちもいれば、ドアを開けた人たちもいました。小さなグループに分かれた人たちが、何かについて協議をしていました。彼ら全員がインディアンでなかったことは、意外でありちょっと驚きでしたが、何人かは間違いなく先住アメリカ人でした。彼らの共同体はまだそれほど発展していないように思われたのですが、そこに住む人々は知的で品位があり、堂々としているように見えました。家々の向こう側には、小さめではあるものの、正面に2本の柱のあるギリシャ神殿のような建物が見えました。それらは山から採取された石材で造られていました。私は少しばかり考えました。なぜなら古代ギリシャ文明とのつながりを認識できませんでしたし、これらの建物の目的が何であり、世界の中のこの地域にどんな影響を与えるのかを理解できなかったからです。

私たちは、さらに人目を引く建造物の前に着きました。おそらく市庁舎のような建物なのでしょう。そこにはアメリカの国旗もはためいていましたが、その隣には見慣れない模様の別の旗がありました。屋根の上部には、ここがヨセミテ国立公園であることを示す大きなプラカードが木々の枝の間に見えました。同じプラカードには、三つの山の頂の上に大きなカラスの羽が描かれているインディアン特有の紋章もありました。しかし、これについてのさらなる詳細は開示できません。ここは遠隔の地であり、極めて重要な場所だからです。ここに住む人々は、外部と関わらないひっそりとした状況が変わってしまうことを、非常に心配しています。さらに私は、米軍と交わした約束を尊重しなければなりません。

歩いていた道を少し左に曲がると、グループの指導者と思しき男がセザールと私に近づいてきました。彼はワトゥクという名前でした。何の紹介もなしに彼は、地球内部の人々が私たちの訪問を受け入れることは以前から知らされていたこと、および、私たちがこれからポータルを通り抜けて地球内部へ旅することを私たちに告げました。しかし、クロス少佐は〝自分はこのことを何も知らなかった〟と身振りで私たちに伝えたのです。

「この場所を見に来た人はほとんどいません。それは私たちが継承している歴史的遺産であり、私たちはそれを極秘にしています。しかし、ポータルに入るためには、特定の条件を満たす必要があるのです。地球内部に住む人々によって決められたことは、メジーナが教えてくれます」

ワトゥクは威厳のある人物であり、前任者からその立場を受け継いでいました。年は50歳ぐらい、長髪で背があまり高くありませんが、驚くほど生き生きしていて、笑みをたたえているものの、断固とした態度と決意を表す厳粛な顔立ちをしていました。シャーマンとは思われませんが、彼はこの共同体の長老者評議会で重要な役割を果たしていたのです。彼は決然たる態度で話し、なお一層隔絶された場所に至る小道を指さしました。そこには3つの小さな木造小屋がありました。私たちは右側の小屋に向かいましたが、それはすでに私の注意を引いていた建物です。

周囲の空間はきれいで美しく配置されており、歩道や緑がたくさんあって、すべてが非常に良好な状態で維持されていました。その小屋は古いものでしたが、どういうわけか、それよりもさらに古い別の小屋の上に建てられていたのです。元の建物を保護する目的でなされたことが分かりましたが、なぜ保存のためにそのような独自の方法に頼る必要があったのか――この点は理解できませんでした。入口に着くと、少佐がセザールに言葉をかけました。

「ここからは、あなた方だけが行くことになっています。私たちはここで待ちます。私はすでにそれをワトゥクに話しました。彼らはこの点に関し厳格な規則を持っています。そこは神聖な場所であり、満たすべき特定の条件があるのです」

ワトゥクはドアを開けて、私たちが中に入れるようにしました。その小屋に足を踏み入れた瞬間、私は、突然200年前に戻ったのではないか、と思いました。最初の木造建築は非常に古く、ドアが開いたときにすべての接合部からきしむ音がしたのです。木材は腐食してはいなかったものの、あたかも時間の経過とともに〝疲れてしまった〟かのようでした。半暗闇に慣れるため、入口から数歩進んだところで立ち止まり、細部をよりよく観察しました。そのとき再びワトゥクの声が聞こえました。

「この建物は1776年に建てられて以来、そのまま残っています。あなたが今いる場所はインディアンの古い土地です。私たちの祖先はこの土地に住んでいました。そして、私たちの何人かは彼らの遺伝系列を直接受け継いでいます」

小屋の長さは優に20mあり、幅は約7mでした。内部の地面は乾燥していて岩だらけであり、明らかに建物の外側を囲む肥沃《ひよく》な土壌とは対照的でした。片側には、非常に古い錆びた道具と2本の丸太が見えました。すべてが無傷で、誰からも立ち入られることなく、まさに建てられたときの状態をそのまま保っていたようです。小屋の右側には、非常に乾燥した低木と、外部環境からの干渉を受けずにそのまま地面に残されたアザミがいくつか見えました。非常に特別なことが起こった過去のある時点で、そこにあるものすべてが〝ピタリと止まった〟ように思われたのです。私たちがここの雰囲気に順応したあと、ワトゥクが話し始めました。

「条件は二つあります。まずはじめに、この部屋の特定の場所に移り、特定の瞬間にそこにいることが必要です。2番目は女性的な要素です。それがない限りポータルを通り抜けることはできません。地球内部に入る男性のために、メジーナがこの役割を果たします」

私たちは二人とも男だったので、興味津々の面持ちでワトゥクを見ると、彼が言いました。

「あなた方は一人ずつ行きます」

セザールが尋ねました。

「私たちがその特別な場所にいなければならない正確な瞬間を、誰が知っているのですか？」

「メジーナです。彼女は、仲介者として何をすべきかを知っています」

ワトゥクが話をしていると、20歳くらいの女性が戸口に現れ、私たちに向かってほんの数歩前に進みました。彼女は伝統的なインディアンの衣服、すなわち地面にまで届く長いスカートとフリンジ付きの革のブラウスを身につけており、モカシン（鹿革製のかかとのない靴）を履いていました。背はそれほど高くないものの、彼女の美しさは西洋風ではなく、むしろ彼女の内から発せられる力から来ていました。頬骨はわずかに突き出ており、アメリカ先住民に固有の特徴を示していました。長い黒髪は後ろで二つ編みに結ばれ、前髪は長めに切り揃えられていました。その若い女性は、私たちの前に来てうやうやしくお辞儀をしてからワトゥクを見ました。すると彼が言いました。

「彼女はあなた方の旅の同伴者です。彼女はこの道を通って何度も旅していますので、地球内部の世界をよく知っています。さて、あなた方のどちらが最初に行くのかを、今すぐ決める必要があります」

突如、私は動揺しました。一体何が起きているのかが全くわからなかったためです。どこからどのように出発するかを示唆するものは、小屋のどこにも見当たりませんでした。私が熱のこもった眼差しでセザールを見たとき、彼は自分が最初に行くと言いました。若い女性はセザールに近づき、しばらくの間彼をじっと見つめました。そしてわずかに微笑み、ここの現地語と思われる言葉で何かを言いました。彼女が言った言葉をワトゥクが翻訳してくれました。

「メジーナはあなたと相性がいいそうです。彼女は、地球内部の賢者たちを知っている旅人に会うのは喜びである、と言っています。これはいいことです。さもなければポータルが開きません」

私は思わず息を呑みました。そして誰もそれに気づかないことを願いました。すると、メジーナが私の隣に来て、私をまっすぐに見つめました。アーモンド型の黒い瞳がとても綺麗でしたが、私を見ているにもかかわらず、その視線は物質的な領域を超えて大きく広がっているように感じました。セザールのときとは異なり、彼女はもっと長く30秒間ほど私を見つめていたのです。絶望的な気持ちになりかけたとき、彼女が突如口を開きました。今度もワトゥクが彼女の言葉を訳してくれました。

「あなたとも親和性があるそうです」

まるで大きな岩が背中から取り除かれたかのように、私は安堵のため息をつきました。そのとき、セザールと私に対するワトゥクの敬意が高まったことに気づきましたが、それはメジーナと呼ばれる女性が下した〝裁定〟と関連しているのではないか、と考えました。後でクロス少佐から聞いたのですが、セザールと私を除き、メジーナと一緒に地球内部に移行できた人間は、それまで一人しかいなかったそうです。その人物はペンタゴンと協力して働いていた超能力者でした。

米軍が抱えている問題は、確認を受ける〝候補者〟の数が限られていて、特定の時期および特定の時間間隔でしか確認作業を実施できないことでした。私たちに与えられた機会はそのような時期の一つであり、少佐は、私たちが受け入れられたという事実に感銘を受けたようでした。セザールは、これは以前自分が何度も地球内部に旅したという事実に起因するものであり、どういうわけかそれにより特定のエネルギー面の痕跡が彼の内に深く留められた可能性が非常に高い、と説明しました。私の場合は、地球内部の神秘的区域のエネルギーがシャンバラの守護者の立会いの下で私自身に埋め込まれる、という機会がありました。これが完全な説明ではないことは分かっていますが、それでも私の意味することがある程度伝わるものと思います。

実際に重要な点は、感情面・精神面における意識と純粋さのレベルなのです。ルーマニア諜報部と同様、国防総省においても、ゼロ局との協力をめぐる舞台裏での戦いがありました。何人かの高官を非常に苛立たせているように見える問題は、彼らが世界中で常習的にしているやり方では、このような現象や場所を制御し支配することができない、ということです。たとえ毅然とした態度で臨んだとしても、不安や懸念は残存し、あたかも脱線した列車のように、それらが協力の細部に届くほどの影響をもたらすのです。クロス少佐によれば、このような敵対意識や感情等の噴出を解消するのは簡単な仕事ではないそうですが、私たちも同じような状況に何度も直面してきましたので、その点はよく理解できます。

私は、ポータル通過に必要な親和性の要求条件を満たしたことに満足しました。すると、実際の地球内部への旅が非常に待ち遠しくなりました。ワトゥクとメジーナが小屋の裏手に行きましたので、私たちも彼らの後を追ったところ、あたかも最近掘られたかのような湿った土の部分があることに気づきました。固まった土と湿った土が一緒になった区域に足を踏み入れたとき、私たちは立ち止まりました。メジーナがセザールの手を取り、二人は緩んだ地面の真ん中付近に歩いていきました。ワトゥクは私に、彼のそばにいるように合図しました。メジーナはセザールから手を離してこちらに向き直り、右手で合図をしました。すると、ワトゥクが上着の下から長めの木の短剣を取り出し、かがんでそれを地面に置きました。

近くで見ると、それにはさまざまな記号や碑文が刻まれており、とても古いように思われました。握りの部分はひび割れて、ほとんど二つに割れかけていたのです。少しばかり失望したせいか、私はあまり感銘を受けませんでしたが、シャーマニズムの儀式の目撃者であることを自分に言い聞かせました。そして、ブセギ山脈地下の地球内部に至るトンネルを通り抜けるのが、いかに容易で簡単だったかを考えました。しかし、これは単に地球内文明へのアクセスの別の形であり、そのすべては特定のシャーマニズムの儀式に基づいていて、ポータルを開くのに要するエネルギーを活性化するためにそれが必要であることに気づきました。

メジーナは短い呪文を同じ調性で唱えていましたが、それは言葉の羅列ではなく伸びた音のようでした。それゆえ、私には何が起こっているのかを考える時間があまりなかったのです。しかし、すぐに私は、魔法の短剣の精妙な潜在力を発動させるのに必要な正確な調性を彼女が習得していることに気づきました。そのとき、彼女とセザールのすぐ後ろで空気がうねり始め、一辺が2mほどの四角いスクリーンのような形の空間が部分的に半透明になるのが見えました。メジーナがゆがんだ空間の側に向き直ったため、この四角い区域の向こうに何があるのか、はっきりとは見えませんでした。それから、彼女がセザールの手を取り、スクリーンを通り抜けて一瞬で消えてしまったのです。

このような現象を何度も経験してきた私は、それらにはある程度慣れていたものの、やはりある種の苦痛を感じていたことを認めねばなりません。どういうわけか、このような現象そのものというよりは、その現象にアクセスする方法や手段に確信が持てないような気がしたのです。私は困惑しました。なぜなら、科学的な裏づけが見当たらず、通路・トンネルあるいは装置らしきものもなく、使われたのは二人がポータルを通り抜けたのと同時に消えた、非常に古い木製の短剣だけだったからです。魔法と考えられるものに直面し、完全にはそれを理解できなかったため、私は自分の気持ちを落ち着かせることができませんでした。ホログラフィー投影室を起点とするトンネル経由の探索調査については、テクノロジー面の詳細はほとんど何も理解できなかったものの、そこでの経験は信じられないほど高度なテクノロジーに立脚していたため、ともかくも確信が持てたのです。

かなり困惑するとともに少し心配になりながら、私は何も言わずにワトゥクの隣に立っていました。あたかも岩の塊であるかのように彼は動かず、ゆっくりとうねるスクリーンをじっと見つめていました。それはやや真珠のような色をしていました。あえて彼に質問しなかったのは、彼が何らかの形で精神的、そしておそらく感情的にプロセス全体に関わっているのではないか、と考えたからです。実際のところ、そこで起きたことはすべて、科学や物理法則など、外の世界の通常の現実とは何の繋がりもなかったのです。

私は、気取りや大それた願望がなく謙虚さと威厳に満ちたこれらの人々が、地球内部の並外れた世界にアクセスして何百年もの間その恩恵を享受してきた、という事実についてじっくり考えました。私たちは自分たちが彼らよりも〝進化している〟と考えているのですが、今彼らは、私たちがその区域に入るのを可能にしようとしていました。再度私は気づかされました。お金や技術は、必ずしも知識を得るために必要ではありません。それどころか、これらが正しく使用されていないと、真の知識から遠ざかってしまう可能性があるのです。しかし、プロセス全体の驚くべき単純さが、私の理解を最も阻害していたと思います。単に観察するだけでは、自分が見た物事をほとんど信じられず、それが悪ふざけやでっち上げではないのか、あるいは自分が発狂しているのではないか、と考えてしまうのです。あまりにも大きな違いが、私たちが見慣れている物事と実際に起こっていることの間にあるため、明らかにそれが目の前で起こっているにもかかわらず、私たちの心はすべてを拒否し拒絶する傾向があるのです。

私たちは偏見にそそのかされ、実際に私たちに真のイニシエーション（霊的進化）と知識を与えてくれる人々のことを、粗野あるいは知能遅れと考えがちです。私たちは傲慢さと思い上がりからこれをするのですが、それは、現実を知覚するためのより効率的で簡単な方法を他の人々が自分よりもよく知っている、という事実を認めることができないからです。私たちは、次のように信じることに慣れています。⑴発見可能なものはすでにすべて発見した、⑵私たちは自然の〝大いなる秘密〟を知識として持っている、⑶私たちが知らないことや理解していないことは真実ではないので、蔑《さげす》まされ、皮肉られるべきである。しかし、現代科学や〝公式科学〟の場合、実際には、そのほとんどの面が腐敗しているのです。

そのような考えにふけっていると、真珠色のスクリーンの中からメジーナが突然私の眼前に姿を現し、ワトゥクが最初に短剣を置いた地面の位置にそれが正確に実体化しました。私が概算したところ、メジーナの不在時間はせいぜい１分でした。彼女は境界線のところまで来て、私の手を取りました。そして、私たちは一緒にその湿った土の上を歩いていきました。何もかもが無言の状態であり、揺るぎなく安定した舞台において正確に起きていました。スクリーンに近づくと私は躊躇し、少しばかり自分を抑えました。メジーナはすぐにそれに気づいて立ち止まり、好奇心に満ちた面持ちで私を見ました。そして、私の目をじっと見つめながら尋ねました。

「境界を越えることに同意しますか？」

私は同意してスクリーンを見ながらうなずきました。目を閉じて彼女の手を握り、私たちはその〝スクリーン〟を通り抜けました。すぐに高速の粒子の流れに没入しているような感覚になり、トマシスに移行したときにエレベーター内で体験した〝上昇・下降運動〟の感覚を思い出し始めました。しかし、今回はさらにスピードが速かったのです。岩・溶岩・穴部・割れ目・水・結晶等、地球内部の層が目まぐるしい速さで次々と流れていくのが目の前に見えました。少しめまいがしましたが、吐き気等の不快感はなく、心地よい感覚でした。

ふと目を開けると、メジーナが数メートル先にいて、前方を見ていました。見下ろしたところ、私は、半径約3ｍの円で囲まれた場所に立っていることが分かりました。円の輪郭は山の岩肌に正確に描かれていました。驚いたことに、私の左側の地面に、先端が円の内側を向いて短剣が置かれているのが見えました。それは私たちがポータルを通り抜ける前に短剣が置かれていた外側とは対照的でした。そのとき私は気づきました。短剣はプロセスに関わる魔法の要素であり、間違いなくポータルのエネルギー活性化現象全体の〝鍵〟を担っていたのです。

私は自分が実際にいる場所に注意を向けました。すると、あたかも仮想の楽園に到着したかのように感じたのです。それは私の全身に健康と喜びの感覚を強烈に与えてくれるようでした。トマシスでも似たような感じがありましたが、ここでの感覚はより洗練されていて、この場所に気づいた途端に現れたのです。実際のところ、私は半円形のテラスに通じる大広間にいました。そのテラスから素晴らしい景色を望むことができました。テラスの両脇には、岩山に四つの大きなトンネルが掘られており、それぞれに直径約4ｍの円形の開口部がありました。それらは山の岩に直接掘られ、そのうちの二つを特徴づけていたものは円柱のあるテラスであり、それは山に入るための開口部の役割をしていました。

私がいた大広間は山を掘削して造られたテラスのような場所でした。それは両側に大きく開いていて、そのアーチは、山を掘り下げることによって造形された数本の柱で支えられていました。そして、それらは基部から上に伸び、円屋根と一体になっていたのです。そこにあるものは、すべて岩山を掘り下げることによって造られていました。他の素材で造られたもの、移動可能・分離可能・可動な部分は全く見受けられませんでした。そこから見えるものはすべて山に切り込まれており、まるで空間全体が山を〝くり抜く〟ことによって造られたかのようだったのです。

テラスから見下ろすと、眼下には広大な緑の植生が見え、遠くの地平線の彼方に見える

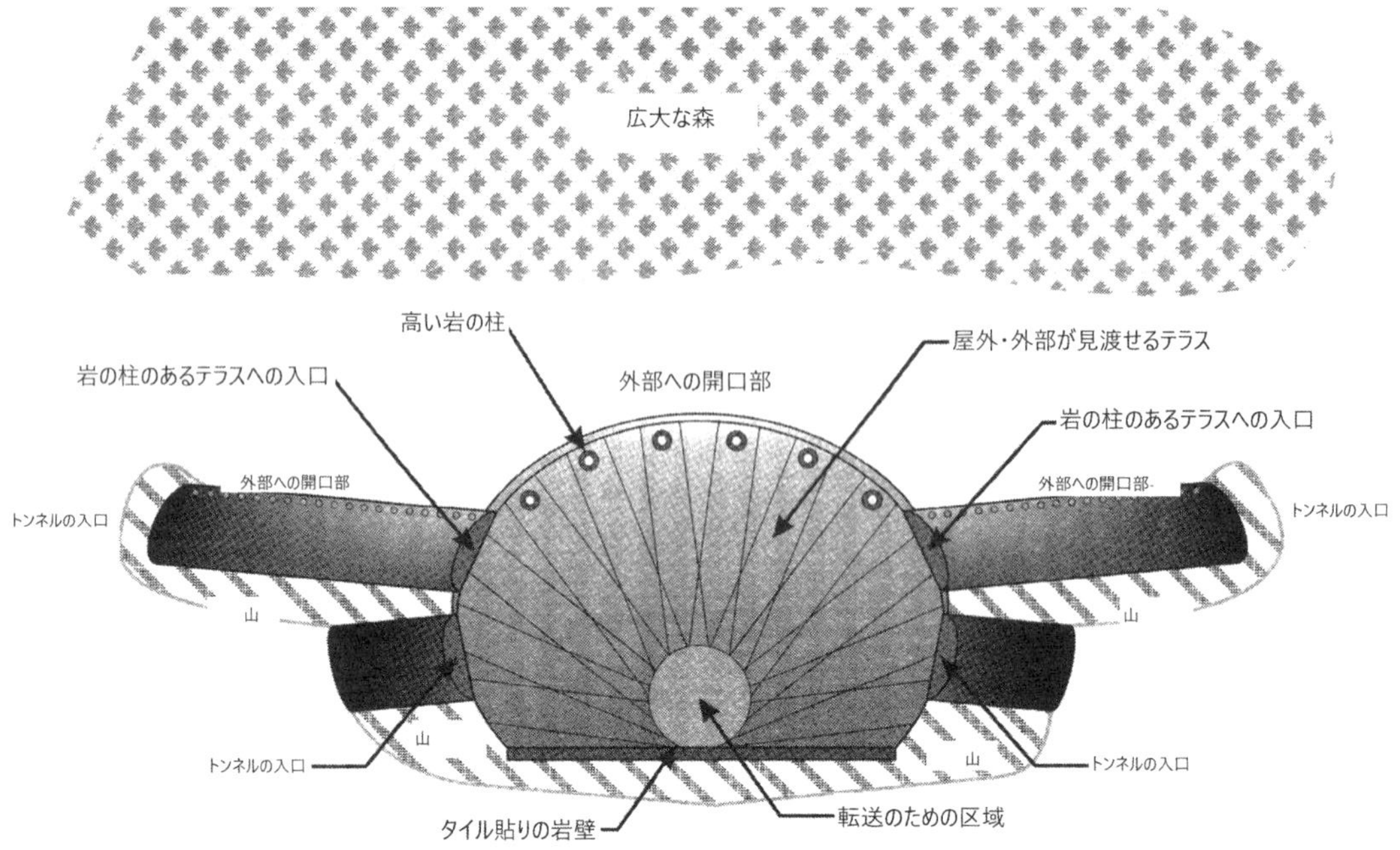

山の中にある半円形のテラス

岩壁に貼られたタイルに描かれた模様と記号

他の山々にも豊かな森が広がっていましたので、ここはどこか標高の高い場所であることが分かりました。大広間の床には大きな石のタイルによって扇形の模様が描かれていましたが、それはうしろの山壁にまで達していて、そこからさらに上に垂直に伸びていました。これらのタイルは磨かれていて、岩肌とは異なる仕上がりになっていました。そのうちのいくつかは、縁がやや劣化あるいは損傷していましたので、この構造物はかなり昔からここに存在していたものと思われます。

時の経過による影響は、柱のタイルにも見受けられました。建造当時、それらはとても素晴らしく見事な状態だったことでしょう。しかし、その後何千年・何万年という年月を経て、本来の輝きや仕上がりが損なわれてしまったようです。いくつかの柱にはひび割れが見られ、とりわけ湿気の影響が顕著な場所では、柱のタイルに描かれている表象がきらめいているように思われました。しかし、完全とは言えない状態であるにもかかわらず、柱は堂々とした存在感と崇高さを保ち、神聖な雰囲気を醸し出していました。

タイルは岩山から掘り出され、テラスと岩山の間の境界となるように配置されていました。それらが岩壁と融合するところでは、それぞれのタイルが線と点だけで形作られた模様を呈していました。テラスの床から続いて、垂直の岩壁に配置されたタイルには、個々のタイルの端部に線と点の組み合わせに基づく記号がありました。見ているだけでゾクゾク感が体内を走り、それに続いて生き生きとした感情が私を包み込みましたが、私はそれらの記号が表すものを何一つ理解できなかったのです。しかし、それらが私の潜在意識に与えた影響は極めて強烈でした。

前方を見ると、大広間の端に立つ堂々とした柱の脇で、セザールが外の風景を眺めていました。メジーナが私を見ているのに気づきました。すると、さりげなく彼女は、私にセザールの近くにある柱のそばに行くように促しました。そこで私は、長い年数を経たタイ

テラスの下に広がる緑豊かな風景

ルの上を慎重に歩いていきました。大広間の周囲と外部には、テラスのある大きな廊下が、左側に一つ右側に一つあり、どちらも山に入るためのトンネルに繋がっていました。壁の内側には、仕上げられていなかったものの、彫刻が施されていました。そしてそれは、決して粗野ではなく荒削りでもなかったのです。廊下の1階の床は岩のモザイクのようでしたが、その中心に向かって、岩のタイルからなる完全な直線が延びていました。二つのトンネルは入口の柱の向こう側に20ｍほど延びたあと、山中の暗闇に溶け込むように視界から消えていました。

森の中で顕著に見られる樹木

　あたかも白昼夢を見ているかのように、セザールは眼下に広がる自然のキャンバスを眺めていました。眺望を共有するため、私は彼の隣に立ちました。初期の地球の美しさと青々とした広大な景色はまさに驚嘆に値するものであり、私の魂をつつましい喜びで満たしてくれました。50～60ｍほど下方には豊かな植物の生い茂る谷があり、それは地平線まで続いていました。その両側には二つの巨大な山がありました。サハラ砂漠のオアシスを連想させるその風景に、私はすっかり魅了されてしまいました。なぜならそれは、素晴らしい景観を呈するのみならず、魔法にかかってしまったような高揚感で私の心を落ち着かせてくれたからです。

　植生は豊かであり多種多様でしたが、密集

オオトカゲを彷彿とさせる生き物

しすぎてはいませんでした。そして、どういうわけかそれは、私の内に遠い過去の時代に覚えた感動を新たに生み出したのです。木々はヤシの木の雑種のようなものであり、適度な下草に囲まれて、先端部にとても美しい花がついていました。このような配置により風景全体に独特の雰囲気が与えられ、鮮やかで魅惑的なものになっていました。その広大な森の真ん中にあまり幅が広くない道があり、繁茂した植生に覆われて見えなくなる前に、山に至っていました。それはヤシの森を通る主要な連絡道路のように思われたのですが、その両側にそれよりも狭い道もありました。

そこは、私が地球内部で初めて動物を見た場所でした。それはトカゲの一種で、オオトカゲを彷彿《ほうふつ》とさせる生き物でしたが、その動きはずっと活発でした。背中にはイグアナのようなたてがみがありました。昆虫や鳥も見えました。この世界における生活はとても豊かで、すべて

崖の上の東屋のような建物

が平和と安寧の深い充足感を表していいるように見えました。そして、私の心は非常に穏やかになり、機会があればこのようなところで長い時間を過ごしたい、という気持ちになったのです。

目の前のやや右側には崖があり、その上に東屋《あずまや》のような建物が見えました。木造の小さな家で、そこから石の階段が地面に延びて石畳の細い道に繋がり、森の内部にまで至っていました。建物は真っ白で、見事に茂った緑色の植物に取り巻かれていて、この世界全体にくつろぎと瞑想《めいそう》の雰囲気を与えていました。遠くの崖に美しい建造物が現れましたが、その目的は、均衡がとれて安らぎに満ちた雰囲気の中で体・心・魂の一体化を促進する瞑想の場として機能することである、と思われました。

澄み切った空を眺めると、地球内部の〝太陽〞が見えました。私たちが空に太陽として見ているものよりもわずかに小さく、青みがかった白色をしていました。空は澄んでいましたが、その青色は地上の世界で見るよりも薄く、少しばかり色あせていました。白い雲もいくつか見えましたが、地上で見えるような正確な形ではなく、より拡散していて、小さな区域に霧が集まったような感じでした。太陽は穏やかでとても心地よい光を放ち、その強度は私たちが地上で慣れ親しんでいる光の60〜70パーセントくらいでした。

その太陽と空を眺めていると、突然、私たちの背後に誰かがいるように感じました。振り向くと、山に入る左側のトンネルの前で、メジーナが背の高い男にうやうやしくお辞儀をしているのが見えました。彼女がその男と話している声が聞こえましたが、何を言っているのか分かりませんでした。その男が私たちに近づいてきました。身長は2mほどで、長い黒髪と黒い瞳、肌はオリーブがかった色をしていました。彼はトマシスのドゥリンによく似た服装をしていました。白い僧服のようなものを着ていましたが、金色のベルトがその真ん中あたりを優雅に結んでいました。彼の風貌は、彼が醸し出すカリスマ性と歩き方の気高さが両方相まって、極めて見栄えがするものでした。私はこれを認めねばなりません。彼の振る舞いは堂々としており、彼の身ぶりは自分自身の完璧な統制と均衡に基づいていました。

彼はセザールと私のすぐそばに来ました。そして、軽く頭を下げて挨拶した後、私たちに話しかけてきました。ガーディアン（守護者）の場合と同様、私は彼の声を心の中で聞いていました。それはルーマニア語でしたが、明快でとても心地よいものでした。時折、テレパシーで送られているイメージが頭に浮かびました。それは彼から送られたものであり、彼の話を補足してより明確にするためでした。

「このポータルは非常に古く、地上で起きた最後の大変動よりもさらにずっと古いものです。何人かの賢者がここに来て、この通信網を築きました」

同時に彼は、その谷に入る人々の映像と、彼らが四つのトンネルのあるテラスを建造した際の順序および使われた方法を示す画像を、私の心に送ってきました。彼らが超古代のアトランティスに由来する人々であることに気づいたのは、まさにそのときでした。しかしそれは、その伝説の大陸が完全に消滅するずっと前の時代のことだったのです。

「私たちはあなた方がここに来るように手配しました。なぜなら、ある意味でそれは、必要とされる一連の出来事の一部だからです」

それはまるで、ガーディアンによる説明が繰り返されるのを聞いているかのようでした。私の心の中で、アルゼンチン南部の特定の場所と、シャーマンであることが分かっている人物の姿がはっきりと見えました。背の高い男性は、さらなる説明をしてくれました。

「彼は今から2週間後に、まさにその場所であなた方を待っています。これは重要な出会いであり、地球内部への新たな旅になります」

私はこれらの旅や新たな経験の目的を真に理解していなかったので、少しばかり困惑しました。すると、この男性は私をまっすぐに見つめ、これらの異なる経験と地球内部に入る方法については後ほど明白に説明がなされるだろう、とテレパシーで伝えてきました。個別の目的ではなく集合的な目的があり、その力が働いているのです。私たちが得ているこの知識が、将来、地球内部に関する他の人々の考え方を変えるための種のようなものになるだろう、と彼は話してくれました。それから彼は「与えられた時間の窓がもうすぐ閉じてしまうので、あなた方は地上に戻らねばならない」と私たちに告げました。私はちょっとがっかりしました。せめてトンネルのいくつかを探索し、森の向こう側の居住されている都市を訪れる機会があるのではないか、と期待していたからです。例えば、地平線の上やかなり遠方の山々の間に何か光るものが見えたのです。白色の建物なのかもしれません。しかし、それはあまりにも遠く、空の色や白っぽい霧と混ざり合っていたため、それが本当に都市なのかどうかは分かりませんでした。

求められたことを顧慮し、私たちは転送サークルに向かいました。それは私たちがこの世界に着いたときに立っていた場所です。そこに行くと、メジーナが私を手招きし、私たち二人はその輪の中に入っていきました。それから彼女は、短剣を地面から持ち上げてそれを特定の方向に向けました。そして、この世界に来た際に唱えたものと同じ祈禱文《きとうぶん》を詠唱しました。すると、その直後、私はあたかもつむじ風に力強く吸い上げられたかのように感じたのです。ふと気がつくと、私は自分が出発したときと同じ湿った土の上に立っており、ワトゥクが私を見ていることに気づきました。ワトゥクは私に、彼のそばに来るように手招きしました。それからメジーナは再び地球内部の世界に移行し、その後すぐにセザールを連れて戻ってきました。ワトゥクは、メジーナから返却された魔法の短剣を、所持していたなめし革の布で包み、上着の内ポケットに入れました。

私たち四人は出口に向かいました。そこは他の人々が待っている場所でした。友好的な雰囲気の中でワトゥクやメジーナに別れを告げ、私たちは居留地を離れました。帰路、つい先ほどしたばかりの旅の経験を少佐と共有しました。これには、アルゼンチンのシャーマンとの会合が手配されていることを私たちに告げた男の話も含まれていました。その場所については何も言いませんでしたが、クロス少佐は如才のない人だったので、それ以上は詮索しなかったのです。適切な理解と準備がなされていれば、ある程度の階級の上官は、このような物事を適切に受け止めて的確に認識します。その後、セザールが少佐と交わした私的な会話の中で、彼らはまた別の情報交換をしたものと思われます。いずれにせよこれが、セザールから聞いた話に基づく私の推測です。

その出来事の3日後、すでに私はアルファ基地に戻っていて、自分の部屋でヨセミテにおける素晴らしい経験について考えていました。私は、自分に内在する何かが成熟したこと、および、これらの出来事にさらに深い意味を与える直感的な理解が得られたことを実感していました。アルゼンチンへの出発と謎のシャーマンとの出会い――それまでにはまだ10日ほどあるのですが、私はそれを待ちきれない気持ちだったのです。

第7章

地球の中心とシャンバラの崇高な世界

ヨセミテでの経験、とりわけその明らかな単純さは、まさに感銘に値するものでしたが、その半面、地球内部に移行する手段として、一般的に〝魔法〟という言葉で形容される型破りな方法が取られたことも印象的でした。依然としてそれは謎のままです。あの共同体のアメリカ先住民も、私と同様、地球内部に移行する際に起きた現象の真の意味については何も分かっていない、というのが私の意見です。明らかにそれはイニシエーション（霊的進化）のプロセスでした。シャーマンだけが使える実用的かつ非常に効率的な手法であり、科学の観点から説明するのは極めて困難です。

しかし、その説明として私は、〝明らかに魔法的と思われる要素〟と〝科学的に解釈できるいくつかの面〟を組み合わせ、それらを相関させてみました。たとえば、同伴者の役割をした女性は、祈禱文の詠唱の際に、正確に識別された特有の周波数に基づく音を発していました。また、魔法の短剣は、十中八九、音が引き金となって特定のエネルギー共鳴を生み出すための要素として機能した、と考えられます。その現象を経験する理性的な人間は、それによってひどく困惑させられてしまいます。たとえそれが生じる過程やそれに関連するさまざまな要因を理解していなくても、それは依然として起きてしまうからです。その出来事は通常の知識や知覚とは無関係であるため、難解ではあるけれども、非常に興味をそそるものなのです。

セザールでさえ、ヨセミテにおける希有な出来事によって困惑させられました。彼は私に、アルゼンチンに行くことを強く示唆した地球内部の賢者に特別の興味を持っている、と言ったのです。実際のところ、帰国後、賢者によって示されたアルゼンチンの場所はすぐに見つかり、旅の手配はすべてなされました。私たちは、首を長くしてアルゼンチンに出発する日を待つことになったのです。

ブエノスアイレスへの空の旅は、長くて退屈であり、型にはまったものでした。首都で一夜を過ごした後、飛行機でサンタクルス州のエルカラファテに向かいました。人気《ひとけ》のない山岳地帯に行くので、馬力のある車の方が便利だと考え、空港からジープを借りることにしました。最初に訪ねたレンタル会社にはジープがありませんでした。翌日同じ会社を訪ねた際にはジープが2台ありましたが、どちらにもGPSが装着されていなかったのです。しかし、これは問題ではありませんでした。携帯電話のGPSが使えるからです。荷物を積み込んでから20分後、私たちはすでにピナクロ山にある地点に向かっていました。そこは地球内部の賢者が示した場所です。

私がこの時点でその場所を言えるのは、そうすることにより大いなる秘密を明かすことにはならないからです。特にこの地点が地球内部への正確な〝入口〟を示しているのではない、というのがさらなる理由です。入口はその地点から少し離れたところにあります。

そして、賢者によると、正確な入口を見つけるためには、シャーマンに会うことが必要なのです。セザールの話では、たとえそこがポータルのある地点に近いとしても、ポータルを探し求めている人々は、その場所をさらに特定することができないため、彼らにとって失意と落胆の原因になってしまいます。その上、向こう見ずな人々は、その荒れ果てた地帯に、ほとんど乾燥しきった高原、廃墟《はいきょ》となった駅のあるほこりっぽい道路、そしてその向こうに、わずかな植生のある未開発の土地を見るだけなのです。

私の抗議にもかかわらず、セザールは最後まで融通が利かず、その場所を明かすことに同意しませんでした。しかし、私は今、〝助言なしで入口を特定することは事実上不可能である〟という彼の考えは正しかったように思います。とりわけそれは、狭い洞窟のような山のくぼみにあるからです。それゆえ、地球内部の賢者はアルゼンチンのシャーマンの連絡先を教えてくれたのです。ある時点で、幹線道路から外れなければなりませんでした。するとすぐに、景観がなお一層不毛の様相を呈し始めました。まるで火星の渓谷や丘陵地帯を旅しているかのようで、岩や赤みを帯びた土・山々・砂漠が広がっていたのです。

ここはパタゴニアの中心で、私はこの地域の特別な振動と神秘的な特徴に気づかずにはいられませんでした。それは、世界の動揺や苦難ではなく、むしろその純粋さと進化に関心をもっているエネルギーのようなものでした。最終的にGPSは、岩や石でいっぱいの比較的なだらかな斜面を登ることが必要であり、そのためには、私たちがこれまでたどってきた人がめったに通らない二次道路を降りなければならない、ということを示しました。この辺鄙《へんぴ》な地域にいたのは私たちだけでした。岩の間に見えた地衣類と小さな灌木《かんぼく》以外には、生命の気配はなかったのです。もしもエンジンの故障やGPS信号の喪失が起きれば一体どうなってしまうのか――このような可能性は考えたくありませんでした。しかし、衛星経由で世界中をカバーできる携帯電話が私たちの仕事に必要だったため、それによりシャーマンに会う正確な場所を見つけることができたのです。これは私たちにとって非常に有利なことでした。

高い山々の手前に、さらに岩石の多い丘陵がいくつかありました。その一つの縁を曲がった後、ようやくシャーマンに会えました。彼はただじっと直立状態で立っていて、私たちが近づいてくるのを見ていたのです。彼がどのようにして人気のない荒野にたどり着いたのか、私には分かりません。しかし彼は、地球内部の賢者によって投影された心象風景の中で私が見たのと、具体的な細部に至るまで全く同一の状態で現れました。チェックのシャツの上にボタンが外れた上着を着ていて、リュックサックを背負っていましたが、緑色のズボンはボロボロで、彼が履いていた長靴は擦り切れていました。

車で近づくと、シャーマンが自分の服装に関心を持っていないことが直感的に分かりました。背が高く痩せており、60歳くらいで、背中の真ん中まで伸びた長い髪が白と黒の房に分かれて垂れ下がっていました。髪の毛には、指輪や羽根、木彫りの小さな鷲《わし》など、小さなものがいくつか付いていました。そして、指には赤と白の線、額には長くて幅の広い藍色の線が見受けられました。彼は私たちを待っているようでしたが、どういうわけか、彼の視線と注意は私たちから逸《そ》れていたのです。数メートル離れた所で車を止め、車から降りて彼に近づいたのですが、男は動かず、何もせず、身振りさえもしませんでした。日焼けした顔には皺《しわ》が深く寄っており、そのため、私たちをじっと見つめる黒い瞳がいっそう険しく見えました。

セザールは英語で友好的に挨拶し、私たちが次に何をすべきかを明確に尋ねました。しかし、シャーマンは何も言わず、ただ私たちを見つめていたのです。敵対的ではなかったものの、彼は愛想があまりよくありませんでした。私がスペイン語で彼に話しかけるまで、気まずいひとときが数回ありました。私たち各々にとって明白なこと、つまり、彼が待っていたのは私たちだということ——この事実をもう一度話しました。注意深く耳を傾けた後、彼は同意を示す簡単な身振りをしました。そして何も言わずに、ついて来るように私たちに合図しました。

大きな石や岩の間を通り抜けながら、急斜面を急ぐことなく登り始めました。この場所はひどく荒れ果てていたので、車を置き去りにすることについては、全く心配する必要がありませんでした。私は黙って歩きながら再び自問自答しました。シャーマンは一体どうやって待ち合わせ場所に着いたのだろうか？　私たちは空港から約50㎞の道のりを走行しましたが、道程の大部分は乾燥した砂漠や、使われなくなった周辺道路だったのです。他の車は見かけなかったので、シャーマンはその経路を通っていないと思います。ひょっとして彼は、私たちの到着前に立ち去った誰かに連れてきてもらったのでしょうか？

この出会い自体が私にはかなり奇妙に思えましたが、その半面、取り組みがいもありました。まるで別の世界から来たかのようなこの奇妙な人物との出会いは、すべて地球内部の賢者によって手配されました。このお膳立てから実際の出会いまで、それが全くの現実であるという事実を除けば、すべてがティム・バートン（注）の映画に基づいているように思われました。

岩や石の中を歩き続け、丘の登坂・下降を繰り返しました。やがて登りはさらにいっそう急になり、周囲は岩だけになりました。この乾燥した岩だらけの空間の中を歩いていると、ラパ・サンディーと一緒に旅したチベットでの経験を思い出しました。あのときは、女神『マチャンディ』と出会った洞窟の入口まで、彼が案内してくれたのです。唯一の違いは、ここの景観がチベットよりも赤みを帯びており、周りの山々がそれほど高くないこ

注：アメリカの映画監督、映画プロデューサー、脚本家、芸術家、元アニメーター。主な作品は『アリス・イン・ワンダーランド』、『シザーハンズ』、『ミス・ペレグリンと奇妙なこどもたち』など。

とでした。

大きな岩を迂回《うかい》すると、突然目の前に一組の男女が現れました。彼らは10mほど先にある岩の開口部に立っていて、私たちを待っていたように思われました。登っているときの角度で入口を見れば、そこには何もないと思われるかもしれませんが、登坂中の位置が変わると、岩の開口部が広く見えてくるのです。しかし、それ自体は特別注目に値するものではありません。地球内部の賢者が送ってくれた画像には、この場所および山の入口や今目の前にいる二人は入っていませんでした。うすうす感じていたのですが、私たちには旅の開始を容易にする情報しか与えられなかったのかもしれません。

新たに出会った男女は、シャーマンよりも背が低いものの、彼よりも古い先祖とのつながりを持っているように思われました。彼らが着ていた服は上質で、長い肩掛けは、ペルーやボリビアの人々の服装との類似性を想起させました。私の推定では、女性は40歳、男性は45歳くらいでした。表情は穏やかであり、わずかに微笑んでいました。私たちは彼らから数メートル離れたところで立ち止まり、スペイン語で挨拶しました。彼らは頭を下げました。シャーマンとは異なり、男は一言「私たちを待っていた」と言いました。彼はスペイン語を話しましたが、独特の訛《なま》りがありました。

そのあと、彼らは私たちを手招きして、ついて来るように言ったのですが、シャーマンはそのままじっとしていました。携帯電話のＧＰＳを持っていて、車を置いた場所の座標を知っていたにもかかわらず、私は彼が再び私たちを待ってくれることを切に願いました。二人の後ろを歩いていくと、山の斜面にある小さな洞窟に着きました。それが人の通る道ではないことは明らかでしたが、仮にそうだとしても、山中であり、ともかくも周りから見えないように隠されているため、この洞窟の位置を特定することは難しいと思われます。

中に入ると、傾斜面を下りているような感じがしました。前方の地面が平坦であるにもかかわらず、少しめまいを感じたのです。私たちが入った通路はそれほど長くはなく、５～６ｍほどでしたが、その後、普通の洞窟のように少しだけ広くなりました。めまいと下降の感覚は、この洞窟の小さな空間に足を踏み入れた途端に消失しました。洞窟はかなり狭く、天井はそれほど高くなくて、山の内側上方に少しだけ広がっていました。そのとき、私はそれまでのうちで最も興味深い経験の一つを体験しました。洞窟の中を数歩進んだ後、セザールと私は、時空の異なる区域を一緒に通りすぎているように思えたのです。

最初は時空のゆがみだけと思っていましたが、すぐに現実の感覚が戻ってきました。最初の数歩を歩いただけでも、壁に湿気が出てきて、細かな水滴が壁に沿って流れ落ちているのが見えました。どうやら私はまだ山の空洞の中にいたようですが、何かが何らかの形で変わっていたのです。そして、これはすべて、私自身がその現象を理解できていない間に起き、私はその結果しか見ていませんでした。洞窟の奥へと進むと、私たちの周りに巨大な水晶体が出現しました。高さ１ｍに及ぶものもあり、それらは四方八方に噴出して、中には花束のように束になったものもありました。私たちが入ったこの空洞には似たような水晶の広間がいくつかあり、その一つ一つに入っていくと、周りの景観が不意に変わっていくような気がしたのです。

空間ゆがみのゆえに私たちは非常に長い距離を歩いており、それに伴って意識の変化も経験している、ということが分かりました。この小さな洞窟は交差点であり、地球内部の精妙な次元への入口なのです。物質界から精妙な次元に移行するこの方法は、まさに驚嘆に値します。一歩進むごとに、とてつもない距離を進んでいるような気がして、通過している区域によって周囲の状況が刻々と変わっているように思えました。洞窟の底と思われる場所に向かってさらに進み、二人の案内人の後ろを歩いて行くと、突然強い熱波を感じました。おそらくマグマが溶けた区域を通過していたのでしょう。私は自分がある種の変性意識状態にあるように思われました。しかしながら、頭はすっきりしていて、何が起こっているのかをすべて認識していたのです。

その熱いという感覚の後、水晶が林立する別の区域が見え、次に再び、最初のときよりもさらに強く湿気を感じました。そして、突如ドアを通り抜けたような気がしたのですが、実際のところ、そのようなものは何も見えなかったのです。不意に、通路が完全に乾いた状態になり、私たちはその終点に至りました。そこには、岩を掘り下げて造られた長方形の部屋があり、その上は小さなアーチ状になっていました。案内人の男女がそこを通り抜け、私たちの視界から消えたことが分かりました。そこで私も、何も心配することなくそこを通過し、すぐにセザールが続きました。

ふと気がつくと、そこは家の中でした。まるで家の保管室から出てきたかのようだったのです。うしろで案内人の男がドアを閉めているのが見えました。奇妙なことに、彼の手が通常よりもずっとゆっくりドアの取っ手を押しているように見えたのです。しかし、ドアが完全に閉まった瞬間、私は驚愕しました。あたかも変性意識状態から抜け出して、通常の状態に戻ったかのようでした。もはや物質界と何のつながりを持つことなく、入ったばかりの精妙な世界に完全に統合されている、というのが私の印象でした。まるで二つの世界の間に明確な線が引かれたかのような感じで、私は自分の周りの現実を明確に把握することができたのです。

その後、私たちの経験についてセザールと話し、そのさまざまな段階での出来事を分析しました。それにより私は理解しました。私が見ていたものについての私の評価と判断は、私が物質界において熟知している物事との関連性にのみ基づいていたのです。物質の法則やその特異性に関する概念・考えが一連の長い流れとなって私の心に刻み込まれているため、私の知覚・認知機能が、エーテル界に深く入っていくにつれてゆっくり働くようになったのです。この現象は、アストラル界のようなより高い周波数の世界に向かって進むにつれて、さらに際立つようになりました。背後のドアを閉めるということは、物質界とのつながりが断ち切られることを明確に意味していたのです。

私は自分が今いる場所に意識を向けました。そこは窓がたくさんある大きな部屋で、とても美しい彫刻が施された木製の椅子がいくつかありました。そのとき、自分を取り巻いているものを知覚・認識する方法が、これまでの経験とは全く違うことに気づいたのです。過去の経験の場合、物事がただ一つの基準座標系に基づいて表されたのですが、この世界においては、どういうわけか微妙な差異がありました。例えば、この部屋の椅子は、一見して古めかしく感じられるかもしれません。しかし、綿密に観察すると見方が細かく変わり、洗練されたデザインの現代的な調度品に見えるのです。それはさらなる細部の問題であるように思われました。見れば見るほど、それはより一層優れたものになったり、より完璧に見えたりするのです。

その部屋は調和がとれていてとても快適でした。真ん中にはテーブルがあり、透明なのでガラスでできているように思われました。果物の入った容器と花々の入った花瓶が見えました。すでに話したように、私はこの世界に来てから奇妙な仕方で物事を認識するようになったのですが、それがさらに拡大したようです。なぜなら、この部屋の壁側に本棚があることは分かっていたものの、そこを見ても実際には見えなかったからです。物理学の用語を使えば不可視ということになりますが、この点についてセザールが後で私に説明してくれました。つまり、私の意識と感覚が、今いる世界に特有の周波数に適切に調整されていなかったため、〝私が見ているもの〟と〝そこにあるべきだと私が認識しているもの〟の間で、ある種の不整合な知覚が引き起こされてしまい、それゆえ、特定の要素を見ることができなかったのです。とは言っても、それらは私にとって全く気になりませんでした。それらの奇異な点はあくまでも相対的なものですので、ともかくも私はそれらを正常だと考えていたのです。

地球内部のこの進化した現実世界においては、知識がより優れた方法で示されることに、私は気づき始めました。例えば、この部屋の右側には、洗練されたデザインの大きな壁取り付け窓が二つありました。そこにはガラスがなく、その代わりに何らかの障壁が設けられていました。部屋の中から外は見えても、外にいる人は中が見えないのです。私の目の前には、この〝家〟の出口があり、その左側には、台所と呼べるものへの別のドアが見えました。ストーブやオーブンなど、私たちが慣れ親しんでいる電化製品や調理器具は見当たりませんでしたが、私の〝意識野〟においては、そこがこの家の生命体が食べ物を準備する場所であることが分かっていました。

ドアを開けると、たくさんの果物と、装置のようなものが見えました。その使用方法やそれが使われる理由を説明することはできませんが、私はそのすべてを理解していました。どういうわけか私には、果物各々の純粋かつ精妙なエネルギーを直接抽出するためにこの装置が使われる、ということが分かっていたのです。私たちが特別な器具でジュースを作るのと似ています。そのとき、同伴者の男性の声がしたのですが、私はそれを自分の頭の中でのみ聴いていました。明らかに彼は私の知らない言語を話していましたが、私には彼が何を言いたいのかがよく理解できました。

「私たちは、〝果物のエネルギーのエキスを抽出してそれを使う〟という、より高い進化の段階に到達したのです」

それから彼は、私が台所とみなした部屋に入り、私たちが使っているジューサーに似た装置を持って戻ってきました。それは、丈が高い胴体と抽出されたエキスを受ける球体のようなものから構成されていました。彼はテーブルからリンゴらしき果物を取り上げ、それをその装置の中に置きました。彼が手を球体の上に置くと、微かなチクチクという音が聞こえ、強い香りがしました。それはリンゴとシナモンからつくられた濃いお茶の香りに似ていました。その後、男は小さな鍋のような容器を装置から取り出し、その中身を見せてくれました。それは半液状のように見える少量の物質でした。その男性が教えてくれました。

「これは私たちが果物から摂取するものであり、とても純粋で活力を与えてくれる成分です」

彼はどのように食べ物を保管しているかを見せてくれました。その保管庫は装置のようなものであり、部屋の奥の壁のくぼみの中にあるようでした。しかし、そこに何らかの装置があることはわかっていても、はっきり見ることができず、その外観は、消えかけている気泡を思い出させました。何一つ私には分かりませんでしたが、男性の説明は洞察力に富んでおり、何が私に見えて何が見えないのかを、よく理解しているようでした。

「今のところ、あなたの心には関連づけるものがないので、この装置を認知することができませんが、これは食べ物を最適な状態に保つ機能を果たしています。私たちは、脱水・乾燥・低温保存がなされていない野菜・果物だけを食べています」

そう言って、彼はアボカドに似た別の果物を手に取り、最初私が紐《ひも》だと思っていたものを棚から取り出して、それを果物の上で動かしました。実のところ、その〝紐〟は〝エネルギー袋〟の開口部であることが分かりました。それは、食物のエネルギーが失われたり、損なわれたり、改変されたりすることなく現在の状態のまま保存されるように、品質的な面を考慮して設計されているそうです。果物がその〝袋〟に入って初めて、その輪郭が非常に精緻なエネルギーの場として現れます。彼はそれを私に見せてくれました。それから男性は、食べ物を別の器具に入れました。それは彼からの説明を受けた後だったのですが、以前よりも明瞭な形で私の前に現れたのです。

その大きな部屋の左側には、別の階に通じている階段がありました。その階には、ここに住んでいる人たちが休憩や睡眠を取るための部屋があるように思われました。下の部屋には廊下に出るドアがあって、そこからいくつかの小さな部屋に通じていました。それらは、さまざまな物を収納する倉庫のようでした。全般的には、この家の機能は、それが存在する精妙な世界に固有のわずかな違いを除いて、三次元物質世界で私たちが知っているものとほぼ同じでした。もちろん、テクノロジーははるかに先進的でした。たとえば、下げることにより照明や光を落とすことができるブラインドのようなものもありました。窓にはガラスが入っていないようでしたが、ブラインドは下げられた後、窓の表面にピタッとくっつくのです。その男性は（テレパシーで）彼らの世界には常に光があるため、休息や睡眠をとっている間はこの方法に頼らなければならない、と説明してくれました。

私たちは〝ドア〟と呼び得るものを通って外に出ました。しかし、それらしきものは実際には何もありませんでした。私たちが通り抜けた面はドアとして定義されていましたが、その形は長方形ではなく、上側が小さなアーチのように曲線を描いていました。家の中からは、外側の通りにあるものすべてが見えていたのですが、いったん外に出て後ろ側を見ると、ドアとして示された面は不透明であり濃い藍色をしていたのです。立ち止まってドアの内側に顔を入れると、すぐにリビングルームの中が見えるのですが、顔を外に出すと、目の前に不透明な面があり、内側は見えませんでした。

こんな感じで子どものように遊び、また顔だけでなく全身でこの家を出たり入ったりしました。おそらくこれは、そのような特定の効果を持つようにプログラムされた保護エネルギースクリーンであると思われます。この面は視覚的な効果を発揮するのみならず、温度にも敏感でした。家に入れば暖かいものの、外に出ると寒く感じたのです。言い換えると、窓やドアに使われる省エネ保護スクリーン技術は、家族一人一人のための環境を確保するのです。これらの事柄を満足のいくまで明確にした後、他の人たちのところに戻りました。彼らは私の反応を幾分かおもしろく感じていたようですが、私を辛抱強く待っていてくれました。

緩い坂道を下に向かって歩き始めましたが、人影はほんのわずかでした。その時間は〝早朝〟であるため街の住民のほとんどはまだ休息を取っているか眠っている、という説明でした。その通りは磨かれた石で舗装されており、トマシスで見たものと似ていました。通りの突き当たりまで歩き、より狭い通り二つをさらに進むと、中央にとても美しい噴水がある大きな広場に至りました。水は垂直方向にさまざまな形で噴出していました。興味深かったのは、噴き出している水は〝上半分〟と呼び得る部分だけであり、下半分は不可視だったことです。あたかも、水が噴水の中間地点で実体化して美しい形になるかのようでした。

通りで見かけた人たちは、背がそれほど高くなく熱狂的な様子でもありませんでしたが、その仕草や幸せそうな表情から、彼らの魂の品位と思いやりの心が感じられました。彼らは非常に洗練されたアメリカインディアンの特長を持っていました。同伴の男性が説明してくれました。

「私たちはこの太陽の光の下で生きており、それが、時間の経過とともに、あらゆるレベルで私たちの構造的な変化を促進してきたのです。それは、地上から見る太陽とはまったく異なる影響です」

セザールが、彼らの起源について尋ねました。

「私たちは、マヤ文明が生まれる前から、何千年にもわたってこの世界で生きています。私たちの祖先は、地上にオルメカ文明（注1）とトルテカ文明（注2）

注１：紀元前1200年頃に北アメリカ大陸のメキシコ湾岸に成立したメソアメリカ文明の最初の都市文明（メソアメリカ文明とは、スペインによる征服以前のメキシコ高原・ユカタン半島などにみられる文明のことであり、北米大陸のマヤ文明やアステカ文明に代表される）。オルメカ文明は、大神殿や巨石人頭像などの巨大な石造建造物を残している。彼らは大型肉食獣のジャガーを雨と豊穣をもたらす神として信仰し、その文化のシンボルとした。また絵文字の使用やゼロの概念を用いた計算と、精緻な暦法を使っていたといわれ、後のテオティワカン文明やマヤ文明に大きな影響を与えた。この文明は紀元前400年頃まで続いた。

を築いた人々です。彼らの一部はそこに残りましたが、他の人たちはこの世界に移ってきたのです」

彼の説明によると、その血統の子孫が住んでいるのはこの区域だけではありません。現在マヤ人やインカ人として知られている人々の祖先も、場所は異なるものの、地球内部に住んでいたのだそうです。男は向きを変えてセザールに言いました。

「しかし、かつて非常に古かった私たちの街は、時が経つにつれて、地球の中心の次元へと進化し、今私たちがいる場所になりました。ここにはすべてを支えるハートがあり、非常に背の高い人々がいます。地上の一部の人々は彼らのことを聞いていると思います。これが何であるかはよくご存じでしょう。私たちは、地球内部に入るこの方法を皆さんにお見せする任務を引き受けました。将来、これが人類にとって非常に重要であることが示されるでしょう」

その男がシャンバラの世界に言及していることが分かり、突如として私は、ガーディアンの面前で経験したこと、および、彼がシャンバラの並外れた輝きとそれが伴う霊的な高揚感を教えてくれたことを思い出しました。あの時から私は、あの素晴らしい世界をもう一度見てみたい、と強く思っていたのですが、

注2：7世紀頃まで栄えたテオティワカン文明の衰退後、9世紀頃にメキシコ中央高原において形成された文明。中央アメリカの文明の総称であるメソアメリカ文明の一段階を形成している。ショチカルコ、テオテナンゴ、クウルワカンなどの城塞都市を各地に築いた。11世紀頃、北部からのチチメカ人の民族移動が始まり、トルテカ文明は破壊された。

今私は、自分がしかるべきときにその正しい場所にいる、という確証を得たのです。完璧な共時性に基づき、私たちは広場から移動して、地平線が見渡せる目抜き通りを歩きました。そして、そこからシャンバラの世界の壮大な美しさを改めて認識することができたのです。

はるか彼方、湖を連想させる渓谷のはるか遠くに、伝説の世界の白い壁と堂々とした建物がキラキラ輝いているのが見えました。それらを見たという事実だけで、その尊厳および私の存在すべてに精妙に注入された素晴らしい力を感じました。そして、それが無限に至る神聖さと望郷の念を醸し出したのです。私が感じたのは、非常に深遠な知識の力であり、どのようなずれや不均衡の状況をも超越する霊的権威の揺るぎのない重みでした。この素晴らしい世界の人々によって伝えられた深遠なる叡知――それに対する心の底からの感謝の思いで、私は謙虚にゆっくりと頭を下げました。地平線の彼方はわずかに曲がっているように思われましたが、それはとても遠くてぼんやりしており、あたかも深い色の空に溶け込んだ景色であるかのようでした。それについての私の直感は、案内人の男性が、遠くに見える白い壁を指さしながら、身振り手振りで話したときに確証されました。

「シャンバラへの入口の一つがあります。しばらくしてからここに戻り、改めてその素晴らしさを賛美しましょう」

ウトクラハの街から見たシャンバラの全景

その男性が、地球内部の高次世界に対して私たちが使っているのと同じ名前を使っているのを見て、私は少しばかり当惑しました。しかし彼は、〝人類の霊性に関わる伝統に鑑み、地上では物事が異なっていた先祖の時代からの記憶として、私たちにはこの名前を保存する責任がある〟と説明してくれたのです。その名前は、今日に至るまで長い年月をかけて伝えられてきたそうです。目の前に広がる見事な光景を眺めながらしばらく時間を過ごした後、男は私たちを街の別の通りに案内してくれました。とても暖かく心地よい風が肌に触れ、私の全身に並外れた充足感を生み出しているのを感じました。

当初、この街は古代世界の印象を与えました。しかし、これは第一印象にすぎず、私の注意が集中するにつれて、その先進テクノロジーの面が見えてきて、この世界の状況が変わって見えるようになりました。どの建物も一階建てを超える高さはなく、家々は隣り合っていて庭はありませんでしたし、家々や広場の背後には、緑豊かな森が広がっていました。自然は、人々の活動や生活と非常によく調和しているように見えました。回り道をしたあと、再び中央広場にやって来ましたが、今度は何人かの人を見かけました。簡素ではあるものの、彼らの服装は洗練されていました。ほとんどの男たちは、脇が裂けてかかとまで届く長い式服のようなものを身につけており、下にズボンを履いていました。女性はロングドレスを着ており、腰のあたりで上品なベルトによって結ばれていました。ドレスには女性的な特色があり、左右が美しい折り目で仕立てられていました。彼らの履物は長靴に似た小さなブーツのようなものでしたが、はるかに上品で、その側面には革紐《かわひも》が付いていました。靴は柔らかそうに見えましたが、その底は敷石に当たると固くなり、土や草などの自然物を踏むとその形に適合する、ということに気づきました。服装が洗練されていて、簡素でありながらとても優雅で品位あるデザインであることに感嘆しました。

しばらくの間、私は二人の案内人を子細に観察しました。彼らがとても素敵なカップルだった、というのがその理由です。女性は非常に魅惑的であり、それは彼女の外見と威厳ある容姿の調和に基づきます。さらにそれは、灰色とハシバミ色（黄色がかった茶色）が混ざり合った大きな目を通して発せられる大いなる優しさと思いやりによって倍加していました。長いこげ茶色の髪は巻き毛になっていて、首にワイヤーのない丸いメダルを掛けていました。彼女は、私がそれに刻印されたシンボルに興味を持っているのを見て取り、それが彼女の家族の祖先の紋章のようなものを表している、と説明してくれました。彼女によると、メダルが何にも支えられずに肌に密着しているのは、その特定の振動と彼女の心の内の感情との間に共鳴が生まれているからだそうです。

私がエーテル界の崇高な大気の中にいたことを考えると、本質的にそのような現象はよりエネルギー的であって物質的ではないので、私には完全に説明可能であるように思えました。彼らの衣服は、他の人々が身につけていた衣服を代表するものではありませんでした。広場の噴水に到着すると、ぴったりした衣服を着た人たちがいました。その人たちは、私たちの世界ではスポーツに相当するような活動に夢中になっていることが分かりました。私たちの少し前で、男性の一人が海に向かってかなり速く走っていました。おそらく泳ぐ、あるいは同様の活動をするためでしょう。

より注意深く観察すると、実際のところ私たちは、右手の彼方に大きく広がっている街の端にいたのです。私たちがいた場所から見ると、街は海に突き出た半島に位置しているようです。そして地平線上には、白い壁とその向こう側に建物のあるシャンバラの世界が見えました。右側の市街地を見ると、必ずしも未来的ではないものの、特別な建築構造に基づく高層ビルがいくつかあることが分かりました。そのとき気づいたのは、街の中心に近ければ近いほど、建物が高くなっているということでした。

それから空に視線を向けて、じっくりと眺めました。この世界の太陽はちょうど私たちの頭上、すなわち天頂にあり、その位置は変化しませんでした。その光の強さは私たちの太陽の約3分の2なので、容易ではないにせよ、失明することなく見ることができました。その大きさも私たちの太陽よりも小さく、私たちが天空に見る太陽円盤の直径の約半分でした。まるで5月か6月であるかのように、光は穏やかで空気は暖かでした。しかし、この世界に来てから気づいたのですが、空気中の酸素は地上の世界よりも少ないものの、不足分は精妙なエネルギーによって完全に補われていたのです。案内人の説明によると、これは地球内部の太陽からの特別な放射によるものであり、実際にはその中心にあるブラックホールのエーテル的顕現に基づきます。

空は地上で見るような青色ではなく、青・白・灰色が混ざり合ったようなもので、やや拡散しているように見えました。光そのものが、あたかも地平線上のそれぞれの形を保護カバーで包み込んでいるかのように〝乳白色〟を呈していました。また、トマシスの空よりもはっきりとした形をした雲が空に浮かんでいるのが見えました。案内人の男は、ここは海に突き出ている半島に位置している、と言いました。私はこの言葉を聞いて驚きましたが、彼は、それが広大な海であり、地球の内部の他の地域にも大きな水塊・湖・海がある、という事実を確認してくれました。

私はすでにトマシスでこれを経験しており、そこには大きな海、あるいは少なくとも大きな湖と呼べるものがありました。さらに、計測に基づいて内海の存在を立証する科学者のことは知っていましたので、この点は容易に理解できましたが、「海」という言葉はあのときの私にとってはまさに驚きだったのです。そのとき見た波が非常に穏やかだったため、特にそのように感じました。男性によると、湾を形成した半島の陸地が特別の形状になっているため、それが海岸を大きな波から護っているのだそうです。確信を持っているわけではありませんが、私は〝この海の水は甘いに違いない〟と思いました。

一般的に言って、相手が自分に知ってほしいと思っていることは質問してもかまわないのですが、その後、他の質問もしたいと考えると、何かが止まってしまうような気がするのです。これは、グループで博物館を訪れてガイドの説明を聞く、という状況とやや似ています。二つか三つの質問をすることができますが、その後見学の基本日程および見学者に目標を達成させるというガイドの意向を尊重することになります。それゆえ、私は海の水については何も尋ねませんでしたが、地上とは異なるやり方で物事が起きるこの世界に特有の知識が自分の内にあることを感じました。そして、どういうわけか、ここの水は地表の海の水とは違っていて甘さと塩辛さが同居している、ということが分かったのです。また、ここの水の持つ特定のエネルギー面の質は、ここの空気が特別なエネルギーを帯びているのと同じように、この世界の太陽の作用によって創出されている、ということも分かっていました。

私たちはその石畳の通りを歩き続け、きれいな白い砂で覆われた浜辺に着きました。小さな崖がいくつかあり、砂の穏やかなまぶしさと心地よい対照をなしていました。通りの終点の先は砂浜になっていて、周囲には低木がいくつか生えていました。湾の彼方にはシャンバラへの入口を意味する白い壁とその向こう側にある一連の建物が見えました。私は敬うような気持ちでそれらを熱心に見つめました。少し近づいて、他の建物に遮られず完全に自由な視界を得たことにより、その崇高な世界の特徴をよりよく見ることができました。建物は背が高く、明るく透明で、あたかもダイヤモンドでできているかのようでした。それらは堂々としており、主たる特徴は大胆な螺旋《らせん》形状でした。

今回、その荘厳な建物の背後に別の建造物があることがはっきりと分かりましたが、それらはまるでハロー(注)のようなものに隠されているかのようであり、そのため、はっきりと識別することができませんでした。私は案内人の男性に、ハローが一体何であり、

注：大気中の氷の結晶に光が屈折して形成されるものを意味する。

何を隠しているのかを尋ねました。男が答えました。

「ハローはあなたの知覚に特有のものです。それは、あなたが見ているものをあなたの意識が理解できる限界を表しています。この限界を超えると、そこにあるものの振動周波数を知覚することができなくなり、掩蔽《えんぺい》あるいは隠されているように見えるのです。私にはそれがはっきりと見えますし、あなたの友人もそうなのです」

私はセザールが過去に何度もシャンバラに行っていたことを知っていましたが、彼は決してこの件について話しませんでした。私も、それが彼の話せる限界であり尊重されねばならない、と感じていましたので、それについてはあえて尋ねませんでした。私はそんな彼に大きな喜びを感じていたのです。そして、私の経験が以前よりも豊かになった今、私は彼からもっと多くのことを学び、私自身もシャンバラに行くことを切望しています。案内人の男性が説明を続けました。

「この街においても〝ハローの向こう側〟を見通せる能力を持っている人はほとんどいません。大多数は、あなたが今知覚しているのと同じように見ています。人々は、あなたが今見ているこれらの建物の入口部分だけを見ていて、霊性面の教えや訓練を受けるためにそこへ行こうとします。そして、しばしば湾を渡ろうとするのです。しかし、それはシャンバラへの入口を意味するだけなので、それは〝見習いのための区域〟にたとえられます。

実際にシャンバラに行くには、ハローで隠されているはるか遠くの区域にいなければなりません」

　私は彼が言ったことの本質を理解していましたが、それでも私は、物質界に植え付けられた特定の概念や傾向に執着したままでした。たとえば、もしも誰かがシャンバラの周辺区域に行き、その伝説的な目的地に到達するためにそこからさらにハローへの道を進み続けるとしたら、その場合一体何が起きるのか——この点を正確に知りたかったのです。彼は、私がその質問をした無邪気さを正しく理解した上で、おかしそうに答えました。

「仮に誰かがそんなことをしたとしても、その人は自分が山か森の中にいることに気づくことでしょう。まだ知る準備ができていないことを知ることはできません。私たちの仲間の多くは、シャンバラの〝見習いのための区域〟に行きますが、それは霊性に磨きをかけ意識を進化させるためです。その後、彼らはシャンバラの意識面にアクセスしてその次元に入ることが可能になります」

　それでも、他の人々が地球内部の他の区域や都市からこの区域にやってくるかどうかは、まだ充分明らかになっていませんでした。必要となる変化があまりにも複雑すぎるように思えたのです。

「もしかしたら、ここにいる人たちは容易にシャンバラにアクセスできるのかもしれませんが、地球内部の他の区域や地上にいる人々にとっては、これらの学習活動に参加するのは困難でしょう。また、グループ旅行のようなものもないと思います」

「あなた方はそのような事柄を物理法則に基づいて判断しますが、ここでは物事が全く異なります。特に、地上に住むあなた方の多くが伝説的または神話的であると考えている世界に関してはそうなのです。あなた方は自分自身の目で見ます。たとえ、そのごく一部以外に何もアクセスできなくても、それは現実的なものなのです。しかし、多くの人が理解できないのは、シャンバラがどこかはっきりした場所に存在するということではない、という事実です。確かにそれは、それだけで存在する独立した世界ですが、地球内部の空洞の反対側からであろうと、地上を含む他の都市や地域からであろうと、準備のできている人がシャンバラの次元に入ることができるように、シャンバラの分岐した世界がさまざまな異なった場所に存在します」

私はとても興味深そうな面持ちで彼に尋ねました。

「一体どのようにしてそれらにアクセスするのですか？」

「あなたがここウトクラハに来た際に通ったゲートのような次元のゲートをくぐるのです」

私は沈思黙考し、はたして誰もがそのような次元間のゲートを偶然に見いだせるだろうか、と自分自身に問いかけました。すると、その男性はすぐに私の推測に気づき、それを訂正しました。

「どうやら、そのように言えるようですが、実際のところ、状況はまったく異なります。シャンバラへのアクセスは極めて厳密に制御されており、あなたが考えるような機械的あるいは自動的なプロセスではありません。たとえば、アクセスするためには、特定の場所にシャンバラへの入口があることを知るだけでは充分ではないのです。たとえゲートのあることが分かっている場所にたどり着いたとしても、その開閉の周期性や特定の位置に関わる法則を知らなければ、そのゲートを通過できません。その上、そのような特別な場所には守護者もいるのです」

そのとき、突如として、地球内部への最近の旅およびガーディアンとの出会いの記憶が鮮明に蘇ってきたため、私は真摯な気持ちで案内人の男性に尋ねました。

「あなたはそのような守護者なのですか?」

「私は賢者たちからこの任務を与えられました。私は、あなたが通ってきたゲートを介して、地上の世界からシャンバラの世界へやって来る人がいないかどうか目を光らせています。賢者たちは、誰がここに来るべきか、誰が来るべきでないかを私に告げます。それは私が家族と一緒に引き受けた役割です」

私は、この世界での物事がどうなっているのか知りたくて尋ねました。

「それは課されたものですか？　あるいは仕事、それとも奉仕のようなものですか？」

「仕事でもスポーツでもなく、習慣になっているものでもありません。それは極めて自然な考え方であり、理解の度合いに応じて自然に発現するものです。ここでは誰も何かを誰かに押し付けたりはしません」

私は、地上世界における私たちの状況、および、ほとんどあらゆるところでなされているあらゆる種類のごまかし・嘘・抑圧のことを考えました。そしてそれらを、シャンバラの近くの地球内部を統御している静寂・平穏・叡知と比較したのです。一体誰が〝刑務所〟に戻りたいと思うでしょうか？　しかし、それでも、物事にはそれ自身の目的および尊重されねばならない秩序・道理があるのです。

このような考えをさらに先に進める前に、案内人の男性は私を手招きして街に戻ることを勧めました。通りはまだ比較的空いており、私たちは数分間一緒に歩きました。男が私の少し先、彼の妻が私の左側のやや後方を歩きました。同伴者としての彼女の存在は実に素晴らしく、優しく、品位のあるものであり、同時にそれは、彼女の強烈な個性を際立たせる優美さを伴っていました。彼女は穏やかさ、親愛の情、女性らしさ、および調和を私たちのグループにもたらしており、私はそれをはっきりと感じることができました。

都市の山岳地帯に近づくと、男は海辺と湾の左側の地平線を指差しました。注意深く見ると、ぼやけてはいたものの、地球内部がかなり湾曲していることが分かりました。比較的小さな規模ではありましたが、それでもそれは圧倒的な印象でした。非常に遠い距離にあるため、やや霞んでいましたが、すべてが青みを帯びた巨大な構造物に見えました。

「空が澄んでいて雲がない場合にだけ、そしてこの角度からのみ、地球の内側が湾曲しているのを見ることができます。光の関係で他の場所からは見えませんが、ここから見ると、特定の仕方で光が差してくるため、自分が地球内部にいることが分かるのです」

浜辺からシャンバラを見たときは、ほんのかすかに地平線の曲がりが見て取れました。しかし、ここは比較的高い場所なので、遠く離れているにもかかわらず、はるかによくそれを見ることができます。理論的には、この湾曲は地球の中心にある巨大な空洞のどの地点からでも観測できるはずですが、実際には、地球表面における見え方と基本的に同じです。地平線は、目がその曲がり具合を知覚する前に視界から消えてしまいます。地球表面では下向きの湾曲なので、それを認識することができません。地球内部では上向きですが、光の性質および距離に起因して、地平線は徐々に消失します。もしも自分が地球の中心の巨大でエーテル界のような精妙な空洞にいるならば、非常に特別な感情が生じ、思い違いや妥協のないある種の体験をします。〝自分が護られている〟というのが、その感情の最も適切な表現です。

どうやら、地上に住む一部の人々は、いったん地球内部に入ると星や空が見えず、戸外にいるという感覚を味わえないほどに束縛されたり制約を受けたりするだろう、という考えを抱いているようです。しかし、地球の中心に住む人々にはそのような問題はありません。なぜなら、案内人の男性が説明してくれたように、彼らは自分たちの霊性のレベルに立脚して、〝宇宙が自分自身の内にある〟という真理をある程度まで理解し、実感することができるからです。この観点から言えば、彼らは、星々が無限の宇宙空間に存在することを認識し感じるために、あえてそれらを見る必要はないのです。

見方によれば、それは幸福に関わる問題と同じです。どんなにか懸命に幸福を自分の外に探したとしても、真の幸福を見つけることはできません。しかし、もしも自分自身の内に入るならば、容易にその源に辿りつけるのです。岩山に囲まれた洞窟の中で暮らす隠遁《いんとん》者は、星々を見ることはできませんが、長年洞窟の外に出ていませんので、決して苦にはなりません。閉所恐怖症に悩まされてもいませんし、生活空間が狭いことも気にしません。霊性に基づく内なる経験は極めて豊かであり、天空のすべての星よりもさらに一層豊富な知識と感動を彼にもたらしてくれます。地球の中心の空洞にいると、護られていて健康であることを感じ、安全・安心の気持ちになります。今私は、自由を満喫している地球内部の人々の心理をよりよく理解できるようになりました。地上では自然への干渉が起きていますが、彼らは自然と完全に共生して生きています。そして、暴力は存在しません。

案内人の男は私たちの方を向き、先に進むように促しました。広場に目を向けると、通りにはより多くの人たちがいました。また、そこで初めて乗り物を見ました。それらは反重力に基づく小型カプセルのようであり、オープンカーのように覆いがありませんでした。空気を切るヒューという音以外には騒音を出すことなく、約1mの高さを飛行します。どうやら、車内に座していた人が車を運転していたようですが、実際にはハンドルや操縦《そうじゅう》桿《かん》らしきものは見えませんでした。その代わりの装置として私が気づいたのは、コンピューター制御コントロールパネルのようなものでした。しかし、その乗り物にあまり近づかなかったため、その詳細は分かりません。

その後、案内人の男性は、他の乗り物も見せてくれました。それらはシャトルよりもずっと大きく、高い空を飛行していました。管状で円筒形をしており、たぶん、人々や物資の輸送に使われているのでしょう。空中における活動が増えるにつれて街はより先進的な雰囲気を帯び、さらに霊性面の高揚状態を生じさせました。空に浮かぶ大きな円筒形の乗り物には高さによって異なる飛行経路があり、そのうちのいくつかはシャンバラに向かって飛行していました。また、シャトルのような、より小さな飛行物体も見受けられました。

さまざまな形をしているこれらの乗り物はすべて直線状に飛行していましたが、飛行高度は異なっていたのです。

空中におけるこのような活発な活動と光り輝くシャンバラの壮大な建築物を見ていると、未来都市を希求する非常に強い感情が私の内から湧き上がってきました。それでも、耳にする音のほとんどは自然なものであり、まれに私たちが話すときにのみ、人間の声が聞こえました。会話のほとんどがテレパシーによるものだったからです。また、街全体に響いている小さな背景音が、この世界の動物相・植物相からごく自然に生み出されていました。昆虫が飛ぶ音、波の音、木々のせせらぎ、古代の翼龍に似た鳥の鳴き声、等が聞こえましたが、これらは取るに足らないほどの音量でした。

私が空中における極めて活発な活動を眺めていたとき、垂直に伸びる巨大な渦巻きが現れました。ある面では竜巻の渦に似ていましたが、〝じょうご〟の最下部は真っ直ぐになっており、その周りや長さに沿って、いくつかの輪がありました。その渦は巨大で雲よりも色が濃く、神秘的でありながら桁外れのパワーを生み出していました。じょうごの足が地面に近づくのが見えましたが、それが地面に触れることはありませんでした。その後すぐに、じょうごの上方にある開口部から３機のシャトル（非常に大きなシャトル１機と小さめのシャトル２機）が出てきて、街に向かって飛んでいくのが見えました。それらはレンズの形をしていて、大きい方は二つ重なったレンズのようでした。これらのシャトルは右方向にある街の中心部に向かっていましたが、それは私たちが今いる場所からはかなり離れていたのです。私はびっくり仰天しつつ、この出来事を見ていました。そのとき、渦巻きを指差しながら話す案内人の声が聞こえました。

「地上のあなた方が地理上の南極と言っているものがあります。渦は通過しつつある南極下の区域を示し、特定の磁場がぴったり整列した瞬間にその開口部が開くのです。私たちは、このような重要な瞬間がいつやってくるのかを正確に把握しています」

最初私は、彼の穏やかで温かく力強い声を聞いて驚きました。彼の言ったことは完全に理解できていたものの、それは私が知らない言語でした。それはマヤ語であり、おそらくは、その派生版あるいは進化型と思われます。最初に受けた衝撃から立ち直った私は、目の前に見えている渦巻きに再び意識を集中させました。南極では数え切れないほどの謎や不可解な現象が起きています。バード提督の記憶に残る体験はその一つですが、それらは偶然に生じたものでは決してありません。今ならそれらを確認できると思いました。私はほとんど信じられない面持ちで彼に尋ねました。

「言い換えれば、私たちは今、南極点のすぐ下にいるのでしょうか？」

彼が答えました。

「はい、ほぼ南極点から下に延びた垂直線上にいます」

「つまりそれは、南極点を通過する人は誰でもあの渦を通ってここにたどり着く、ということですか？」

そのとき、セザールが話に割り込みました。

「彼らがそれを許す場合だけです。これについては以前にも話しましたね」

案内人の男性が言いました。

「その通りです。渦は特定の瞬間に特定の条件下でのみ開きます。それはいつでも起きるという現象ではありません」

「確かにその通りです。すでに私はセザールとこのような出来事について話していますが、それはこの場合にも当てはまるかもしれません。物質界の人々が南極点を通過するとき、もしも精妙な次元とのつながりが生じないならば、表面上何も特別なことは感じられません。しかし、もしも彼らがより高い意識状態にあり、シャンバラの賢者たちからの許可が得られるならば、ほんの少しずつ地球内部への移行がなされるのです。最初は気づきもしませんが、しばらくすると、周りの景観が変わり始めるのが分かります。積雪は徐々に消えていき、植生が現れます。動物さえも見え始めます。そのとき彼らはすでに地球の内部にいるのです」

案内人の男が言いました。

「二つの可能性があります。一つ目は、地球内部の私たちがアクセスを許可する、あるいは、あなた方のように私たちにアクセスを求める場合であり、二つ目は、その人たちが霊的にかなり進化した存在であり、私たちの世界に入るのに必要な条件をすでに満たしている場合です。それは彼らの権利であると共に彼らの長所でもあるのです」

私は彼に尋ねました。

「これはシャンバラの次元に入る際にも言えることですか？」

「もちろんそうです。いくつかの連続した段階があるのです。シャンバラの世界は、土星の輪や木の年輪のように、さまざまの異なるレベルの階層により〝階層化〟されています。環帯のような構造を心に描いてください。すると、その特定の瞬間のあなたの意識に対応する階層に到達するのです」

私は驚嘆するとともに、少しばかり落胆しました。白い壁はシャンバラへの入口あるいは最初の環を意味するのですが、それを超えてその彼方に進むための許可が、私には与えられませんでした。すでに私は、案内人の男性の話に基づき、壁の向こう側にあるシャンバラの中心は至高の叡知を表す、と理解していたのです。おそらく案内人の男性は、私の理解が必ずしも正しくなく、地上世界と同じ唯物的解釈に傾いていて、環を同心円状の壁として考えていることに気づいたのでしょう。彼は次のように明確に話してくれました。

「これらの環は必要な準備をしない限り乗り越えることができないエネルギーの壁のようなものであること、この点を理解する必要があります。あなたの意識レベルに応じて、より深いところに行くのです。あなた方の世界には、この環状構造を物理的建造物に適用した文明がいくつかありましたが、その深い意義は本質的に精妙なものであり、意識レベルに対応する障壁を指しているのです」

ここからは議論の範囲が、地球内部の多様な共同体が持つ知識やテクノロジーのレベル、そして彼らがアクセスできる意識の次元にまで広がりました。しかし、これは以前から気になっていた問題であるため、私は、この時点でそれを提示するのが適切である、と考えたのです。シエン博士およびセザールとの議論に基づき、私は、地球の中心に向かって進むにつれて振動周波数が上昇し、地球の中心のコーザル界において最高の顕現レベルに達する、ということを知っていました。論理的には、シャンバラの世界は最も高い周波数を代表するところであり、それゆえ私は、まさに地球の中心でそれを垣間見たのです。

それでも、ウトクラハはエーテル界でのみ存在するので、たとえそれが高い周波数の世界であるとしても、どうしてそれが可能なのかを、自分自身が納得するまで明らかにすることができませんでした。エーテル界からコーザル界への顕現レベルの飛躍的上昇を実現するためには充分な空間的余裕が必要である、というのが私の意見です。私たちはエーテル界にいて、湾の向こう側に、生命および霊性の輝きの象徴であるシャンバラを見ていたのですが、それが〝近すぎる〟ように私には思えたのです。そこで、同伴者の家に向かって歩いていたとき、セザールにささやき声で尋ねました。

「私たちは地球の中心にいるにもかかわらず、まだエーテル界について話しています。地球のアストラル界、メンタル界、コーザル界はどこでどのように変わるのですか？」

セザールは、私が意味することを何とか理解しようと努力しているようでした。数秒後、彼は率直に答えてくれましたが、その声には少し諭すような響きがありました。

「あなたは物事を機械的に考えすぎています。地球の中心に近づくにつれて精妙な次元を通っていきますが、それを、㎞などの寸法基準に基づいて厳密に論じることはできません。周波数が非常に高いシャンバラへの入口がここから見えます。見たところでは、このエーテル界から目と鼻の先にあるようです。であれば、論理的に考えると、シャンバラもエーテル界あるいは少なくともアストラル界への入口にあるべきだ、ということになります。なぜならそれは空間的に非常に近く、比例的に考えれば、アストラル界・メンタル界・コーザル界等の高次世界への移行を説明するのに必要な空間的余地がないからです。しかし、実際には、これは量ではなく、振動周波数という質の顕現の問題なのです。実際上は定性的な観点から考えるべき問題であるにもかかわらず、あなたはそれを定量的に考えています。エーテル界とコーザル界の間の距離を測るのではないのです」

彼の説明は、私たちが霊性に立脚する精妙な世界について考えるとき、私たちの心を物質界の法則やそれに伴う考え方・先入観に据え付けてしまわないことがいかに重要であるか――この点を再度明らかにしてくれました。

そうこうしているうちに、私たちは案内人たちの家に向かっており、意外と短時間でそこに到着しました。地球内部の都市は異なる深さの区域に存在し、中心の空洞にあるものも含めて、それぞれが独自の特徴・知識・伝統・意識レベルを持っているようです。案内人の男は、歩きながらこの事実を伝えてくれました。これらの都市はつながっており、互いにコミュニケーションをとって意思疎通を図っているものの、各々が独自の起源と特徴の上に立脚しているのです。私たちは全員彼らの家に入りました。そして、まず初めに大きな部屋に入りました。すると私の目は、一つの壁のそばにある本棚に引き寄せられました。そこに本棚があることが分かっていたからです。しかし、実際には何も見当たりませんでした。

私の関心が本棚に集中したことを知り、案内人の女性は壁に近づきました。そして、扇子であおぐような手の仕草をすると、あたかも幻影が実体化するかのごとく、そこに本棚が現れたのです。本棚が占めるスペースはそれほど大きくなく、書籍はすべて特別な体裁に基づいており、どれも私たちが慣れ親しんでいるものとは異なっていました。好奇心旺盛な私は本棚に近づき、1冊の本を取り出しました。本の紙葉（ページ）は私たちが見慣れているものよりもずっと厚く、大抵はＣＤ（コンパクトディスク）が入った携帯用ケースのような外観をしていたのです。それぞれの紙葉は長い期間にわたる歴史を表していました。例えば〝シート〟という本を調べてみると、１０００年近くにわたる人類の歴史が記載されていました。実際のところ、紙葉は、触れるだけで拾い読みできる〝知識の状態〟にあったのです。

私は第一のトンネルを通る探索調査の際、エジプト・ギザ地下の〝神秘の部屋〟に保管されていたタブレットのホログラフィー情報を垣間見ることができたのですが、今私がここで見ているのは、それよりもさらに進んだテクノロジーなのです。私はそれを自分に言い聞かせました。もはやそれは、ホログラフィー投影でもなく、映像を見ることでもなかったのです。すべての情報は、自分の意識と本の間の直接的な相互作用によって知覚されます。つまり、私はページ上の情報内容を知って理解したのです。これには並外れて効率的な双方向性プロセスも含まれている、ということが分かりました。情報内容に立ち入って自分が知りたいことを選べるのです。これは、一般的な知識を求める場合にも、詳細に調査する場合にも適用可能であり、すべては〝自分が何に興味を持っているか〟によって決まるのです。

私は1冊の本をほんの数秒間いじっただけでこれらすべてを発見しました。それは極めて高度かつやや〝共感的〟な知識であり、情報の吸収・同化・統合を容易にするものでした。医学・歴史・文化・科学・建設など、さまざまな分野の本があるように思われました。最初に本棚から取り出した本は医学に関するものであり、それを手元に置いておくだけで、それが何についての論文であるのかが分かりました。それは骨や骨格に関するものであり、一般的な情報であると感じたのです。もしも何かを詳細に知りたい、あるいは正確なデータを探したい、と思えば、出てくる情報ははるかに詳細になり、それに基づいて研究を始めることができます。

私はその本を本棚に戻し、地球全体の人間の文化・文明に関する別の本を取り出しました。開いてみると、情報がどのように構築されているのかがすぐに分かり、それはあたかも話し言葉による説明であるかのように感じられました。もしも特定の年を選べば、中国・ヨーロッパ・アメリカ等、世界のさまざまな地域でその年に起きた出来事に関する総合的な知識が提供されます。それはまるで世界史のようであり、人類の歴史の過程を概観するものでした。この歴史は、地上で起きた重要な出来事だけでなく、地球内部に存在する都市や共同体において生じた出来事をも網羅していました。これら各々にも独自の歴史と進化の過程があるからです。

私がこの点にこだわったのは、ウトクラハについてもっと知りたかったからです。その特定の紙葉は、西暦1100年から数百年にわたる歴史を調査研究の対象としており、東洋・スペイン・イギリスにおける出来事に関する情報をも与えてくれました。しかし、私はすぐに地球の中心にある都市の歴史に焦点を合わせ、この都市の住民がその時点ですでにシャトルによる反重力テクノロジーの実験をしていた、ということを知りました。これがやがて、私がウトクラハで見たテクノロジーへと発展したのです。中世初期の兵士や騎士は、私たちの歴史に特有の戦争や十字軍による聖戦に忙殺されていたのですが、地球内部の人々は、すでに空中浮揚テクノロジーを移動手段に適用し、シャトルによる最初の長旅を実現して、より進化した他の人間とも連絡を取っていたのです。

より古い時代に一体何が起きたのかを知りたかったため、私はこの本を返却して別の本を取りました。その紙葉に触れたとき、私はすでにその本に含まれている知識を得ていましたが、それと同時に、相関する映像をも見ることができました。紙葉各々には〝著作〟と記されていましたが、実際のところそれは、少しだけ浮き彫りのあるシンボルだったのです。指で触れると情報が意識に〝流れ込み〟、それを〝見る〟こともできました。私は自分が受け取っている情報を効果的に体験し、それと相関する映像を見ていたのです。それと同時に、自分がいる部屋が醸し出す独特の雰囲気や、そのとき自分が何をしていたのかも完璧に分かっていました。私の意識は、とても心地よく興味深い方法で多次元レベルにアクセスしており、それは、私が非常に特別な方法でのみアクセスできる特有な知識の獲得を可能にしたのです。

私はウトクラハがどのように出現したのかに関心があったのですが、それを映像で見て理解することができました。それによると、約２３００年前、私が今いるところは森の真ん中に位置しており、そこに質素な村だけがあったのです。周りはほとんどすべてが森でした。また、最初にそこに居住したのはオルメカ人およびトルテカ人だった、ということも分かりました。彼らは呪術医と賢者であり、秘教的な知識を持っていました。また、地球内部への入口を知っていましたので、そこから地球の中心に移行し、最初の家屋を建てました。事実上それがこの地域における最初の集落だったのです。その後、少しずつ他の人々がここにやって来て、その文明の住民になりました。ある時点で人口が大幅に増加しましたが、その頃にはすでに都市は大きく進化していたのです。

このようにして紙葉の内容を読んだのですが、それは通常の出版物を一行一行読んでいるような感じではありませんでした。私が解明した歴史は活力に満ちたものであり、実際のところ一つの世紀から次の世紀にまで及んでいたので、長期間にわたる全般的な知見を獲得できたように思います。この器用かつ機敏な読み方を理解することはできたのですが、それは私にとって初めての経験であり、時間も充分なかったため、詳しく調べることはできませんでした。しかし、もしも私がさらに注意深く見たのであれば、さらなる詳細な調査をすることができたと思います。なぜなら、〝著作〟というシンボルがこれらの紙葉に浮き彫り状になっていたことに気づいたからです。そして、よく見るとそれは先が少し尖っている浮き彫りであり、それがどんどん細かくなっていくに従い、情報も一層詳細かつ綿密なものになっていくことが分かりました。

そのとき、案内人の男性からテレパシーによる連絡がありました。出発の時が近づいたようです。私は本を閉じて本棚に戻しました。そして、案内人の女性が再度手であおぐような仕草をすると、本棚を実体化していた〝フィルム映写〟が終わり、本棚が視界から消えました。

上の階から女の子が階段を下りてくるのが見えました。案内人の女性は、彼女が自分たちの娘であると紹介しました。彼女は17歳で非常に美しく、父親よりも母親から受け継いだ特徴、すなわち巻き毛の長い髪、同じ色の瞳、そして凛《りん》とした献身的な雰囲気を兼ね備えていました。彼女の身体はとても調和と均整がとれていて、彼女の年齢特有のエネルギーを放っていました。私が見たところ、彼女は鼻と口の形を父親から受け継いでいたように思います。セザールと私は〝外側の湾曲部〟からやってきた人間として紹介されましたが、それは非常に興味深い言い方のように思われました。なぜならそれは、彼らが私たちの地上世界について話した最初の場合だったからです。挨拶をすると、少女は好奇心のこもった眼差しで私たちを見つめました。そして家を出て広場に向かいました。

案内人の男は私たちが通ってきた壁のドアに近づき、それを開けました。それがこの家の中で唯一私たちの世界のドアに似た普通のドアだったからです。その先は真っ暗闇だったため、最初は心臓がドキドキしました。男は暗闇の中に入ると私たちに合図をしました。彼の後をセザール、そして私が続きました。私の後に続いた案内人の女性がドアを閉めました。

その暗闇の中を歩き始めた瞬間、私たちの周囲が明るくなりました。岩の裂け目のような通路が数メートルあり、その先に洞窟が見えました。私たちは、来たときに通過したさまざまな段階の道程をすべて逆向きに進んでいたのです。これらの異なる区域は、水分・熱・水晶等によって特徴づけられていました。高温地帯に着いたとき、地球内部に移行したときと同様、私は変性意識状態のようになりました。私は何とか明晰《めいせき》さを保っていましたが、周りのすべてがスローモーションで動いているように感じられました。ある時点で、平地を歩いていたにもかかわらず、あたかも登坂しているかのような錯覚を味わいましたが、その後、洞窟の出口に到着しました。

セザールと案内人の男は洞窟の外にいて、その少し先にシャーマンが待っていました。それは私たちが彼と別れた場所とほぼ同じでした。案内人の女性は私の後ろにいました。地球の中心への旅は長い時間ではありませんでしたが、それはさまざまな情報と素晴らしい瞬間に満ち満ちていました。二人の案内人は別れの合図として軽く頭を下げました。そして、洞窟の中へ戻り私たちの視界から姿を消しました。シャーマンはセザールと私を車のある場所に連れて行ってくれましたが、街までの同乗は拒否しました。私たちはエルカラファテに戻り、予約していたホテルに入りました。まだ変性意識状態にあるような気がしたので、ただただ眠りたいと思いました。事実、私は翌朝まで眠り続けたのです。

地球内部の旅から帰ってくるたびに、私はその後しばらくの間、あたかも地上世界における部外者であるかのように感じていることに気づきました。話をする回数が減って睡眠時間が増えましたが、数日後にはすべて元に戻りました。セザールによると、私の身体が地球内部の振動特性に徐々に順応するので、それらの感覚は数回の旅の後に消えるだろう、ということでした。今回は帰路の旅が長時間だったため、普段と異なる私の体調はさらに長く続きましたが、基地に到着するとすべてが元の状態に戻ったのです。

地球内部への旅についての覚え書きやスケッチを整理し、開示可能な情報の範囲をセザールと一緒に確認するのに1か月かかりました。これらすべてに取り組んでいる間、私はイラクへの探索調査のための最終準備にも細かく気を配りました。これは非常に重要な調査旅行です。私の地球内部への旅は、地球世界に関する私の知識およびその理解に極めて大きな変化をもたらしました。それらは、驚くべき経験と啓示への道を切り開き、私が長い間探し求めてきた答えを与えてくれました。今後私たちがすべきことは、独断的な思考に見切りをつけて直感に従う、ただそれだけなのです。

エピローグ

ピーター・ムーン

あなたが今読み終えた本は、比較的短時間で読めたものと思いますが、翻訳・編集・製本には文字通り何千時間もの工数が費やされています。しかし、そのすべてを私が一人で行ったわけではありません。私がこの点に言及したのは、ラドウ・シナマーによるさまざまな著作の英語版の編集者兼発行者として、私には、本書に提示されている情報・出来事の前後関係や背景を説明する義務がある、と感じているからです。四半世紀以上私は、出版および作家の仕事を続けています。しかしこれまで、著作の出版に今回ほど苦労したことはありませんでした。他の著作物の出版が簡単だったわけではありません。それらのいくつかは、出版にこぎつけるまでに何年もの調査研究と巧みな頭の体操を必要としました。

しかし、『インサイド・アース：第二のトンネル』は、最も興味深く取り組みがいのある、という点でグランプリを獲得できるものだったのです。これらの困難さは、翻訳のプロセスから契約詳細事項の合意に至るまで、極めて広い範囲にわたりました。これは他に並ぶもののないほど注目に値する作品ですが、出版作業の立ち上げは、当初の予定よりもかなり遅れてしまいました。他のビジネス上の優先事項や個人的な理由も、その原因として挙げられますが、実際の翻訳を完了させるために乗り越えねばならなかった難しさに比べれば、これらは最小限の問題だったのです。

例えば、ルーマニア語の原本の出版後、実際の本を入手するまでに8か月、そのデジタルファイルを受け取って契約の詳細を詰めるのに少なくとも6か月かかりました。しかし、英語への翻訳は原書を受け取ったときからスタートしていたのです。このプロセスは、さまざまな理由により非常に重荷となるものでした。そして、もしも私のなじみのルーマニア語翻訳者が赤ちゃんを産んでいなかったなら、おそらく、この仕事は時計のように正確に進んでいたことでしょう。しかし、ここで重要な点は、その詳細を述べてあなた方を退屈させることではなく、次の事実を知っていただくことなのです。

この本の出版に際し、私はさまざまな妨害を受けたのですが、最終的な分析の結果、それらは超自然力に基づくものであることが判明しました。あたかもさまざまな超自然的な勢力がこの本が世に出るのを望まなかったようなのです。もし何が起こったのかを詳細に話せば、あなたは〝何らかの論理的解決策に基づいて対応すべきだったのではないか〟と反論するかもしれません。しかし、実際のところ、論理的な手順・方策では、不十分な対応や解決策しか生み出されなかったのです。幸いなことに、これらの困難はすべて打開されました。将来このようなおかしな問題は起きないと思います。この点は翻訳プロセスにも当てはまります。それは、取るに足らないという程度の障壁では決してなかったのですが、何とか乗り越えることができました。

しかし、本書の出版にあたって遭遇した困難だけでなく、本書が述べている出来事や状況に関しても、それらの前後関係や背景をさらに詳しくお話ししておくことがよろしいかと思います。ルーマニア人の多くは高学歴で英語を話し、数多くの西洋の習慣を共有していますが、彼らの文化とアメリカの文化の間には大きな隔たりがあります。もしも秘儀的・秘伝的な要素を持ち込めば、さらに大きな溝が生じてしまいます。私は今、セザールとラドウの両者がこの一連の著作において提起している事柄に言及していますが、彼らが述べていない他の秘儀的要素もあるのです。

デイヴィッド・アンダーソン博士は２００８年に私をルーマニアに連れて行きました。古代に遡るこの神秘に満ちた国の霊的遺産は、これまで見落とされ、曖昧化されてきました。それゆえ、その後ずっと私は、ルーマニアの貴重な遺産を分かち合うために、この隔たりを埋めて橋渡しをしようと努力してきたのです。もしもこの本を世に出すのがこれほど困難であるのなら、それはその内容が価値あるものであることを示している――これが眼目です。そして、おそらく、より端的に言えば、そのような試練や苦難は、秘儀の世界におけるイニシエーション（霊的進化）として知られているものを暗示しているのです。この本を気に入ってそれに共感しようと、そうでなかろうと、あなたは全く新しい世界およびそれについての新しい考え方に導かれました。これはラドウ・シナマーからの贈り物です。

ラドウとの個人的な手紙のやり取りについていえば、2011年以降、彼から音沙汰がありませんでした。彼の謎めいた友人であるエリノアの訪問を期待して待つように、というメッセージが彼から届いていたのですが、その後、彼からの通信が途絶えてしまったのです。結局のところ、エリノアとの出会いは実現しませんでした。しかし、その理由は私にあります。私が個人的に準備できていなかったからです。この状況は近い将来変わるでしょう。

2018年6月、ようやくラドウから連絡がありました。その1年前に、エリノアについての個人的な質問を手紙でラドウに送っておいたのですが、それに対する返事をしてくれたのです。その時点でこの本（英語版）はまだ出版されていなかったのですが、ラドウはその理由、および、その内容に関して彼が答えるべき点が何かあるのかどうか、を知りたがっていました（実際のところ、翻訳にかかわる困難さを除けば、何も問題はなかったのです)。さらに彼は、長い間連絡を取らなかったこと、および、近い将来ほとんど連絡が取れなくなるであろうこと、これらの不行き届きを陳謝しました。しかし、彼が私の個人的な問題に関して提示してくれたことは、極めて洞察力に富むものだったのです。

将来の計画については、ラドウは少なくともあと6冊の本を書く予定だそうです。それが変更される可能性は常にありますが、ルーマニアの出版社によると、ラドウの次の本は2019年初頭にルーマニア語で出版される予定とのことです。それは、この本の英語版"Inside the Earth: The Second Tunnel"がアメリカで書店に並ぶのとほぼ同時期にルーマニアで発売されます。

この本の内容を信じる、信じないにかかわりなく、ラドウは、とてつもないパラダイム(理論的枠組み)を提示してくれました。あなたはそれを、無視・拒絶することもできますし、その真価を認め、自分自身の進化を目指して進むためのテンプレート(ひな形)として使用することも可能です。ラドウ・シナマーの新たな著作に対しては、可能な限り早急に対応するつもりです。

訳者あとがき

金原博昭

皆さんがたった今読み終えたこの本は、トランシルバニア・シリーズの第5巻であり、2022年から2年3か月にわたって月刊情報誌『ザ・フナイ』に連載されました。ラドウ・シナマーは、第5巻の刊行後、同じシリーズでさらに2冊を書き上げました。それらは“Forgotten Genesis”、および“The Etheric Crystal: The Third Tunnel”です。ご参考までに、これらの本の中身をかいつまんでご紹介しておきます。

ラドウの著作の賞賛に値する面の一つは、聞き慣れた物事や登場人物は全ての著作に共通であるものの、各々が類い稀であり、異なる様相や側面に焦点を当てていることです。“Forgotten Genesis”も例外ではありません。これはラドウの6番目の本であり、『忘れ去られた起源』と訳されます。この本は基本的に内容が独立しているため、『ザ・フナイ』に連載されるのではなく、単行本として出版される予定です。

地球人類を進化させるために、多様な地球外文明が如何に人類に影響を及ぼしてそのD

NAを操作してきたか——この点に関する謎を解明してくれます。地球内部の文明『アペロス』に住むラドウの新たな友人によって、この知識すべての獲得が容易になりました。『忘れ去られた起源』には、本文の内容を理解しやすくするために70もの精緻な図が含まれており、私たち人類の真の起源および長年にわたるその複雑かつ込み入った進化がその眼目になっています。

人間の歴史において特別に際立った時代や文明——アトランティス、トロイ、シャンバラ、ビュペルボレア（ギリシャ神話に出てくる北方浄土）等——についても説明されていますが、これらは今でも未知のまま残存している、あるいは、神話としてのみ考えられている、このどちらかです。三次元物質世界とエーテル界の間の「交差路」には、次元間の切れ目あるいはポータルが存在しますが、これらにはとりわけ重きが置かれ、詳しい説明がなされています。『忘れ去られた起源』には、ラドウがこの情報を入手するに至った経緯や、それに使われたテクノロジーについての説明も含まれています。

ラドウの7番目の本"The Etheric Crystal: The Third Tunnel"はトランシルバニア・シリーズの最新刊で、直訳すると『エーテル水晶』になります。『ザ・フナイ』への連載が2024年春にスタートしました。『この本の一番の呼び物は、謎に包まれた第三のトンネルを通る冒険の旅です。このトンネルはイラクに至っているのですが、ラドウは、そこの地下に存在するチャンバー（部屋）に行くという特別の任務を与えられます。そこには大いなるパワーをもつ水晶があるのですが、それは別の次元に存在するものの、チャンバーに置かれた容器の中に収められているのです。ラドウに率いられたチームはそれを回収します。すでにラドウは、異なる次元に参入するという能力を開発しています。イラクから回収された特別な水晶は、ゼロ局による新たなプロジェクトの基礎になるものであり、全てはラドウのこの能力にかかっているのです。

このプロジェクトは最初、ラドウとセザールによって密かに始められました。しかし、思いがけないことに、エリノアが喜んでそれに加わってくれました。エリノアはラドウの2番目の本〝Transylvanian Moonrise（トランシルバニアの月の出）〟に登場する謎めいた錬金術師であり、ラドウの友人です。エリノアはこの新たなプロジェクトにおいて重要な役割を果たし、ラドウとセザールを助けてそれを一段と高いレベルに引き上げるのです。

以上、『インサイド・アース：第二のトンネル』に続いて発刊されたラドウの著作の中身をご紹介しましたが、トランシルバニア・シリーズの英語版を出版しているピーター・ムーンによると、ラドウは次の本を執筆中であり、当初それは２０２１年にルーマニア語で出版される見通しでした。しかし、それからすでに2年以上が経過していますが、まだ実現していません。２０２４年4月18日、この件についてピーターから連絡がありました。

驚いたことに、ラドウはずっと〝自宅監禁〟状態にある、という報告がピーターに届いたのだそうです。どうやら何か重大なことが起きているようです。おそらくラドウが真実の情報を開示するのを望まない勢力が、そのような強行措置をとっているものと思われます。ピーターはその真偽を確認できないようですが、もしそうであれば、ラドウに関わる数年前からの状況――すなわちラドウからのコミュニケーションがずっと途絶えていること、そして、彼の次の著作がいつまでたっても出版されないこと――に納得できる説明を与えることができるのだそうです。1日も早くこの状況が改善され、ラドウの最新刊が出版の運びになることを切に願っています。

金原博昭　きんぱら ひろあき
東北大学理学部物理学科卒。米国に本社のある多国籍複合企業TRW（事業分野は2002年まで宇宙開発・自動車部品・航空機部品等、現在は自動車部品のみ）に35年間在籍し、主として企画・営業に従事。現在鎌倉に在住、数学および神聖幾何学を含む超古代科学の研究、タロット・カバラーの学習と実践、形而上学分野の書籍の翻訳や最新情報の発信等に専心している。現在地球が極めて不均衡な状態にあることを危惧しており、それを是正し回復させるための具体的方法として「地球のためのホ・オポノポノ」の実践を提唱している。主な訳書：『エジプトの謎：第一のトンネル』『全てが純金で作られた地下の巨大施設と南極の宇宙ブイ』（ともにヒカルランド）、『高次元存在ラマ・シングに聞く　死後世界へのソウルガイド＆ナビゲーション』（徳間書店刊）、『あなたもペットと話せます』（Kindle 本：オリオン形而上学研究所刊）、『時を超える予言』３部作（きれい・ねっと刊）。
オリオン形而上学研究所を主宰、http://www.orion-metaphysics.com（日本語、英語、スペイン語、ヒンディー語、中国語の５カ国語）。

本書は2022年から２年３か月にわたり月刊情報誌『ザ・フナイ』に連載されたものを書籍化したものです。

世界的軍事機密【タブー】を開示する！
インサイド・アース：第二のトンネル
地底世界、地球中心核ブラックホール、水創出の秘密

第一刷　2025年3月31日

著者　ラドウ・シナマー
編集　ピーター・ムーン
訳者　金原博昭（オリオン形而上学研究所）

発行人　石井健資
発行所　株式会社ヒカルランド
〒162-0821　東京都新宿区津久戸町3-11　TH1ビル6F
電話　03-6265-0852　ファックス　03-6265-0853
http://www.hikaruland.co.jp　info@hikaruland.co.jp
振替　00180-8-496587

本文・カバー・製本　中央精版印刷株式会社
DTP　株式会社キャップス
編集担当　岡部智子
落丁・乱丁はお取替えいたします。無断転載・複製を禁じます。
©2025 Kinpara Hiroaki Printed in Japan
ISBN978-4-86742-467-4

不思議・健康・スピリチュアルファン必読！
ヒカルランドパークメールマガジン会員とは⁇

ヒカルランドパークでは無料のメールマガジンで皆さまにワクワク☆ドキドキの最新情報をお伝えしております！　キャンセル待ち必須の大人気セミナーの先行告知／メルマガ会員だけの無料セミナーのご案内／ここだけの書籍・グッズの裏話トークなど、お得な内容たっぷり。下記のページから簡単にご登録できますので、ぜひご利用ください！

◀ヒカルランドパークメールマガジンの登録はこちらから

ヒカルランドの新次元の雑誌「ハピハピ Hi-Ringo」
読者さま募集中！

ヒカルランドパークの超お役立ちアイテムと、「Hi-Ringo」の量子的オリジナル商品情報が合体！　まさに“他では見られない”ここだけのアイテムや、スピリチュアル・健康情報満載の１冊にリニューアルしました。なんと雑誌自体に「量子加工」を施す前代未聞のおまけ付き☆持っているだけで心身が“ととのう”声が寄せられています。巻末には、ヒカルランドの最新書籍がわかる「ブックカタログ」も付いて、とっても充実した内容に進化しました。ご希望の方に無料でお届けしますので、ヒカルランドパークまでお申し込みください。

量子加工済み♪

Vol.9 発行中！

ヒカルランドパーク
メールマガジン＆ハピハピ Hi-Ringo お問い合わせ先
● お電話：03－6265－0852
● FAX：03－6265－0853
● e-mail：info@hikarulandpark.jp
• メルマガご希望の方：お名前・メールアドレスをお知らせください。
• ハピハピHi-Ringoご希望の方：お名前・ご住所・お電話番号をお知らせください。

みらくる出帆社
ヒカルランドの

ITTERU BOOKS
イッテル本屋

ヒカルランドの本がズラリと勢揃い！

みらくる出帆社ヒカルランドの本屋、その名も【イッテル本屋】手に取ってみてみたかった、あの本、この本。ヒカルランド以外の本はありませんが、ヒカルランドの本ならほぼ揃っています。本を読んで、ゆっくりお過ごしいただけるように、椅子のご用意もございます。ぜひ、ヒカルランドの本をじっくりとお楽しみください。

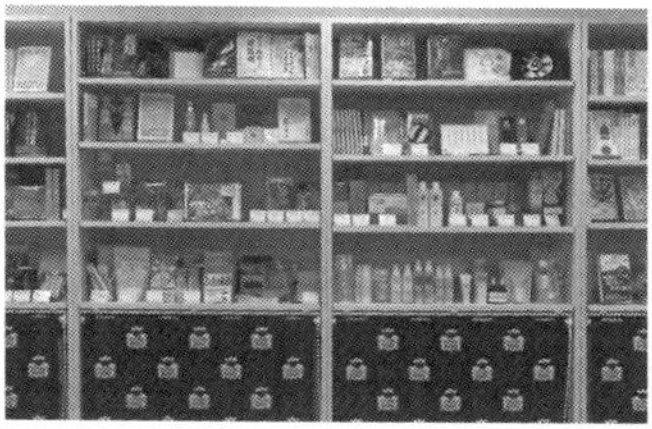

ネットやハピハピ Hi-Ringo で気になったあの商品…お手に取って、そのエネルギーや感覚を味わってみてください。気になった本は、野草茶を飲みながらゆっくり読んでみてくださいね。

〒162-0821 東京都新宿区津久戸町3-11 飯田橋 TH1ビル7F　イッテル本屋

本といっしょに楽しむ イッテル♥ Goods&Life ヒカルランド

酸化防止！
食品も身体も劣化を防ぐウルトラプレート

プレートから、もこっふわっとパワーが出る

「もこふわっと　宇宙の氣導引プレート」は、宇宙直列の秘密の周波数（量子ＨＡＤＯ）を実現したセラミックプレートです。発酵、熟成、痛みを和らげるなど、さまざまな場面でご利用いただけます。ミトコンドリアの活動燃料である水素イオンと電子を体内に引き込み、人々の健康に寄与し、飲料水、調理水に波動転写したり、動物の飲み水、植物の成長にも同様に作用します。本製品は航空用グレードアルミニウムを使用し、オルゴンパワーを発揮する設計になっています。これにより免疫力を中庸に保つよう促します（免疫は高くても低くても良くない）。また本製品は強い量子ＨＡＤＯを 360 度５メートル球内に渡って発振しており、すべての生命活動パフォーマンスをアップさせます。この量子ＨＡＤＯは、宇宙直列の秘密の周波数であり、ここが従来型のセラミックプレートと大きく違う特徴となります。

軽い！小さい！

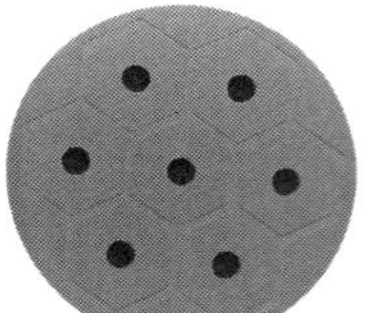

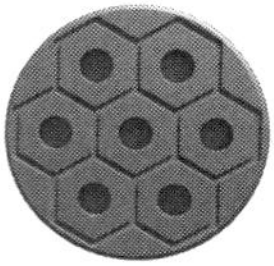

持ち運び楽々小型版！

もこふわっと
宇宙の氣導引プレート

39,600円（税込）

サイズ・重量：直径約 12㎝　約 86g

ネックレスとして常に身につけておくことができます♪

みにふわっと

29,700円（税込）

サイズ・重量：直径約 4㎝　約 8g

素材：もこふわっとセラミックス

使用上の注意：直火での使用及びアルカリ性の食品や製品が直接触れる状態での使用は、製品の性能を著しく損ないますので使用しないでください。

ご注文はヒカルランドパークまで TEL03-5225-2671　https://www.hikaruland.co.jp/

＊ご案内の価格、その他情報は発行日時点のものとなります。

本といっしょに楽しむ イッテル♥ Goods&Life ヒカルランド

重ねて貼ってパワーアップ！
電源なしで高周波を出す不思議なシール

貼付物の電気効率がアップ！

幾何学図形が施されたこのシールは、電源がないのに高周波を発生させるというシールです。通電性インクを使い、計画的に配置された幾何学図形が、空間の磁場・電磁波に作用することで高周波が発生しています。炭素埋設ができない場所で磁場にアプローチできるグッズとして開発されたもので、検査機関において高周波が出ていることが確認されています。高周波が周囲の電気的ノイズをキャンセルするので、貼付物の電気効率がアップします。お手持ちの電化製品、携帯電話などの電子機器、水道蛇口まわり、分電盤、靴、鞄、手帳などに貼ってみてください。
シール種類は、８角形、５角形、６角形があり、それぞれ単体でも使えますが、実験の結果、上から８角形・５角形・６角形の順に重ねて貼ると最大パワーが発揮されることがわかっています。

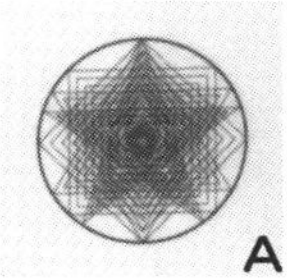
A

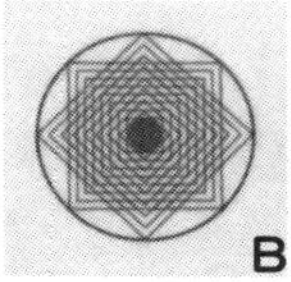
B

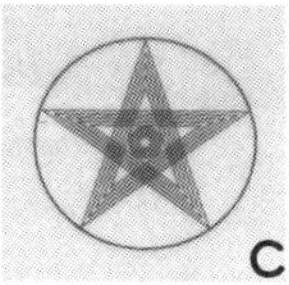
C

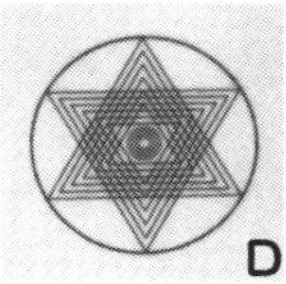
D

8560（ハゴロモ）シール

A 和（多層）	：1シート10枚	5,500円	（税込）
B 8（8角形）	：1シート10枚	1,100円	（税込）
C 5（5角形）	：1シート10枚	1,100円	（税込）
D 6（6角形）	：1シート10枚	1,100円	（税込）

カラー：全シール共通、透明地に金　サイズ：［シール本体］直径30mm ［シート］85×190mm　素材：透明塩化ビニール
使い方：「8560シール・8(8角形)、5(5角形)、6(6角形)」それぞれ単体で貼って使用できます。よりパワーを出したい場合は上から8角形・5角形・6角形の順に重ねて貼ってください。「8560シール・和(多層)」は1枚貼りでOKです。

ご注文はヒカルランドパークまで TEL03-5225-2671　https://www.hikaruland.co.jp/

＊ご案内の価格、その他情報は発行日時点のものとなります。

ヒカルランド　好評既刊！

地上の星☆ヒカルランド　銀河より届く愛と叡智の宅配便

反重力を今に解き放て！
著者：ケイ・ミズモリ
四六ソフト　本体2,200円+税

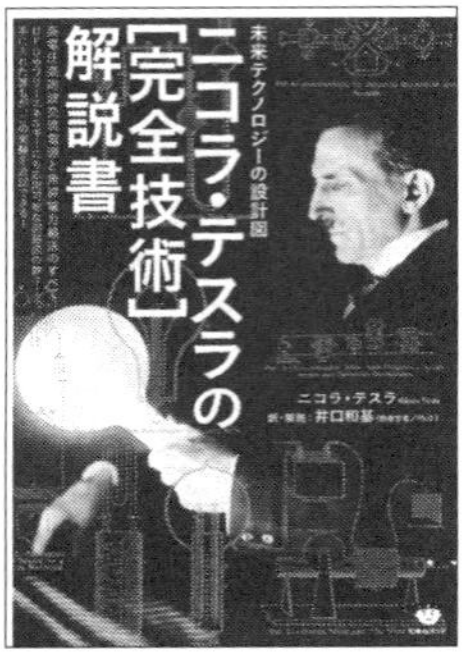

ニコラ・テスラの［完全技術］
解説書
著者：ニコラ・テスラ
訳者・解説：井口和基
四六ソフト　本体2,500円+税

磁場がまるごと解決してくれる
著者：竹田明弘
四六ソフト　本体1,800円+税

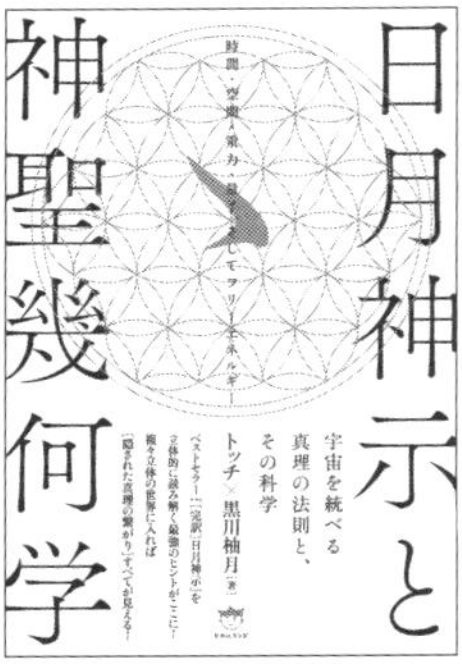

日月神示と神聖幾何学
著者：トッチ×黒川柚月
四六ソフト　本体2,300円+税

トーションフィールドの科学
著者：李嗣涔
訳者：田村田佳子
四六ソフト　本体2,500円+税

「あなた」という存在は
「無限大の可能性」である
著者：ヒカルランド編集部
四六ソフト　本体2,000円+税

ヒカルランド　好評既刊！

地上の星☆ヒカルランド　銀河より届く愛と叡智の宅配便

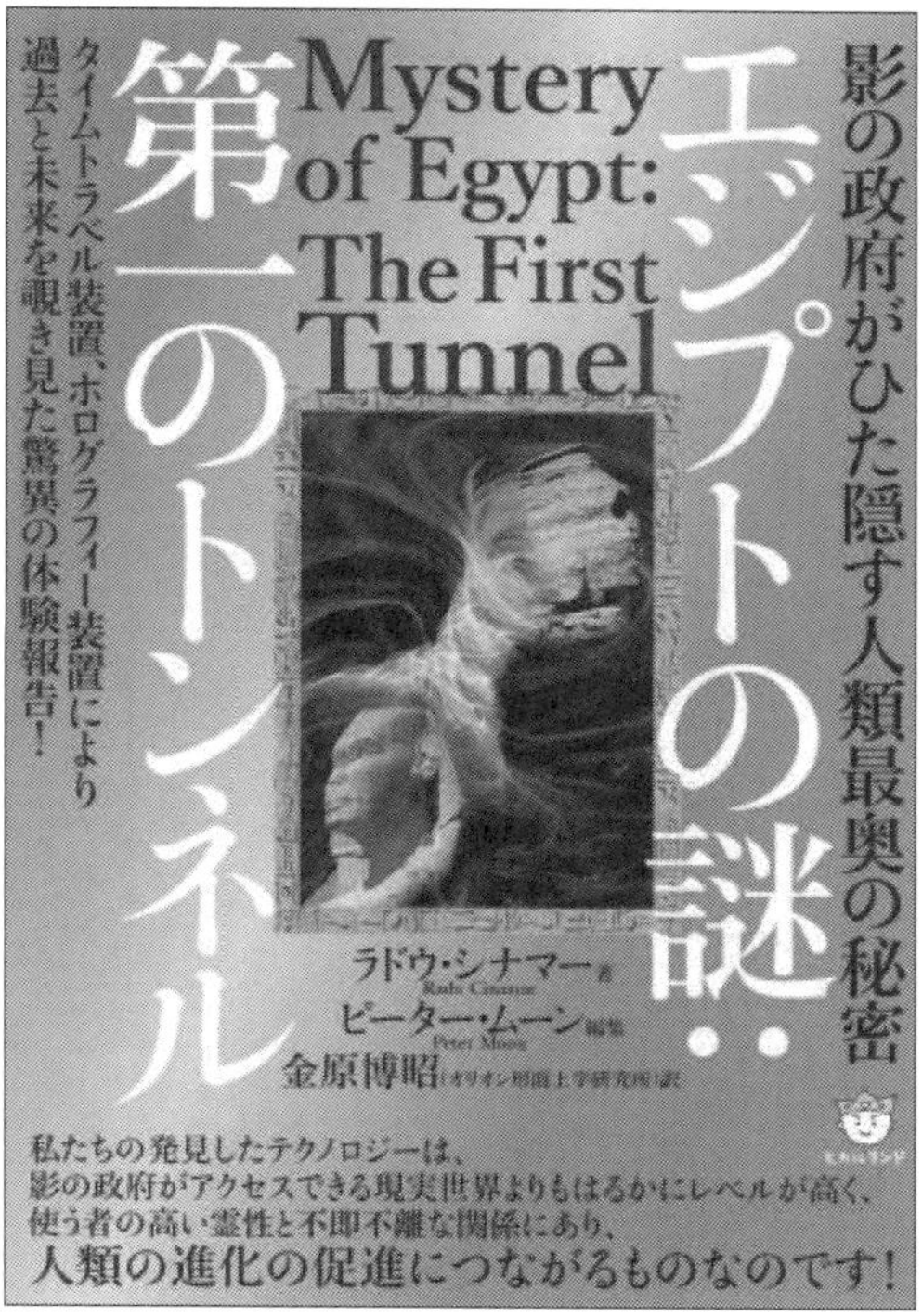

影の政府がひた隠す人類最奥の秘密
エジプトの謎：第一のトンネル
著者：ラドウ・シナマー
編集：ピーター・ムーン
訳者：金原博昭
四六ソフト　本体 3,000円+税

タイムトラベル装置、ホログラフィー装置により過去と未来を覗き見た驚異の体験報告！　私たちの発見したテクノロジーは、影の政府がアクセスできる現実世界よりもはるかにレベルが高く、使う者の高い霊性と不即不離な関係にあり、人類進化の促進につながるものなのです！　驚愕の書『Mystery of Egypt: The First Tunnel』の全訳、待望の刊行！

ヒカルランド　好評既刊！

地上の星☆ヒカルランド　銀河より届く愛と叡智の宅配便

全てが純金で作られた地下の巨大施設と南極の宇宙ブイ
著者：ラドウ・シナマー／編集：ピーター・ムーン
訳者：金原博昭／序文：上村眞理子（マータ）
四六ソフト　本体 3,000円+税

地球外文明か？　超古代の先進文明か？　時空のゆがみ・黄金の７つの王座と平行六面体形状のテーブル・時の神クロノスの碑・チベット青の女神から託された羊皮紙・南極の宇宙ブイ――次々と出現する驚愕の事象。本書は、人類の歴史上、前例のない驚くべき情報へのアクセスであり、人類の爆発的発展のためのスイッチである！『エジプトの謎：第一トンネル』の続編、原題『羊皮紙に書かれた秘伝：チベットの５つの霊的進化の手法（The Secret Parchment: Five Tibetan Initiation Techniques）』の全訳。序文に上村眞理子（マータ）氏を迎え、堂々の刊行！